GREGG BRADEN

LA VERDAD PROFUNDA

editorial Sirio, s.a.

LA
VERDAD
PROFUNDA

Si este libro le ha interesado y desea que lo mantengamos informado de nuestras publicaciones, escríbanos indicándonos cuáles son los temas de su interés (Autoayuda, Espiritualidad, Qigong, Naturismo, Enigmas, Terapias Energéticas, Psicología práctica, Tradición...) y gustosamente lo complaceremos.

Puede contactar con nosotros en
comunicación@editorialsirio.com

Título original: DEEP TRUTH
Traducido del inglés por Elsa Gómez
Diseño de portada: Editorial Sirio, S.A.

© de la edición original
2011 Gregg Braden
Publicado originalmente en 2011 por Hay House Inc.
USA

Para oír la radio de Hay House, conectar con www.hayhouseradio.com

© de la presente edición

EDITORIAL SIRIO, S.A.	EDITORIAL SIRIO	ED. SIRIO ARGENTINA
C/ Rosa de los Vientos, 64	Nirvana Libros S.A. de C.V.	C/ Paracas 59
Pol. Ind. El Viso	Camino a Minas, 501	1275- Capital Federal
29006-Málaga	Bodega nº 8,	Buenos Aires
España	Col. Lomas de Becerra	(Argentina)
	Del.: Alvaro Obregón	
	México D.F., 01280	

www.editorialsirio.com
E-Mail: sirio@editorialsirio.com

I.S.B.N.: 978-84-7808-809-6
Depósito Legal: MA-633-2012

Impreso en los talleres gráficos de Romanya/Valls
Verdaguer 1, 08786-Capellades (Barcelona)

Printed in Spain

Es el sello de cualquier verdad profunda
que su negación sea también una verdad profunda.

Niels Bohr (1885-1962),
premio Nobel de Física

Un mundo nuevo ha empezado a emerger ante nuestros ojos. Al mismo tiempo, el mundo insostenible del pasado lucha por continuar. Ambos mundos reflejan las creencias que los han hecho posibles. Ambos mundos existen todavía..., pero no por mucho tiempo.

Tanto en lo referente a las crisis globales producidas por el terrorismo, las economías en declive y la guerra, como en lo referente a las creencias profundamente personales en torno al tema del aborto, las relaciones y la familia, lo que nos divide es un claro reflejo de la manera en que nos concebimos a nosotros mismos y concebimos nuestro mundo; y la naturaleza feroz de esas divisiones es también una clara indicación de que necesitamos nuevas formas de concebir nuestras relaciones más preciadas.

Los nuevos descubrimientos sobre nuestro origen, sobre nuestro pasado y sobre las ideas que sostenemos en lo más profundo de nosotros acerca de nuestra existencia nos dan razones para reconsiderar las creencias que tradicionalmente han definido nuestro mundo y nuestras vidas —creencias que nacen de las premisas erróneas que ha postulado una ciencia incompleta y anticuada—. Cuando así lo hacemos, las soluciones a los retos de la vida se hacen obvias y las elecciones, claras.

El propósito de esta obra es revelar las verdades más profundas sobre la vida humana, presentando descubrimientos científicos que todavía no han hecho su aparición en nuestros libros de texto y nuestras aulas, y que, sin embargo, contienen la clave de por qué pensamos en nuestro mundo, en los demás y en nosotros mismos de la forma en que lo hacemos.

Introducción

Una sola pregunta acecha a la esencia misma de nuestra existencia. Es la pregunta que subyace en cada elección que hacemos, vive dentro de cada desafío que nos pone a prueba y es el fundamento de cada decisión que jamás hayamos de tomar. Si Dios tuviera un «contador» cósmico para llevar la cuenta de cuáles son las cuestiones que más nos inquietan a los seres humanos, no tengo duda de que, al registrar esta sola pregunta, el aparato en cuestión alcanzaría el tope y tendría que empezar de cero ¡Incluso *Dios* habría perdido la cuenta de cuántas veces se ha formulado!

La pregunta que se encuentra en la raíz de todas las preguntas, la que se han hecho innumerables veces incontables individuos durante los aproximadamente doscientos mil años que llevamos viviendo en la Tierra, es sencillamente ¿quiénes somos?

Aunque la pregunta en sí parece simple y breve, la manera en que la contestamos presenta implicaciones que no podemos pasar por alto, pues incide directamente en la esencia de cada momento de nuestras vidas y forma la lente que define cómo nos vemos a nosotros mismos en el mundo y las elecciones que hacemos. El significado que les damos a estas dos palabras impregna la estructura misma de nuestra sociedad; se trasluce en todo lo que hacemos, desde el modo en que elegimos los alimentos que nutren nuestros cuerpos hasta cómo nos cuidamos y cuidamos de nuestros hijos cuando son pequeños, y de nuestros padres a medida que van envejeciendo.

La respuesta que damos a ese «¿quiénes somos?» late en los principios esenciales de la civilización misma: influye en cómo compartimos recursos como la comida, el agua, las medicinas y otros artículos de primera necesidad; influye en cuándo y en por qué entramos en guerra, y en cuál es la base de nuestra economía. Las creencias que tenemos sobre nuestro pasado, nuestros orígenes y nuestro destino justifican, incluso, lo que pensamos sobre cuándo salvar una vida humana y cuándo ponerle fin.

Tal vez sea la mayor ironía de nuestra existencia que, en el amanecer del siglo XXI, tras más de cinco mil años de historia documentada, todavía no hayamos respondido con claridad al interrogante más fundamental sobre nosotros mismos. Y aunque es cierto que, en cualquier momento anterior, descubrir la verdad de nuestra existencia bien habría valido nuestro tiempo, energía y todos los medios precisos para conseguirlo, dado que ahora nos enfrentamos a la mayor crisis que haya afectado a la vida y a la supervivencia desde que existe memoria de nuestra especie, la cuestión es particularmente crucial para *nuestro* tiempo, aquí y ahora.

El peligro acuciante de este momento

Hay una buena razón para que descubramos quiénes somos, que destaca por encima de todas las demás. Quizá no sea una coincidencia que hoy, después de emplear durante tres siglos el método científico para responder a la pregunta más básica sobre nosotros mismos, nos encontremos en una situación seriamente problemática aquí en el planeta Tierra. No es un problema cualquiera, este en el que nos hallamos; es el tipo de problema que sirve de materia prima a innumerables novelas dramáticas y grandes éxitos de la ciencia ficción.

Pero entendámonos, no es la Tierra la que tiene un problema, sino nosotros, los que *vivimos* en ella. Puedo decir casi con total seguridad que nuestro planeta seguirá existiendo dentro de cincuenta años, y dentro de quinientos. Independientemente de qué decisiones tomemos durante ese período de tiempo —de cuántas guerras libremos, de cuántas revoluciones políticas llevemos a cabo o de cuánto lleguemos a contaminar el aire y los océanos—, el mundo al que nuestros antepasados llamaron «el jardín» seguirá haciendo cada año su viaje de 365,256 días alrededor del Sol, como lo ha hecho durante, aproximadamente, los últimos cuatro mil quinientos cincuenta millones de años.

La cuestión no es la Tierra; la cuestión es si nosotros estaremos *en* ella para poder disfrutarla. ¿Seguiremos aquí para deleitarnos con las puestas de sol y los sensuales misterios de la naturaleza? ¿Seremos testigos de la belleza de las estaciones con nuestras familias y demás seres queridos? Como veremos en uno de los capítulos que siguen, a menos que algo cambie muy pronto, los expertos apuestan en nuestra contra.

¿Por qué? Porque en lo que respecta a disponer de lo necesario para que nuestros hijos y nosotros vivamos en la Tierra, estamos peligrosamente cerca de elegir justo aquello que nos llevará más allá del «punto sin retorno». Esta es la conclusión a la que ha llegado un estudio independiente sobre el cambio climático dirigido por el antiguo secretario de Estado británico para el Transporte, Stephen Byers, y la senadora estadounidense republicana por Maine, Olympia Snowe, publicado en 2005 y según el cual simplemente en lo que respecta al medio ambiente podríamos alcanzar ese punto de inflexión en tan solo diez años, y destruir así la frágil red de la vida que nos sostiene.[1] Pero la crisis medioambiental es solamente una de entre las innumerables crisis ante las que nos encontramos hoy día y que apuntan, todas ellas, al mismo desenlace potencialmente fatídico para la raza humana.

Las mentes más lúcidas de nuestro tiempo reconocen que los múltiples cursos de acción que hemos adoptado están abocados a un final desastroso —desde la renovada amenaza de guerra global, el abuso de los recursos del planeta y la creciente escasez de alimentos y agua potable, hasta la explotación sin precedentes de la que son objeto nuestros océanos, bosques, ríos y lagos—. El problema radica en que los expertos no parecen ponerse de acuerdo en cómo resolver estas cuestiones.

ACTUAR... PERO ¿CÓMO?

A veces conviene estudiar a fondo un problema antes de actuar, pues cuanto más sepamos sobre una situación difícil, más seguros estaremos de que hemos encontrado las mejores soluciones al dilema. Pero también hay veces en que un estudio prolongado no es lo más conveniente. En ocasiones, lo mejor es actuar con rapidez para sobrevivir a la crisis inmediata, y, luego, estudiar el problema detalladamente en el ambiente de seguridad conseguido gracias al hecho de haber actuado con resolución.

Quizá la mejor manera de ilustrar lo que quiero decir sea utilizando una situación imaginaria. Supongamos que un precioso día de sol y cielo azul estamos cruzando a pie una autopista con un amigo para ir de nuestra casa a la suya, situada justo al otro lado. Vamos hablando, enfrascados en una conversación apasionante, y de repente, al levantar la vista, vemos un gigantesco camión enfilado directamente hacia nosotros.

Al instante se dispara en nuestro cuerpo el impulso de «lucha o huida» para que podamos actuar. La pregunta es: ¿cómo? Tenemos que decidir inmediatamente qué hacer. Los dos hemos de elegir, y elegir muy rápido.

Así que ahí estamos, en mitad de la autopista, con tres carriles delante de nosotros y tres detrás, y el dilema es: ¿tenemos tiempo de llegar a nuestro punto de destino, es decir, el otro lado, o es mejor dar marcha atrás y volver al lugar donde comenzamos? Para responder a la pregunta con certeza absoluta, necesitaríamos una información de la que sencillamente no disponemos en ese momento: no sabemos, por ejemplo, si el camión está cargado o vacío; es posible que no podamos precisar a qué velocidad va, o ni tan siquiera si el conductor nos ha visto; tal vez no logremos reconocer si lleva un motor diesel o de gasolina, ni de qué marca es ese camión que se dirige hacia nosotros.

Y esto es precisamente lo que quiero que entendamos: que no es necesario conocer todos los detalles para poder actuar. Desde el momento en que estamos en medio de una autopista, ya tenemos toda la información necesaria para saber que nos encontramos en un mal sitio. Ya sabemos que estamos poniendo en peligro nuestra vida; no necesitamos saber los detalles para reconocer lo que es obvio: que un enorme camión se dirige derecho hacia nosotros... ¡y que si no nos apartamos rápidamente, en cuestión de segundos ya no va a importar nada!

Aunque pueda parecer un ejemplo un poco tonto, esa es precisamente la situación en la que nos encontramos hoy día, solo que representada en el escenario del mundo. Nuestros caminos respectivos, como individuos, familias y naciones, son semejantes al de cruzar la autopista acompañados de nuestro amigo, y el «gran camión» que avanza amenazadoramente hacia nosotros es la tormenta perfecta de las múltiples crisis: situaciones tales como el cambio climático, el terrorismo, la guerra, la enfermedad, la insuficiencia de alimentos y agua, y las incontables formas insostenibles de vivir nuestra cotidianidad aquí en la Tierra. Cada una de esas crisis tiene el potencial de acabar con la civilización y la vida humana que hemos conocido hasta hoy.

Quizá no nos pongamos de acuerdo en cuál es la razón exacta por la que están ocurriendo cada uno de estos sucesos, pero eso no cambia el hecho de que están teniendo lugar realmente en este momento. Y, como dos amigos que intentan decidir si continuar cruzando la autopista o retroceder hasta el lugar seguro del que venían, podríamos estudiar cada crisis durante cien años..., pero la realidad es que hay personas, comunidades y formas de vida que no van a sobrevivir el tiempo que haría falta para recopilar todos los datos, publicar los informes y debatir los resultados.

La razón es que, mientras evaluamos el problema, la gente perderá sus casas, que serán destruidas por los terremotos, las «supertormentas», las inundaciones y la guerra; la tierra que los sustenta dejará de producir alimentos; los pozos se secarán; ascenderá el nivel de los océanos, quedarán sumergidas las líneas de costa, y las personas que vivían en todos esos lugares lo perderá todo, incluso la vida. Aunque las imágenes que evocan estas palabras puedan parecer exageradas, los sucesos que describo ya están ocurriendo en lugares como Haití, Japón, el golfo de México o inmensas áreas de África azotadas por la sequía... Y empeora por momentos.

Así como tiene absoluto sentido apartarse del camino de ese enorme camión que viene directo hacia nosotros en medio de la autopista antes que dedicarnos a estudiar detalladamente el problema, tiene absoluto sentido que nos apartemos del camino de los múltiples desastres que van surgiendo amenazadoramente en el horizonte antes de que causen daños todavía más desastrosos.

Y así como la dirección que elijamos tomar en la autopista va a determinar si llegaremos o no finalmente a la casa de nuestro amigo, que está al otro lado, la dirección en la que decidamos actuar de cara a todo aquello que representa la mayor de las amenazas para nuestra existencia determinará nuestro éxito o nuestro fracaso, si viviremos o moriremos. Y el hecho de que elijamos sobrevivir, o no, depende directamente de la forma en que nos concibamos a nosotros mismos en el mundo y del tipo de acción a la que nos conduzca nuestra forma de pensar.

El mensaje de este libro es que debemos actuar con sensatez y rapidez para evitar la colisión que nos espera en la autopista de la vida que hemos decidido cruzar. Difícilmente podría expresarse mejor que con las palabras de Albert Einstein: «Vamos a tener que pensar de una manera esencialmente nueva si queremos que la humanidad sobreviva y ascienda a niveles más elevados».[2] Desarrollar un nuevo nivel de pensamiento es precisamente lo que necesitamos hacer actualmente. Sabemos que el problema existe. Ya hemos aplicado las mentes más brillantes de nuestro tiempo, y la ciencia más brillante basada en las más brillantes teorías, al estudio de esos problemas; ¿no sería lógico que, si nuestra forma de pensar va por el buen camino, dispusiéramos ya de más respuestas y mejores soluciones? El hecho de que no las tengamos nos dice que necesitamos pensar de forma diferente.

EL DILEMA

En los últimos años, el aluvión de descubrimientos sorprendentes en todas las ciencias ha dejado bastante claro que muchas de las ideas tradicionales sobre la vida, nuestro mundo y nuestros cuerpos tienen que cambiar. La razón es simple: *son ideas equivocadas*. Las pruebas recién descubiertas nos han dado una nueva forma de pensar acerca de las eternas preguntas referentes a la vida, entre ellas de dónde venimos, desde cuándo estamos aquí, cuál es la mejor forma de superar las crisis que afectan a nuestro mundo y qué podemos hacer en este momento para mejorar la situación. Aunque los nuevos descubrimientos nos dan esperanza y se puede decir que hemos avanzado mucho, seguimos teniendo un problema: puede que el plazo necesario para que esos descubrimientos se integren en la forma de pensar establecida sea mayor que el tiempo del que disponemos para resolver las crisis. Y el estado de la biología es un claro ejemplo de cómo funciona esto.

La ciencia de la epigenética, desarrollada en época muy reciente sobre una sólida base científica, demuestra que el código genético que consideramos «patrón de la vida», nuestro ADN, cambia por la influencia del medio ambiente. Pero hay un aspecto sobre el que los científicos tradicionales rehúyen hablar, y es que ese medio ambiente que cambia nuestro ADN incluye algo más que las toxinas contenidas en el aire y en el agua, y más que el «ruido» electromagnético que inunda a quienes viven entre los postes eléctricos, los transformadores de alta tensión y las antenas de telefonía móvil de las grandes ciudades del mundo. El medio ambiente incluye además nuestras experiencias, emociones y pensamientos más personales y subjetivos.

Por consiguiente, mientras existen pruebas científicas de que podemos modificar el ADN responsable de las enfermedades potencialmente mortales que causan estragos en nuestros amigos y seres queridos, los manuales que estudian los médicos occidentales siguen enseñándoles que no somos capaces de hacerlo, que somos víctimas de la herencia y de otros factores que escapan a nuestro control. Afortunadamente, esto está empezando a cambiar.

Gracias al trabajo de científicos visionarios como el biólogo especializado en células madre Bruce Lipton, autor de *La biología de la creencia*, los sorprendentes resultados de las últimas investigaciones han comenzado a filtrarse lentamente en los libros de texto en los que se basan nuestros conocimientos y entendimiento médicos. No obstante, el medio para la transmisión de estos descubrimientos recientes sobre nuestras células —así como aquellos que suponen una actualización de lo que sabemos sobre el origen de nuestra especie, de nuestra civilización y de los detalles de nuestro pasado— es un sistema notablemente lento. Por regla general, el lapso de tiempo que transcurre entre un descubrimiento científico y su revisión, publicación y aceptación —antes de que aparezca en los manuales— es de entre ocho y diez años, y a veces más. Y aquí es donde el problema se hace obvio.

Las mentes más lúcidas de nuestro tiempo nos dicen en términos muy claros que nos encontramos ante una crisis múltiple que representa una amenaza de magnitud sin precedentes, y que es necesario que atendamos a cada una de las crisis individuales de inmediato, porque, sencillamente, no disponemos de entre ocho y diez años para averiguar cómo adaptarnos a la situación y atajar las amenazas inminentes del terrorismo, la guerra o la carrera armamentista nuclear de Oriente Medio. Todas ellas son cuestiones a las que debemos responder *ya*.

Nuestra forma de pensar tradicional —de la que forma parte creer en la supervivencia del más apto, en la necesidad de competir y en que somos seres desvinculados de la naturaleza— nos ha llevado al borde del desastre. Vivimos en un momento de la historia en el que debemos afrontar la pérdida potencial de todo lo que valoramos y estimamos como civilización. Y precisamente porque necesitamos formas de pensar nuevas, la ancestral pregunta «¿quiénes somos?» adquiere mayor importancia que nunca. Al mismo tiempo, una nueva manera de ver el mundo, basada en un número cada vez mayor de pruebas científicas, ha empezado a rellenar las lagunas de nuestro conocimiento y a cambiar la idea que tenemos de nosotros mismos.

A la vista de las nuevas pruebas científicas referentes a las civilizaciones próximas a la última era glacial, a la falsedad de las presunciones sobre la evolución humana y el origen de la guerra y su papel en el pasado, así como a la insensata relevancia que le hemos concedido a la competición en nuestra vida actual, debemos reconsiderar las creencias más básicas que albergamos, aquellas que se hallan en la raíz misma de las decisiones que tomamos y de la forma en que vivimos. Y aquí es donde entra *La verdad profunda*.

¿POR QUÉ ESTE LIBRO?

Aunque es cierto que no faltan libros que identifiquen las extraordinarias circunstancias que nos amenazan hoy día, ninguno aborda el singular elemento que es la base de cómo lidiamos con ellas: ¿cómo saber qué elegir —qué leyes aprobar, qué medidas adoptar— o cómo construir economías sostenibles, crear tecnologías que pongan a salvo nuestras vidas y resolver las cuestiones que están desgarrando el entramado de nuestras relaciones y de la sociedad hasta que hayamos respondido a esa sola pregunta que late en la médula misma de nuestra existencia: ¿quiénes somos? Como individuos, como familias, como naciones y como civilización humana conjunta, debemos saber quiénes somos antes de poder hacer las elecciones que más nos convienen. Y es especialmente importante que lo sepamos ahora, en un momento en que cada elección cuenta.

> **¿Cómo saber qué elegir hasta que hayamos respondido a esa sola pregunta que está en la esencia misma de cada elección, y que es precisamente ¿quiénes somos?**

Tomar decisiones vitales sin haber respondido a esta pregunta fundamental es como intentar entrar en una casa sin saber dónde está la puerta. Aunque es posible hacerlo por una ventana o echando abajo una pared, en el proceso de entrar habremos causado serios daños a la casa. Y tal vez esta sea una metáfora muy acertada del aprieto en que nos encontramos. En lo referente a nuestra familia humana, que se ha multiplicado por más de cuatro en poco más de un siglo —de los mil seiscientos millones de personas que la componían en el año 1900 a los aproximadamente siete mil millones en 2011—, podemos o bien utilizar la llave que representa comprender quiénes somos, y con ella abrir la puerta de las soluciones acertadas..., o bien hacer estragos en nuestra casa (la Tierra y nosotros mismos) respondiendo a las crisis con las reacciones reflejas de unas presunciones erróneas basadas en una ciencia incompleta.

Cuando aceptemos las verdades de nuestra historia en la Tierra, los ciclos de cambio de nuestro planeta y el papel que desempeñan en nuestras vidas, comprenderemos a qué nos enfrentamos realmente, qué opciones tenemos y qué elecciones están a nuestro alcance.

Este libro identifica seis áreas de descubrimiento (y los hechos que cada una de ellas ha revelado) que cambiarán radicalmente la forma en que se nos ha enseñado a pensar sobre el mundo y sobre nosotros mismos hasta ahora. Y ya que hablamos de las grandes crisis de nuestro tiempo, estas son las verdades más importantes que debemos considerar:

PRIMERA VERDAD PROFUNDA: el hecho de que seamos capaces de desactivar las crisis que amenazan a nuestras vidas y al mundo depende de que estemos dispuestos a aceptar las nuevas revelaciones de la ciencia sobre nuestros orígenes y nuestra historia.

Al tiempo que nos enfrentamos a amenazas nunca vistas que debemos resolver en los próximos ocho o diez años, ¿cómo podemos saber qué elecciones hacer, qué leyes aprobar y qué medidas adoptar hasta que sepamos quiénes somos? Las presunciones falsas en que se basan las creencias tradicionales sobre la evolución y los orígenes humanos tienen muy poco sentido a la vista de los descubrimientos que recientemente se han hecho en todas las ramas de la ciencia.

SEGUNDA VERDAD PROFUNDA: la reticencia de los sistemas educativos convencionales a reflejar los nuevos descubrimientos y a explorar las nuevas teorías nos tiene inmovilizados en creencias obsoletas que no pueden resolver la mayor crisis de la historia humana.

Las elecciones que hacemos sobre la vida, los gobiernos y la civilización están basadas en nuestra idea de quiénes somos, de qué relación tenemos con los demás y con el planeta Tierra. Son las creencias que durante los últimos trescientos años han ido fraguándose en torno a una serie de suposiciones falsas establecidas por una ciencia anticuada. Afortunadamente, los sólidos principios del método científico llevan integrado un aspecto de autocorrección de cualquier premisa errónea, que es efectivo cuando permitimos que el método científico opere como es debido.

TERCERA VERDAD PROFUNDA: la clave para responder a las crisis que hacen peligrar nuestra supervivencia reside en establecer asociaciones basadas en la ayuda mutua y la cooperación para, unidos, poder adaptarnos a los cambios, y no en señalar con dedo acusador a los supuestos culpables, lo cual hace que sea muy difícil crear esas alianzas de importancia vital.

Nuestras múltiples crisis (algunas inducidas por los seres humanos y otras acaecidas de forma natural) han llegado a un punto álgido en el que amenazan la supervivencia misma de nuestra especie. Indudablemente, la era industrial ha contribuido a crear en la atmósfera los gases de efecto invernadero, y con toda certeza necesitamos encontrar formas limpias, ecológicas y alternativas de proporcionar electricidad y combustible a los siete mil millones de personas que vivimos actualmente en nuestro planeta. Sin embargo:

> *Hecho:* el cambio climático no está inducido por el ser humano. Las pruebas científicas de la historia del clima terrestre a lo largo de cuatrocientos veinte mil años muestran un patrón de ciclos de calentamiento y enfriamiento que se repetían a intervalos de cien mil años aproximadamente cuando no existía aún ninguna industria humana.
> *Hecho:* Durante los ciclos de calentamiento y enfriamiento en épocas pasadas, el aumento de gases de efecto invernadero generalmente iba entre cuatrocientos y ochocientos años *a la zaga* del ascenso de las temperaturas.
> *Hecho:* Harán falta niveles de sinergia y trabajo en equipo *nunca vistos* para crear estilos de vida sostenibles que nos ayuden a adaptarnos a los ciclos naturales del cambio, y también para resolver las crisis provocadas por el ser humano.

CUARTA VERDAD PROFUNDA: los recientes descubrimientos de civilizaciones avanzadas que se remontan a casi el final de la última glaciación nos ofrecen ideas sobre cómo resolver en *nuestro* tiempo las crisis a las que nuestros antepasados se enfrentaron también en el suyo.

Aunque las revelaciones científicas relativas a las civilizaciones próximas a la era glacial han empezado a desbaratar la idea que tradicionalmente han sostenido los historiadores sobre el viaje de la humanidad a través de las distintas eras de la Tierra, corroboran, sin embargo, los vestigios más antiguos de nuestro pasado y la concepción indígena de un mundo cíclico, en el que se suceden el auge y declive de civilizaciones, así como los sucesos catastróficos, y se repiten las consecuencias de elecciones poco afortunadas.

QUINTA VERDAD PROFUNDA: un número cada vez mayor de datos científicos procedentes de múltiples disciplinas, y recogidos utilizando las nuevas tecnologías, ofrecen pruebas indirectas de que, más allá de toda duda razonable, la humanidad refleja un diseño implantado de una sola vez, y no una forma de vida que fue emergiendo aleatoriamente mediante un proceso evolutivo que se produjo a lo largo de un prolongado período de tiempo.

Pese a que tal vez la ciencia nunca llegue a identificar con precisión qué, o quién, es responsable del diseño que subyace a nuestra existencia, los descubrimientos ponen seriamente en entredicho las ideas convencionales de la teoría evolutiva, y demuestran que la posibilidad de que seamos fruto de una serie de procesos biológicos aleatorios es prácticamente nula.

SEXTA VERDAD PROFUNDA: un volumen creciente de pruebas científicas indirectas, procedentes de más de cuatrocientos estudios validados por revisión por pares, empieza a revelar una verdad innegable: que la competición violenta y la guerra están en contradicción directa con nuestros más profundos instintos de cooperación y cuidado mutuo, es decir, que en lo más profundo de nuestra naturaleza verdadera, ¡sencillamente no estamos «programados» para la guerra!

¿Cómo es que, entonces, los conflictos bélicos han desempeñado un papel tan dominante en el moldeamiento de la historia, de nuestras vidas y de nuestro mundo? Encontramos pistas que pueden llevarnos a la respuesta en las huellas de nuestras experiencias más tempranas en la Tierra además de en relatos ancestrales que contienen instrucciones para poner fin a la «guerra de las eras» y vivir nuestro destino más elevado, en lugar de hundirnos hasta las profundidades de nuestro sino.

La pura magnitud y el número de las crisis que convergen en estos primeros años del siglo XXI suponen una amenaza crítica —un peligro claro e inminente para nuestra supervivencia— y siguen las tendencias cíclicas que condujeron al declive y al colapso a las civilizaciones del pasado. Saber quiénes somos, dónde nos encontramos dentro de los ciclos de la civilización y la naturaleza, y conocer los errores que cometieron las civilizaciones pasadas y aprender de ellos es la clave para sobrevivir a las crisis que nos asedian hoy día.

La ciencia más vanguardista de nuestro tiempo, cuando va unida a la sabiduría de nuestro pasado, confirma que todavía disponemos de maneras y medios para darle un giro a este momento de crisis y hacer de él un momento de resurgir. Podemos crear un mundo nuevo basado en principios practicables y sostenibles que estén enraizados en la comprensión esencial de nuestras verdades más profundas.

EN ESTE LIBRO

A través de los siete capítulos de este libro, te invito a que consideres una forma fortalecedora, y posiblemente nueva, de pensar en tu relación con el mundo. Quizá no te resulte nueva en absoluto. Quizá tuviste la gran suerte de criarte en una familia que permitía que los descubrimientos que se iban haciendo sobre la civilización y la vida llenaran las lagunas de su concepción espiritual, religiosa e histórica del mundo.

Pero si no disfrutaste de una infancia así, los capítulos que siguen te abrirán la puerta a un camino fortalecedor y práctico de autodescubrimiento. Independientemente de cuáles sean tus creencias, pienso que leer sobre las pruebas que están obligando a la humanidad a reconsiderar la historia tradicional de quiénes somos, cuánto tiempo llevamos aquí y por qué el mundo parece estar desintegrándose es en verdad fascinante.

En las páginas que siguen, descubrirás lo siguiente:

> ➤ Los restos arqueológicos encontrados dejan pocas dudas de que hubiera en la Tierra civilizaciones florecientes y evolucionadas, con una avanzada tecnología, mucho antes de la fecha tradicionalmente aceptada que las sitúa hace cinco mil o cinco mil quinientos años.

> ➤ Por qué las guerras en las que luchamos hoy día provienen de una forma de pensar que comenzó hace mucho tiempo, y por qué son la continuación moderna de una antigua batalla que ni siquiera es nuestra.

> ➤ Pruebas indirectas, con base científica, de que la vida humana es el resultado de un diseño inteligente.

> ➤ Un calendario que ilustra cuándo se activa en el vientre el código humano de la vida, cuándo empieza el primer latido de la vida humana y cuándo despierta la conciencia en el desarrollo del hombre.

> Un marco cronológico revisado de las civilizaciones (y cómo encajan en los ciclos de las eras del mundo) que da nuevo significado a la crisis actual y nos ayuda a definir las posibilidades que tenemos ante nosotros.

Es importante que sepas de antemano lo que puedes esperar del viaje a través de estos descubrimientos. Por eso, los siguientes enunciados explican claramente lo que este libro es y lo que no es:

> *LA VERDAD PROFUNDA no es un libro de ciencia.* Aunque hablaré de la ciencia más vanguardista, que nos invita a reconsiderar qué relación tenemos con el pasado, los ciclos de tiempo, nuestros orígenes y nuestro hábito de hacer la guerra, este libro no está escrito con la intención de adecuarse ni al formato ni al nivel de un manual de ciencias ni de una publicación técnica.

> *Este libro no es un ensayo revisado por pares.* Los capítulos e informes de investigaciones *no han* pasado por el largo y lento proceso de revisión a cargo de un comité certificado o grupo seleccionado de expertos que hayan dedicado su vida profesional a contemplar el mundo desde la perspectiva de un solo campo de estudio, ya sea el de la física, las matemáticas o la psicología.

> *Esta obra está bien investigada y bien documentada.* Está escrita con un estilo sencillo a fin de que resulte fácil y amena la lectura de los experimentos, estudios, datos históricos y experiencias personales que respaldan una mejor manera de contemplarnos a nosotros mismos en el mundo.

> *Este libro es un ejemplo de lo que se puede conseguir cuando se traspasa la tradicional frontera que separa la ciencia de la espiritualidad.* Al combinar los descubrimientos del siglo XX en el campo de la genética, la arqueología, la microbiología y el tiempo fractal, obtenemos un magnífico marco en el que colocar los cambios drásticos de nuestra era, y un contexto que nos ayuda a lidiar con esos cambios.

Por su propia naturaleza, examinar qué pensamos de nosotros mismos y cómo lo hacemos es diferente para cada individuo, ya que se trata de un viaje único, íntimo y personal. Gran parte de la diferencia estriba en las experiencias que vivimos con nuestras familias, grupos y culturas. A todos se nos han contado historias que explican nuestro pasado y los orígenes de la Tierra y la humanidad, y que nos ayudan a entender el mundo; historias basadas en lo que nuestra comunidad acepta como «la verdad» en un momento dado.

Yo te invito a que consideres los descubrimientos descritos en estas páginas y explores lo que significan para ti. Coméntalos con las personas importantes de tu vida, y descubre si es posible que cambien la perspectiva del mundo que comparte tu familia y qué implicaciones reales podría tener ese cambio.

La verdad profunda está escrito con un solo propósito, y es que nos dé fuerza y confianza (mientras resolvemos las crisis de nuestra vida y de nuestro mundo) para que podamos entender nuestra relación con el pasado. La clave para recuperar nuestro poder como seres humanos es sencillamente esta: cuanto mejor nos conozcamos a nosotros mismos, más claras estarán las elecciones que necesitamos hacer en nuestras vidas.

Nadie sabe a ciencia cierta lo que el futuro nos tiene reservado. La perspectiva cuántica nos dice que seleccionamos continuamente cuál será nuestro futuro con las elecciones que hacemos a cada momento. Pero independientemente de cuáles sean los retos que nos esperan o de qué elecciones tendremos que hacer, hay algo absolutamente cierto: saber quiénes somos y entender la relación que tenemos con los demás y con el mundo que está más allá de nosotros nos da la ventaja evolutiva que nuestros antepasados remotos tal vez no tuvieran cuando se enfrentaron a retos similares en su tiempo. Con esa ventaja, podemos inclinar la balanza de la vida a nuestro favor. Y todo empieza por tomar conciencia de las verdades profundas de nuestra existencia y basar en esas verdades todas las elecciones que a diario hacemos en nuestra vida.

GREGG BRADEN
Santa Fe, Nuevo México

Capítulo 1

❖❖❖ ❖❖❖ ❖❖❖ ❖❖❖ ❖❖❖ ❖❖❖

¿Quiénes somos? En busca de nosotros mismos

Sin entender quiénes somos y de dónde venimos,
no creo que podamos avanzar de verdad.

Louis Leakey (1903-1972),
arqueólogo y naturalista

«Imagináis cosas maravillosas y cosas terribles, y no asumís la responsabilidad de esa elección. Se dice que en vuestro interior tenéis tanto el poder del bien como el poder del mal, el ángel y el demonio, pero, en honor a la verdad, dentro de vosotros no hay más que una cosa: la capacidad de imaginar.»[1] Con estas palabras de su novela *Esfera*, describía el escritor Michael Crichton la ironía de la experiencia humana vista con los ojos de alguien, o algo, de otro mundo —en este caso, de una esfera alienígena que ha estado en el fondo del océano durante trescientos años—. Aunque se trata de un libro de ciencia ficción, quizá algunas de las reflexiones que hace sobre nosotros sean mucho más acertadas de lo que nos gustaría creer.

Somos, de hecho, seres misteriosos dominados por las posturas extremas y las contradicciones que se reflejan a diario en nuestra forma de vivir y en las elecciones que hacemos. Decimos, por ejemplo, que anhelamos la libertad en nuestras vidas, y sin embargo permitimos que se apodere de nosotros el miedo de no saber qué haríamos si tuviéramos toda la libertad del mundo. El hecho de que cada una de las células de nuestro cuerpo se regenere nos recuerda que tenemos el poder de curarnos a nosotros mismos (no estaríamos vivos si no fuera así), y no obstante nos resistimos a admitir este poder cuando se trata de curarnos nuestras propias enfermedades. También nos consideramos seres compasivos, y a pesar de ello somos la única especie que inflige dolor a sus semejantes para obtener de ellos información, o por puro entretenimiento. Decimos que queremos que haya paz en nuestro mundo, y mientras tanto continuamos construyendo las armas de guerra más destructivas que se hayan conocido jamás.

En los posibles encuentros futuros con otros mundos, a cualquier forma avanzada de vida inteligente le pareceremos, sin duda, una especie paradójica y sumida en una batalla constante, que vacila entre las posibilidades de gozar de un bello destino y los golpes mortales de nuestro temido futuro.

En estos momentos, recién comenzada la segunda década del siglo XXI, nos enfrentamos a una triste realidad de la que son manifestación las crisis, los extremos y las contradicciones de nuestro tiempo. Y es que, en presencia de la ciencia más avanzada en la historia de nuestro mundo, todavía no hemos respondido a la pregunta más elemental de nuestras vidas: *¿quiénes somos?*

Aún no se ha alcanzado un consenso

La Oficina del Censo estadounidense nos dice que compartimos el mundo con alrededor de otros siete mil millones de miembros de la familia humana. Aunque nos dividamos en grupos separados, definidos por el color de la piel, el linaje, la geografía y las creencias, todos poseemos una misma herencia en lo referente al origen de nuestra especie. Y si se pudiera hacer una encuesta puerta por puerta y se nos preguntara a cada uno quiénes somos, es muy probable que las respuestas se correspondieran con una u otra de estas tres líneas de pensamiento:

> Somos el producto de una larga línea de milagrosas sincronicidades de la biología (evolución) que han ocurrido durante los últimos dos millones de años.

> Hemos sido creados, imbuidos de vida y situados en la Tierra directamente por la mano de un poder superior.

> Existe un gran plan cósmico —un diseño inteligente— que nos hace ser lo que somos, y ese diseño entró en funcionamiento hace mucho tiempo por obra de alguien, o de algo, que hoy no somos capaces de comprender.

A pesar de que este resumen rápido tal vez no haga del todo justicia a cada uno de los puntos de vista, estas tres explicaciones, o alguna combinación de ellas, forman la esencia de todas las posibilidades que generalmente se consideran válidas hoy día.

Durante miles de años, la primera y la tercera opción ni siquiera existían. Hasta 1859, esencialmente había una sola explicación de cómo llegamos aquí que tuviera sentido: la que invocaba la comunidad religiosa. La creencia, basada en una interpretación literal del libro bíblico del Génesis —el documento más antiguo que tienen en común las tres grandes religiones monoteístas del mundo (judaísmo, cristianismo e islam)—, fundamentalmente sostiene que estamos aquí a propósito, y que fue personalmente Dios quien nos colocó en este lugar.

Se trata de un punto de vista que sigue teniendo muchos adeptos en algunas comunidades, y se conoce por el nombre de *creacionismo*, teoría enraizada en la doctrina católica y que propuso el obispo anglicano James Ussher hace más de trescientos cincuenta años. Combinando las distintas interpretaciones bíblicas con los nacimientos y muertes históricos recogidos en la Biblia de su tiempo, Ussher creó lo que a su entender era un marco cronológico exacto de los acontecimientos bíblicos, empezando por el primer día de la creación.

Basándose en sus cálculos, el obispo predijo que el domingo 23 de octubre del año 4004 a. de C. fue el primer día del mundo —el «principio» bíblico descrito en el Génesis—.[2] Utilizando esta fecha como punto de partida, siguió los acontecimientos y las genealogías a lo largo del tiempo hasta llegar a la edad de la Tierra que los creacionistas modernos, y especialmente los más recientes, aceptan como verdadera: seis mil años.[3]

Con esta edad como punto de referencia, Ussher calculó las fechas de los principales sucesos bíblicos relativos al origen y la historia de la humanidad. Determinó, por ejemplo, que Adán fue creado en el 4004 a. de C., que Eva le siguió poco después, y que ambos fueron expulsados del paraíso a finales de aquel mismo año. Las correlaciones que estableció fueron publicadas en su época en versiones autorizadas de la Biblia, y en 1701 la Iglesia anglicana aceptó oficialmente la cronología bíblica de Ussher.

Una de las presunciones creacionistas que provienen directamente de su obra es que la vida toda fue creada de una sola vez durante el Génesis, a lo cual la teoría añade que no hay en el mundo actual ninguna especie nueva. Toda la vida que existe en el presente o que existía en el pasado —incluida la raza humana— es supuestamente el resultado de la creación original, y ha permanecido fija e inmutable desde entonces.

Estas afirmaciones están en total contradicción con dos datos esenciales que señala la ciencia moderna:

> ➤ Los geólogos le atribuyen actualmente a la Tierra una edad de nada menos que cuatro mil quinientos millones de años.
> ➤ La biología convencional acepta en buena medida la teoría de la evolución de Darwin como mecanismo responsable de la diversidad de la vida que existe hoy día en nuestro planeta.

Aunque es posible que los antiguos creacionistas acepten a veces los cuatro mil quinientos millones de años de edad de la Tierra, concediendo que es difícil interpretar con exactitud cuál era la duración real de un día y un año bíblicos, no hay en ellos la menor permisividad en lo tocante a la evolución. La teoría de Charles Darwin está en total contradicción con la que postula el origen humano por intervención divina, y no parece haber término medio entre una y otra creencia.

Darwin regresó de su histórico viaje a bordo del *Beagle*, buque de la marina real inglesa, en 1836 y publicó sus hallazgos veintitrés años más tarde, en 1859. Su libro, titulado *El origen de las especies*, echó por tierra los paradigmas existentes e hizo que temblaran los cimientos de las ideas tradicionales sobre nuestros comienzos. Aunque examinaremos con detalle las ideas de Darwin y las implicaciones de su obra más adelante, las menciono aquí porque, por primera vez, la teoría de la evolución desafió la perspectiva religiosa en general, y especialmente la de la Iglesia cristiana.

En este momento quiero dejar claro, de todos modos, que aunque el trabajo de Darwin estaba bien pensado, meticulosamente documentado y llevado a cabo de acuerdo con las directrices del método científico, *un número de pruebas cada vez mayor evidencian que no explica los hechos del origen humano como hoy día se sabe que fueron, ni demuestra que seamos el resultado de un proceso evolutivo.* Esto no significa que no exista o no haya existido una evolución. La ha habido, y los restos fósiles demuestran que ha sido así para numerosas especies. El problema es que cuando intentamos aplicar los procesos que observamos en las plantas y en algunos animales a los seres humanos —a nosotros—, está claro que los hechos no corroboran la teoría.

¿Y dónde nos deja esto? ¿Qué debemos creer? ¿Cuál de los tres puntos de vista es el correcto en lo referente a nuestro origen y nuestra historia? Todavía no se ha alcanzado un consenso, y el tema en sí es motivo de acalorados debates. Sin embargo, si nos fiamos del discurso de la ciencia, la teoría de la evolución empieza a ser cada vez menos una opción válida para explicar las complejidades de la vida humana.

Dicho de otro modo, es posible que la evolución que vemos en la naturaleza no sea aplicable a nosotros. Como leeréis en la sección siguiente, hay aspectos de nuestra familia humana que la evolución sencillamente no puede explicar, al menos tal como hoy entendemos la teoría.

UNA TEORÍA EN APUROS

Desde 1859, la comunidad científica, así como buena parte del mundo «moderno», ha aceptado la evolución como única teoría plausible para explicar los orígenes humanos y cómo hemos llegado a ser lo que somos en la actualidad. Esta aceptación generalizada ha suscitado la búsqueda de pruebas físicas que demostraran la teoría; se han intentado encontrar los «eslabones perdidos» fosilizados que deberían existir para documentar los estadios de nuestro viaje, pero, por razones que son tan controvertidas como los propios fósiles, durante más de ciento cincuenta años esos eslabones perdidos de nuestro linaje han resultado, en el mejor de los casos, imposibles de hallar.

En época más reciente, la búsqueda de pruebas de nuestros ancestros ha captado la imaginación colectiva debido a que publicaciones prestigiosas y fiables, como *Science* y *Nature*, han mencionado estudios y publicado láminas a todo color que documentaban dichos descubrimientos. Se diría que, de la noche a la mañana, los cráneos recién descubiertos, con las cuencas de los ojos vacías mirándonos desde las lustrosas cubiertas de las revistas, se convirtieron en miembros de nuestro árbol genealógico. Incluso se les pusieron nombres, como «Lucía» y «Jorge», que los hacían parecer todavía más de la familia.

Crecí viendo documentales en blanco y negro en la televisión de casa y leyendo sobre la búsqueda de los orígenes del ser humano en increíbles revistas como *National Geographic* y *Smithsonian*. Era la década de los sesenta, y todo lo que veía y leía me transmitía la sensación de que casi a diario se lograban nuevos hallazgos sobre el tema. Y la búsqueda continúa; se siguen haciendo descubrimientos, aunque a los más recientes no se les haya dado mucha publicidad. Algunas de las áreas más productivas en cuanto a restos fósiles de nuestro pasado se han localizado en zonas remotas del gran valle del Rift, al este de África. Al norte de Tanzania, por ejemplo, el trabajo de la familia Leakey en busca de restos de homínidos —Louis S. B. Leakey, su esposa Mary, su hijo Richard y algunos de sus otros hijos— ha retrasado la fecha hasta ahora aceptada de la aparición del ser humano unos dos millones de años.

Durante las exploraciones que han realizado desde la década de 1950, los Leakey han cribado meticulosamente la tierra suelta y la roca pulverizada, y han conseguido así recuperar fragmentos de hueso, dientes, herramientas de piedra y, en ocasiones, secciones enteras del esqueleto de seres muy antiguos que parecen presentar características humanas. Y bajo nombres con sonido tan complejo como *Australopithecus afarensis* u *Homo neanderthalensis*, se cree que estos seres son ejemplos del desarrollo humano a lo largo de la escala evolutiva.

No obstante, por muy impresionantes que sean estos y otros hallazgos similares, y por mucho que hayan contribuido a nuestro conocimiento del pasado, ha sido desde el principio una constante en la búsqueda de los orígenes humanos no haber hecho ni un solo descubrimiento que nos vincule con dichas formas de vida ancestrales.[4] Y es posible que el eslabón que buscamos no se encuentre jamás. Personalmente, tengo la sensación de que, por más interesante que sea el trabajo que se realiza en África y por más información que nos dé sobre formas de vida de un pasado remoto, probablemente no sea *la historia de nuestra vida* la que se esté redescubriendo.

NOVEDADES SOBRE EL ESLABÓN PERDIDO: SIGUE PERDIDO

Desde que se presentó la teoría de la evolución en el año 1859 hasta el día de hoy, no se ha encontrado ningún vestigio claro de que nuestra especie estuviera precedida por una de transición, es decir, restos fósiles que documenten que nuestros ancestros evolucionaron dando lugar a seres cada vez más semejantes a los humanos. Esto es un hecho, a pesar de la sofisticada tecnología y la enorme energía que se han dedicado a resolver la cuestión de nuestros orígenes. Si observamos con detenimiento el árbol genealógico humano, veremos que muchos de los eslabones entre hallazgos fósiles que se han aceptado como indiscutibles están de hecho anotados como vínculos *supuestos* o *inferidos*.

En otras palabras, no existen pruebas físicas firmemente establecidas que *nos vinculen* con los restos de esas criaturas del pasado que se han descubierto (véase la figura 1.1).

En *El origen de las especies*, Darwin admitía la falta de pruebas a la que me refiero, y reconocía también que podía deberse a un error cometido bien en la forma de entender la Tierra que tenían los geólogos o bien en su teoría de la evolución. En sus propias palabras:

> [En cuanto al] proceso mismo de selección natural [...] el número de variedades intermedias que han existido en otro tiempo tiene que ser verdaderamente enorme [...] ¿Por qué, pues, cada formación geológica y cada estrato no están repletos de estos eslabones intermedios? La geología, ciertamente, no revela la existencia de tal serie orgánica delicadamente gradual, y es esta, quizá, la objeción más grave y clara que puede presentarse en contra de mi teoría.

ÁRBOL PROBABLE DE LA EVOLUCIÓN HUMANA

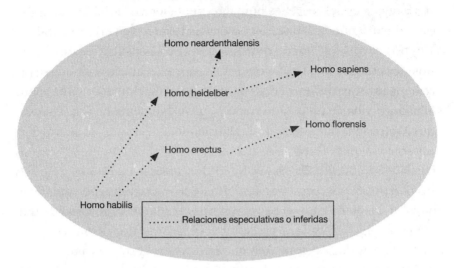

Figura 1.1. Ejemplo de la cronología comúnmente establecida de antepasados remotos que supuestamente conducen a los seres humanos modernos. Este tipo de secuencias se basa principalmente en la interpretación de restos fósiles.

Reflexionando sobre este aparente dilema, Thomas H. Morgan, premio Nobel de Medicina en 1933, afirmó: «Tras aplicar los más estrictos exámenes que se utilizan para distinguir las especies salvajes, no hemos encontrado ni un solo caso de transformación de una especie en otra».[6]

Hay dos descubrimientos de finales del siglo XX que tal vez empiecen a explicar un poco a qué se debe la dificultad de hallar un puente que una a los seres humanos antiguos y modernos, y también lo que el hecho en sí del eslabón perdido puede estar diciéndonos sobre nuestra historia. Por razones científicas de peso, que exploraremos detalladamente en un capítulo posterior, aunque quizá el *Australopithecus afarensis* y el *hombre de Neandertal* puedan contarnos algo sobre la historia de *alguien*, probablemente ese alguien no seamos *nosotros*. Lo que sigue son dos razones del porqué.

Fósiles interesantes, ¡pero no son nosotros!

El primer «mapa» que describe los pilares de la vida lo establecieron James Watson y Francis Crick en 1953. Su modelo de la molécula de ADN dio paso a toda una ciencia dedicada a identificar a las personas basándose en las particularidades genéticas que las hacían ser quienes eran y que las diferenciaban asimismo de todas las demás.

El código que determina cuál será el aspecto de nuestros cuerpos y cómo funcionarán —desde el color de los ojos y el pelo hasta el sexo, o la propensión a desarrollar ciertas enfermedades— está almacenado en el mapa esencial de nuestros genes, nuestro ADN. Una vez que Watson y Crick descifraron el código que contenía las pruebas de nuestro pasado, la ciencia de casar segmentos de ADN para determinar la paternidad, identificar a personas desaparecidas o relacionar a los perpetradores con la escena del crimen se ha convertido en piedra angular en el terreno policial y en el de la medicina forense, y ha dado pie también a una de las series de resolución de crímenes más popular de la historia de la televisión: *CSI Las Vegas*, *Miami* y *Nueva York*.

En 1987, las mismas técnicas empleadas en investigaciones similares a las de *CSI* —cuyos resultados se aceptan actualmente como prueba en los tribunales superiores de justicia— se aplicaron al estudio de los orígenes del ser humano por tan solo la segunda vez en la historia. En el año 2000, los investigadores del Centro de Identificación Humana de la Universidad de Glasgow publicaron los resultados de su estudio comparando el ADN de una especie a la que se creía antecesora nuestra con el de los seres humanos modernos.[7] En colaboración con sus colegas rusos y suecos, los científicos escoceses examinaron el antiquísimo ADN de un infante de Neandertal asombrosamente bien conservado que se había descubierto en una cueva de roca caliza del norte del Cáucaso, en la frontera entre Europa y Asia.

Las excepcionales condiciones en que se encuentran los restos de esta criatura son en sí mismas un misterio, pues normalmente solo presentan un estado semejante los especímenes congelados, como los hallados en las heladas regiones polares. Fue este estado de conservación lo que permitió comparar el ADN de treinta mil años de antigüedad de este infante con el de los seres humanos actuales, y fue también la primera vez que pudieron realizarse tales pruebas en un cuerpo que ya se había datado utilizando la técnica del carbono 14. El estudio llegó a la conclusión de que las posibilidades de que existiera un vínculo genético entre el neandertal y el hombre moderno eran remotas. El informe da a entender que los seres humanos actuales no son, en definitiva, descendientes del hombre de Neandertal.[8]

Si bien en teoría la ciencia de la comparación genética debería resolver el misterio de nuestra ascendencia, la realidad es que los resultados plantean aún más preguntas relativas a nuestro linaje evolutivo y nuestros orígenes, y abren la puerta a territorio «prohibido».

La denominación *humano moderno temprano* o *humano anatómicamente moderno* ha reemplazado a la de *Cromañón* como descriptor de nuestro antecesor más cercano. Los científicos creen en la actualidad que las diferencias físicas entre el cuerpo de los seres humanos contemporáneos y el de los humanos modernos tempranos son tan ligeras que no justifican agruparlos por separado. En otras palabras, aunque los seres humanos de la antigüedad remota no se comportaran como nosotros, su aspecto era como el nuestro. O, a la inversa, todavía tenemos el mismo aspecto que ellos: nuestra apariencia no ha cambiado mucho desde que nuestros primeros antepasados aparecieron en la Tierra hace alrededor de doscientos mil años. Este hecho, no obstante, ha resultado ser un problema para quienes buscan cambios evolutivos lentos a lo largo de extensos períodos de tiempo para explicar cómo hemos llegado a ser como somos.

En 2003, los avances tecnológicos conseguidos permitieron hacer comparaciones del ADN antiguo aún más ambiciosas. En esta ocasión, las pruebas compararon a los neandertales con nuestros más antiguos ancestros confirmados, los humanos modernos tempranos. El equipo de científicos europeos estudió el ADN de dos de estos últimos, uno que tenía una edad de veintitrés mil años y otro de veinticinco mil, y lo compararon con el de cuatro neandertales de entre veintinueve mil y cuarenta y dos mil años de antigüedad. El informe de la investigación, publicado en *Proceedings of the National Academy of Sciences*, decía: «Los resultados obtenidos se suman a las pruebas indirectas recogidas anteriormente en distintos campos, haciendo que la hipótesis de una «herencia neandertal» sea muy improbable.[9] Dicho de otro modo, los neandertales representados como cavernícolas que vemos en el cine y en las películas de dibujos animados no son los antepasados de los humanos modernos tempranos, lo cual significa que no provenimos de ellos y que no pueden ser nuestros ancestros.

El misterio de la «fusión» del ADN

Desde el descubrimiento del código genético, ha aparecido un nuevo misterio relacionado con los cromosomas que diferencian a una especie de otra. Las instrucciones biológicas para los miembros de una especie están contenidas en los cromosomas y determinan aspectos tales como la estructura de los huesos, el tamaño del cerebro, cómo son sus procesos metabólicos, etc. Los simios tienen veinticuatro pares de cromosomas, o un total de cuarenta y ocho, y los seres humanos poseemos veintitrés pares, es decir, un total de cuarenta y seis. Aunque pueda parecer que «nos falta» un par completo de cromosomas si nos comparamos con nuestros parientes más cercanos, nuestros mapas genéticos revelan algo muy curioso.

Un estudio más atento de dónde parecen estar ausentes de nuestro genoma esos cromosomas muestra que el *cromosoma humano 2* es asombrosamente similar a los cromosomas 12 y 13 del chimpancé —y de hecho se corresponde con ellos—, *como si de algún modo se hubieran combinado* (fusionado) para formar una sola secuencia de ADN de mayor tamaño;[10] y curiosamente esta fusión se produjo solo en el caso de los humanos.

Incluyo a continuación la terminología técnica con la cual la revista *Proceedings of the National Academy of Sciences*, que publica la Academia Nacional de Ciencias de Estados Unidos, describe dicha fusión: «Concluimos que el locus clonado en los cósmidos c8.1 y c29B es un vestigio de una *antigua fusión telómero-telómero* y marca el punto en que dos ancestrales cromosomas de los simios se fusionaron para dar lugar al cromosoma humano 2 [Las cursivas son mías]».[11]

En otras palabras, los dos cromosomas que se diría que faltan en nuestro ADN al parecer se han encontrado, fundidos en un solo cromosoma nuevo que es exclusivo de nuestra especie. Por lo demás, existen otras características de los genes humanos y de los chimpancés cuya apariencia es casi idéntica.[12]

¿Cómo se produjo esta fusión del ADN? Los científicos sencillamente no lo saben; pero la conclusión a la que han llegado los estudios plantea un misterio que tal vez nos permita encontrar finalmente la respuesta a esta cuestión. Es el hecho de que estos cromosomas estén fundidos entre sí, y la forma en que lo están, lo que ha hecho a los científicos llegar a la conclusión de que solo un proceso muy singular pudo haber dado lugar a semejante fenómeno genético.[13] Estos estudios nos dicen que la disposición del ADN que hace único al cromosoma humano 2 (y nos hace únicos a nosotros) no es algo que normalmente pudiera esperarse de la evolución por medio de la selección natural que propuso Darwin.

¿Qué pudo haber ocurrido en el pasado lejano que produjera semejantes cambios en el código fundamental de la vida? La respuesta breve es que no lo sabemos. Sin embargo, basándonos en una comparación de la fisiología humana y primate, son cada vez más los vestigios que sugieren que, como *Homo sapiens*, quizá no encajemos del todo en un árbol tradicional de pasos evolutivos.

❖❖❖ ❖❖❖ ❖❖❖

Nuevos datos referentes al ADN, y la falta de vestigios fósiles que respalden la noción de una evolución humana a partir de los primates inferiores, dan a entender que, de hecho, podríamos ser una especie única que empezara en nosotros. Esta teoría considera la posibilidad de que no seamos *descendientes* de las formas tempranas de primates, sino que, por el contrario, estemos separados tajantemente de ellos. Una comparación de las características primates y humanas, tales como la densidad ósea —o nuestra capacidad para derramar lágrimas, transpirar y tener cabello en lugar de una piel cubierta de pelaje— apoya esta teoría, al tiempo que aviva la controversia tanto para los seguidores del creacionismo como para los de la teoría evolutiva.

A pesar de que tales hallazgos planteen, en última instancia, más preguntas de las que consiguen responder, cada estadio de la investigación añade algo a lo que ya sabemos sobre nosotros mismos y hace una definición un poco más precisa de nuestro lugar en el universo y de nuestro papel en la creación. Por otra parte, las pruebas que nos ofrecen los descubrimientos fósiles añaden credibilidad a estos estudios, indicando que, por muchas características genéticas que tengamos en común con formas de vida menos evolucionadas, *nos hemos desarrollado independientemente de ellas* de acuerdo con nuestro propio calendario genético. Es posible que nuestra especie sea, por tanto, mucho más antigua de lo que se pensaba hasta ahora, y tal vez hayamos cambiado muy poco en lo que a evolución se refiere durante el tiempo que llevamos aquí.

Lo que está claro, tanto en el caso del creacionismo como de la teoría evolutiva, es que las fuentes de información están incompletas y dejan margen para revisar las interpretaciones a medida que van apareciendo nuevas pruebas.

LO QUE NO SOMOS

En nuestras vidas, hay veces que, para descubrir lo que de verdad «es», necesitamos averiguar primero lo que «no es». Así, mediante un proceso de eliminación, acabamos enfocando finalmente lo que buscábamos. Lo mismo en las relaciones personales con nuestras parejas, familiares, amigos y compañeros de trabajo que en la guerra y la paz entre las naciones, parece que es así como aprendemos las grandes lecciones de la vida. *Experimentamos* lo que no queremos antes de *aprender* que no lo queremos.

Fue después de experimentar la guerra a gran escala, por ejemplo, y no una vez sino dos, cuando supimos con claridad que no deseábamos más guerras mundiales. Fue únicamente tras haber experimentado el inimaginable genocidio de mediados del siglo XX cuando dijimos que no permitiríamos que nada semejante volviera a ocurrir jamás.

Muchos reconocidos científicos, profesores e investigadores de nuestro tiempo se dedican enérgicamente a cribar los descubrimientos de los últimos cien años para descubrir qué es verdad y qué no en lo referente a los orígenes del ser humano. Sus descubrimientos son tan numerosos que a veces da la sensación de que se publica uno nuevo cada día; de hecho, es tal la cantidad de información nueva, y tal la frecuencia con la que se difunde, que revistas científicas tales como *Science*, por ejemplo, han acabado por añadir un suplemento semanal a sus publicaciones mensuales para mantener a los lectores al día de los descubrimientos más recientes.

Aunque es cierto que todas estas investigaciones tienen como propósito ayudarnos a entender lo que se reveló en el siglo XX, muchos de los descubrimientos clave, que inclinan la balanza hacia uno u otro lado en los temas que los científicos investigan, no se han presentado aún ni en los libros de texto ni en las aulas, lo cual significa que estamos poniendo nuestras esperanzas, nuestra confianza y la promesa de nuestro futuro en manos de gente joven que está aprendiendo una ciencia basada en creencias obsoletas.

Del mismo modo que aprender a conducir un automóvil sin haber entendido antes las normas de circulación no puede contribuir a una experiencia de conducción satisfactoria ni deseable, reducir la naturaleza a átomos y moléculas sin aprender nada sobre nuestra relación con ellos no nos permitirá jamás encontrar soluciones sensatas para atajar las crisis que nos amenazan actualmente. Si pudiéramos aunar la esencia de los descubrimientos del siglo XX acerca de nosotros y de nuestro pasado, ¿qué nos diría? ¿Qué indica la ciencia más avanzada de nuestro tiempo sobre quiénes somos y quiénes no somos?

La lista siguiente nos da una idea parcial de hacia dónde podría conducirnos la nueva ciencia. Es un hecho que...

1. ...la teoría de que las células vivas mutan aleatoriamente (evolucionan) a lo largo de prolongados períodos de tiempo no explica el origen ni las complejidades de la vida humana.
2. ...el eslabón biológico que vincula a los humanos con formas tempranas de vida humanoide de nuestro árbol genealógico es un eslabón inferido y no demostrado.
3. ...los estudios del ADN demuestran que no descendemos de las familias de neandertales, como se creía anteriormente.
4. ...hemos cambiado poco desde que los humanos modernos tempranos aparecieron hace doscientos mil años.
5. ...es muy poco probable que el ADN que nos hace humanos y nos confiere nuestra singularidad pudiera haberse formado del modo en que lo ha hecho a través de procesos de evolución natural.

Y ahora que tenemos algunos datos sobre lo que «no» somos, ¿qué nos dice la ciencia más avanzada de nuestro tiempo sobre quiénes *somos*? La respuesta a esta pregunta es la llave que abre la puerta a los siguientes seis capítulos de este libro.

Hace trescientos años, el pensamiento científico que se creó en torno a las leyes de la física propuestas por Isaac Newton nos llevó a considerar el universo, nuestro mundo y nuestros cuerpos como si fueran piezas de una gran máquina cósmica, es decir, como una serie de sistemas enormes y pequeños que estaban separados unos de otros, que eran independientes y reemplazables.

Hace ciento cincuenta años, Charles Darwin propuso que éramos el resultado final de un viaje de doscientos mil años, los supervivientes de una competición evolutiva que, en el pasado, habían tenido que pelearse por un lugar en la Tierra, y que deben seguir haciéndolo hoy día.

Además, la ciencia de los últimos cien años aproximadamente nos ha hecho creer que la tecnología es la respuesta a todos nuestros problemas, y que por medio de la ciencia conquistaremos la naturaleza y neutralizaremos todo aquello que amenace a nuestra supervivencia.

Cada una de estas ideas está basada en una falacia derivada de una información científica que, en el mejor de los casos, estaba incompleta y, en el peor, estaba sencillamente equivocada.

Antes de que podamos responder a la pregunta de quiénes somos, debemos examinar con franqueza las verdades que hemos pedido a la ciencia que nos revelara. Si lo hacemos, descubriremos rápidamente que las presunciones erróneas del pasado nos han llevado a un surco proverbial en este camino del descubrimiento sobre el que hacemos girar nuestras ruedas para encontrar respuesta a los misterios de la vida.

Los descubrimientos del capítulo siguiente son reales. Representan el tipo de noticias que deberían anunciar con grandes titulares los principales periódicos y revistas del mundo entero. En lugar de esto, normalmente quedan relegados a crípticos artículos y publicaciones técnicas dirigidos a un número limitado de suscriptores familiarizados con los tecnicismos, lo cual quizá nos permita entender por qué los libros de texto van tan a la zaga de la curva de descubrimientos y nos ayude asimismo a ver adónde puede conducirnos el impulso de la exploración en relación con las próximas grandes incursiones en los misterios de nuestra existencia.

PRIMERA VERDAD PROFUNDA

El que seamos capaces de desactivar las crisis que amenazan a nuestras vidas y nuestro mundo depende de que estemos dispuestos a aceptar las nuevas revelaciones de la ciencia sobre nuestros orígenes y nuestra historia.

La verdad profunda de las presunciones erróneas: descubrimientos que lo cambian todo

A veces un concepto resulta desconcertante no porque sea profundo y difícil de entender, sino porque está equivocado.

E. O. WILSON
biólogo y naturalista

En 2008, dos hermanos rodaron un documental de su aventura en busca de la respuesta a algunas de las preguntas más antiguas y posiblemente más escurridizas que existan, entre ellas «¿quién soy yo? y ¿qué sentido tiene la vida? Clifford y Jeffrey Azize crearon una película impactante e intensamente conmovedora, que ha obtenido el reconocimiento de la crítica y más de treinta importantes galardones hasta la fecha, y que se titula simplemente *La experiencia humana*.[1]

Resalta el argumento, apasionante de por sí: las imágenes de una serie de excepcionales encuentros de estos dos hermanos con gentes de lo más diverso, desde los niños de la calle de Perú hasta los leprosos abandonados de Ghana; encuentros que cambiaron sus vidas y que los condujeron, como conducen al espectador, a un viaje hacia una comprensión más profunda de las experiencias universales que nos unen como familia humana.

Las preguntas planteadas en este documental se encuentran entre las más antiguas que nos hemos hecho los seres humanos desde que nuestros antepasados más remotos intentaron entender el cosmos y nuestro papel en él hace doscientos mil años, y a las que, hasta la fecha, no hemos sabido responder. A través de los tiempos hemos hecho cuanto hemos podido por responder a ésas a las que llamamos «eternas preguntas» de nuestra existencia —¿quiénes somos?, ¿de dónde venimos?, ¿cómo hemos llegado aquí?, ¿hacia dónde vamos?—, y en todas las épocas se han puesto al servicio de esta empresa los mejores medios con los que se contaba en cada momento.

Y lo mismo ocurre en nuestra actual era científica. La ciencia nos ofrece una manera de explorar los misterios del mundo y de nuestro cuerpo que dé sentido a elementos de la vida que a veces parecen carecer de él.

Aunque tuve una formación científica y enseñé a utilizar el método científico, nadie me explicó de verdad jamás lo que *es* con precisión la ciencia y *por qué* ha sido una manera de explorar el mundo tan exitosa.

Con el lenguaje poético de un físico excepcional, Einstein describió la ciencia como el «intento de hacer que la diversidad caótica de nuestra experiencia sensorial se corresponda con un sistema de pensamiento lógicamente uniforme».[2] En otras palabras, nos ofrece un lenguaje común con el que explorar los misterios de la vida.

En su forma más pura, la ciencia es independiente de la emoción o de las expectativas que a veces pueden cambiar la forma en que un científico contempla el mundo. Cuando los científicos utilizan paso a paso los procedimientos de investigación que desarrollaron otros en el pasado —lo que se conoce como *método científico*—, tienen la seguridad de que, si esos métodos aceptados los conducen a nuevos descubrimientos, dichos descubrimientos se fundamentan en una base cierta, que los hace dignos de ser comunicados al resto del mundo.

La datación de uno de los más antiguos yacimientos arqueológicos del mundo es un ejemplo perfecto de lo que quiero decir. Cuando los arqueólogos utilizaron el carbono 14 para datar el yacimiento de Göbekli Tepe, en Turquía, se atuvieron a un método establecido que había gozado de aceptación generalizada en el pasado. Por eso, cuando dicho procedimiento demostró que el yacimiento tenía una antigüedad de entre 11.517 y 11.623 años –al menos el doble de la edad de la antigua Sumer, considerada durante mucho tiempo una de las primeras civilizaciones de la Tierra–, los datos estaban basados en un método aprobado, y los hallazgos se aceptaron con seriedad.

EL MÉTODO CIENTÍFICO

1. Vemos algo que aún no se ha explicado.
2. Desarrollamos una explicación (hipótesis).
3. Ponemos a prueba la explicación con un experimento que nos dé hechos.
4. Evaluamos los hechos.
   a. Si los hechos corroboran la explicación, tenemos una teoría.
   b. Si no, es necesario que volvamos al paso 2, cambiemos la explicación y repitamos el proceso.

Figura 2.1. Los cuatro pasos del método científico. Esta secuencia nos ofrece una forma coherente de establecer los hechos y de descubrir cuándo no confirman lo que suponíamos acerca de algo. El método científico tiene rigor, no obstante, en la misma medida que lo tienen la disciplina y honestidad de la persona que lo aplica.

Esta es la razón por la que me refiero al método científico en este momento del libro. Por la secuencia de la figura 2.1, vemos que, si se desvela algún hecho que cambie lo que sabemos sobre una idea existente, la anterior creencia se ha de poner al día para dejar espacio a la nueva información. El método cuenta con la posibilidad de que, con el tiempo, se revele nueva información –en realidad espera que sea así–, y con que esa información se incorpore al canon de ideas y creencias existente. Cuando los científicos descubrieron, por ejemplo, que el átomo no es la partícula de materia más pequeña y que de hecho está compuesto por partículas aún menores, los viejos modelos del átomo quedaron obsoletos, y dejaron paso a los nuevos, que incorporaban quarks, leptones, gluones, etc. Esta actualización del conocimiento científico con datos confirmados de los nuevos descubrimientos es fundamental para que la ciencia mantenga su honestidad, actualidad y significación.

Desechar nuevos datos, comprobados y verificados, por el mero hecho de que no corroboren las actuales creencias científicas es, en realidad, todo menos científico; sin embargo, esto es precisamente lo que está pasando en la preparación de los libros de texto y en las clases que se imparten hoy día. En los capítulos siguientes, exploraremos nuevos descubrimientos que todavía no han quedado reflejados en los planes de estudios por una serie de razones; entre ellas, la reticencia a desprenderse de viejos modelos y formas de pensar. No obstante, estos son justamente los descubrimientos que nos ayudan a entender el pasado, a la vez que contienen la clave que nos permitirá hacer elecciones sensatas en el futuro.

Además de brindarnos una buena manera de ser coherentes cuando exploramos el mundo natural, la ciencia nos ofrece un lenguaje con el que comunicar de forma comprensible lo que se ha descubierto. Así, cuando un biólogo afirma que al embrión humano le sucede algo misterioso después de las tres primeras divisiones de las células mitóticas, podemos estar seguros de cuál es exactamente la fase de desarrollo a la que se refiere.

Quisiera hacer hincapié en que hay otros lenguajes que describen el mundo natural. Algunos de ellos, como la alquimia o la espiritualidad, existían ya mucho antes de que comenzara la breve vida de la ciencia, y, aunque decididamente no son lenguajes científicos, es decir, no se basan necesariamente en los descubrimientos confirmados de épocas anteriores para explicar la naturaleza, han sido durante mucho tiempo una herramienta útil que nos ha ayudado a entender la relación que tenemos con el mundo y con los demás.

Manzanas, imanes y la edad de la ciencia

Es un dato generalmente aceptado que la ciencia moderna, y la era científica, empezaron en julio de 1687, cuando Isaac Newton publicó su obra *Philosophiae Naturalis Principia Mathematica* (*Principios matemáticos de la filosofía natural),* en la que aparecían las nociones matemáticas que describen nuestro mundo cotidiano.[3] Durante más de doscientos años, las observaciones de la naturaleza que hizo Newton constituyeron los cimientos del campo científico al que ahora se denomina *física clásica.*

Junto con las teorías de la electricidad y el magnetismo, de finales del siglo XIX, y las teorías de la relatividad de Albert Einstein, de principios del XX, la física clásica ha conseguido explicar muy satisfactoriamente las «grandes cosas» que vemos en el mundo: el movimiento de los planetas y las galaxias, cómo caen las manzanas de los árboles (según la leyenda, Newton descubrió la ley de la gravedad después de que una manzana le cayera en la cabeza), etc. Nos ha sido de tal utilidad que, por medio de la física clásica, hemos sido capaces de calcular las órbitas de nuestros satélites e incluso de enviar hombres a la luna.

Sin embargo, a comienzos del siglo XX una serie de descubrimientos demostraron que había lugares de la naturaleza donde las leyes de Newton sencillamente no parecían regir. Desde el diminuto mundo de las partículas que habitan dentro de un átomo hasta la forma en que se comportan los átomos durante el nacimiento de las estrellas en galaxias lejanas, el caso es que algunos fenómenos ante los que se encontraban los científicos no podían explicarse por medio de la física tradicional. El punto de vista científico con respecto a esto es que, si el pensamiento existente no es capaz de explicar lo que vemos, será necesario actualizar nuestra manera de concebir el mundo, tomando en consideración las nuevas observaciones y descubrimientos. Y el resultado de poner esto en práctica en el mundo de la física dio lugar a lo que hoy conocemos como *física cuántica*: el estudio de aquello que sucede a una escala muy pequeña, dictado por fuerzas que existen en un nivel subyacente al mundo físico que vemos.

Desde que la física cuántica hizo su aparición en el escenario científico, el gran reto ha sido unir las dos corrientes de pensamiento sustancialmente distintas, representadas por la física clásica y la cuántica, en una sola perspectiva del universo y de la vida: una teoría unificada. Hasta el momento, no ha sucedido. Aunque algunos teóricos han logrado colocar piezas individuales del rompecabezas, nadie ha conseguido resolver aún el misterio en su totalidad. Justo igual que en un dique poco resistente parece que fueran asomando nuevas grietas a medida que vamos rellenando las que ya había, las nuevas teorías han respondido a algunas preguntas, pero han abierto la puerta a otras nuevas, a veces en lugares en los que ni siquiera era posible imaginar que existiera «puerta» alguna.

La evolución de la *teoría de cuerdas* es un ejemplo muy representativo de dichas puertas y grietas. En la década de 1980, se creía que la idea de que el universo está hecho de invisibles cuerdas vibratorias de energía anunciaba la llegada de la siguiente gran revolución de la física. Sin embargo, cuanto más a fondo se exploraba la teoría, más eran los problemas que la idea parecía plantear: «La teoría de cuerdas era una burbuja a la espera de que alguien la explotara –dice el matemático Peter Woit, de la Universidad de Columbia–. De pronto, sus fundamentos sencillamente habían desaparecido.»[4]

De manera semejante, la promesa de que la ecuación Wheeler-DeWitt (WD) unificaría la física clásica y la física cuántica se desvaneció rápidamente una vez que se entendió con claridad «la letra pequeña». Para conseguir su tarea aparentemente imposible, la ecuación WD dejó de lado el gran factor que era la causa de todos los problemas: el tiempo. Es cierto que fue una ayuda para resolver el aspecto matemático, pero el hecho sigue siendo que el tiempo forma parte de nuestro mundo y de nuestras vidas; sin él, ninguna ecuación puede representar de forma realista el misterio que todos queremos resolver.

Hasta el momento, la cruda realidad es que ha pasado más de un siglo desde que Max Planck formuló los principios esenciales de la teoría cuántica. Después de que a lo largo de cien años las mentes más lúcidas del mundo de la ciencia hayan trabajado con las teorías más lúcidas de las matemáticas y la física, poniéndolas a prueba en las más avanzadas instalaciones para la investigación habidas en la historia del mundo, sería de esperar que para ahora hubiéramos resuelto ya los grandes problemas que ensombrecen la perspectiva científica del mundo. Siempre, claro está, que vayamos por el buen camino.

El hecho de que no haya sido así nos hace tener que plantearnos en este momento la posibilidad de que quizá vayamos mal encaminados.

¿VA LA CIENCIA MAL ENCAMINADA?

Si las ideas básicas sobre cómo funciona la realidad están incompletas, por mucho que apliquemos todo el poder mental y toda la tecnología del universo a esas ideas equivocadas, no obtendremos como resultado ninguna respuesta verdadera. A pesar de todo un siglo de enseñanza científica, de los millones de libros de texto impresos y de las vidas y carreras íntegramente consagradas a las teorías —así como de las fabulosas cantidades de dinero invertidas en construir y poner en funcionamiento algunas de las más sofisticadas máquinas que sea posible imaginar para poner esas teorías a prueba—, si de entrada las ideas están erradas, no se van a «corregir» mientras sigamos avanzando por el mismo camino erróneo que nos ha conducido hasta ellas.

Esta es la gran cuestión que nadie quiere abordar, pero que surge ineludiblemente en todos los simposios o conferencias científicos que se celebren actualmente en cualquier lugar del mundo: ¿vamos por el buen camino? En lo referente a la relación que mantenemos con el mundo, ¿son acertadas nuestras ideas, y estamos formulando las preguntas pertinentes?

En un artículo que la revista *Prospect* publicó en 2010, titulado «La ciencia ha entrado en un callejón sin salida», el físico James Le Fanu pone dos ejemplos de por qué muchos críticos cuestionan la validez de la nueva ciencia y formulan una pregunta que va aún más lejos que la de «¿va la ciencia por el buen camino?».[5] Le Fanu hace la pregunta con atrevimiento, levantando la voz y expresando en público aquello a lo que otros solo han osado aludir, o que han susurrado a puerta cerrada. Y la pregunta es: ¿está estancada la ciencia? Luego explica por qué es fácil pensar que así es:

> En una época en que los cosmólogos pueden inferir con exactitud lo que ocurrió en los primeros minutos de vida del universo, y los geólogos pueden medir el movimiento de los continentes con un margen de error de un centímetro, parece extraordinario que los genetistas no puedan decirnos por qué el ser humano es tan diferente de la mosca de la fruta y los neurocientíficos sean incapaces de explicar con claridad por qué recordamos un número de teléfono.[6]

Le Fanu tiene razón, y el ejemplo de los seres humanos y las moscas de la fruta ilustra a la perfección el problema.

Tras completar el Proyecto del Genoma Humano en 2001, los científicos se quedaron asombrados de que el mapa genético de un ser humano sea aproximadamente un 75% menor de lo que cabía esperar. La discrepancia con respecto a los datos que barajaban era inmensa

—«faltaban» unos setenta y cinco mil genes— y, aunque con dificultad, los científicos tuvieron que admitir el error que habían cometido en el pasado. Antes de que salieran a la luz los resultados de este proyecto, se pensaba que había una correspondencia de uno a uno entre los genes y las proteínas, es decir, que cada proteína de nuestro cuerpo provenía de un solo gen que contenía las instrucciones de fabricar esa proteína.

Cuando el proyecto se hubo completado, resultó evidente que esta idea iba no solo ligeramente descaminada, ¡sino que era un craso error!, error debido a la creencia de que existía una relación de dependencia entre cada gen y cada proteína —presunción errónea que los científicos habían hecho en el siglo XX y sobre la que habían basado todo un sistemas de creencias—. Al final, tuvieron que admitir que, si son tan escasos los genes que nos diferencian de las formas de vida más simples —la mosca de la fruta, a la que se refiere Le Fanu, o un ratón de campo común y corriente—, eso significaba que estaban también equivocados sobre qué es lo que nos hace únicos.

Craig Venter, presidente de una compañía que cuenta con uno de los más destacados equipos de investigadores dedicados a la cartografía genética, reconoció de inmediato este problema cuando afirmó que «solo hay trescientos genes en el ser humano que no estén en el ratón».[7] Llevando un paso más lejos los hallazgos de su equipo, aseguró: «Esto me dice que los genes no pueden de ningún modo explicar todo lo que nos hace ser lo que somos».[8]

Este es un ejemplo muy ilustrativo del dilema que puede crear una presunción errónea, y de adónde puede conducirnos. Una vez que sabemos que solo trescientos genes nos separan del ratón común, ¿dónde buscaremos lo que nos hace tan diferentes? Si, como dan a entender las pruebas, la diferencia no reside en el ADN en sí, ¿en qué reside entonces? Preguntas como estas han abierto lo que algunos han llamado una «caja de Pandora» de posibilidades que nos llevan por un camino sin retorno; ahora los científicos han de buscar *más allá* del ADN del cuerpo para responder a ellas. Esto nos sitúa en el ámbito de los campos inconmensurables y las fuerzas invisibles, un lugar adonde la ciencia hasta el momento se había resistido a ir.

Al final, quizá nos encontremos con que la clave para descubrir qué nos hace tan diferentes de otras formas de vida reside en la raíz de nuestras ancestrales tradiciones y creencias hondamente arraigadas. Casi universalmente, estas fuentes nos dicen que estamos imbuidos de algo que se ha descrito como una «chispa» de esencia misteriosa que nos une eternamente a unos con otros y con algo, imposible de ver, que está más allá de nuestro mundo físico. Es esta chispa la que nos diferencia esencialmente de todas las demás formas de vida de la Tierra.

Adonde quieren llegar los comentarios de Le Fanu y las alusiones a los ratones y las moscas de la fruta es simplemente a que, si de verdad vamos bien encaminados y las preguntas que formulamos son las apropiadas, ¿por qué no hemos conseguido llenar algunas de las grandes lagunas de nuestro conocimiento? ¿Por qué no somos capaces de explicar la conciencia humana ni de unir la física clásica y la física cuántica? ¿Por qué sigue siendo un misterio la cuestión de cuándo comienza la vida en el vientre materno? Y ¿por qué no sabemos quién construyó las civilizaciones que ahora se han datado como próximas a la última glaciación? ¿Podría ser que, en lo referente a la forma en que nos concebimos a nosotros mismos en el mundo, no solo hayamos ido por mal camino, sino que estemos *atascados* en ese camino, que nos sigue llevando en dirección equivocada?

¿NUEVOS DESCUBRIMIENTOS, O VIEJOS DESCUBRIMIENTOS MEJORADOS?

Estas lagunas de nuestro conocimiento, unidas a lo que muchos consideran dividendos cada vez menos sustanciosos de unas inversiones continuas en investigación científica, han hecho que algunos críticos entiendan la actual quietud en cuanto a progresos científicos notables como una especie de compás de espera. Es decir, que si bien es cierto que seguimos avanzando a saltos en la aplicación de ciencias como la genética o la tecnología informática, los avances son en buena medida mejoras de conocimientos que ya teníamos. Están basados en adelantos científicos que ya se habían hecho en épocas anteriores.

Los avances tecnológicos relacionados con el almacenamiento de la información, las telecomunicaciones y la velocidad de los microprocesadores —así como el tamaño cada vez menor de los ordenadores, al tiempo que la capacidad computacional que hay dentro de ellos crece cada vez más— tienen menos de progresos que arrojen nueva luz sobre nuestro mundo que de avances dentro de unos principios que ya comprendíamos. Los microchips son un perfecto ejemplo de esto.

El microchip que hace posible que existan los ordenadores se creó en 1958. Estaba basado en el pensamiento científico de la época, que concebía la información como energía que necesitaba un lugar donde almacenarse en un plano físico y que se transmitía a través de cables físicos que conectaban aparatos físicos. Con estas ideas como fundamento, el primer chip comercializado necesitaba de un solo transistor para llevar a cabo su tarea. Si bien es cierto que la avanzada tecnología del microchip es muchísimo más sofisticada que la de los primeros chips fabricados en 1958 (actualmente algunos tienen más de ciento veinticinco millones de transistores), los nuevos son un refinamiento –un refinamiento impresionantemente asombroso y magnífico que hace uso de nuevos materiales– para modernizar la idea original de que la información es «materia» que es necesario almacenar en algún sitio.

Sin embargo, al mismo tiempo que la tecnología del microchip se perfeccionaba tomando aún como base las viejas ideas sobre la energía, los descubrimientos cuánticos mostraban a los científicos que el mundo en el que vivimos es *todo* él energía; y la energía del mundo *es en sí misma información*, lo cual quiere decir que la información está en todas partes, contenida en la energía que lo es todo. Las implicaciones de este hecho son inmensas, pues significa que no hay necesidad de capturar los datos digitales de los libros e instrumentos de comunicación que usamos ni de almacenarlos como «material» en lugares físicos, sino que se pueden acumular fuera de los confines del chip, en el lugar que la teoría cuántica define como el fundamento de la realidad: el campo cuántico. En este caso, las propiedades que hacen del campo cuántico lo que es (la holografía y el entrelazado) sugieren que las limitaciones de distancia y espacio que atormentan a los fabricantes de hoy desaparecerían de hacerse plenamente realidad la computación cuántica.

El conocimiento ya existe, y disponemos de la tecnología. No obstante, aunque científicos progresistas y visionarios como Seth Lloyd, profesor de ingeniería mecánica en el Instituto Tecnológico de Massachusetts (MIT), han demostrado que la computación cuántica es posible en el laboratorio, tal vez descubramos que el mayor cambio que ha de producirse para dar cabida a tales posibilidades a gran escala tiene menos que ver con la tecnología en sí que con nuestra forma de concebirla. La barrera que impide a la mayoría de los científicos responder a las grandes preguntas sobre la vida y el universo es la restricción que supone aceptar teorías basadas en presunciones erróneas.

OBVIEDADES QUE NADIE QUIERE AFRONTAR

Mientras algunos críticos preguntan si la ciencia está estancada, otros preguntan si nos ha fallado. Como descubrimos respecto a cualquier sistema de creencias al que apelemos en busca de ayuda para entender nuestro mundo, con él nos llega una «curva de madurez». Cuando apareció en el siglo III la primera Iglesia cristiana, por ejemplo, existía la creencia de que la nueva religión tenía respuestas para las preguntas más profundas sobre la existencia de la humanidad. Luego, a medida que la religión fue madurando y evolucionando la comprensión de sus seguidores, las creencias cambiaron. Y aunque la iglesia todavía representa un poderoso núcleo social para familias y comunidades, ha de cuestionarse seriamente su capacidad para responder a las preguntas de la vida cotidiana de una forma que resulte útil.

Es discutible que nuestro mundo sea mejor, y que vivamos mejor, gracias a la ciencia. La ciencia indudablemente ha acertado de lleno en algunos aspectos, y todos seguimos beneficiándonos de los grandes progresos científicos, tales como los avances de la medicina que han añadido años e incluso décadas a nuestras vidas. Pero hay otros aspectos en los que las lagunas e incoherencias de la perspectiva científica se han convertido en obstáculos pertinaces que nos impiden desentrañar los misterios de la vida y la naturaleza. Estas son las obviedades que nadie quiere afrontar: teorías incompletas que constituyen el fundamento de las creencias científicas; cuestiones no resueltas que, pese a no habérsenos explicado nunca plenamente, forman la idea que tenemos de nosotros mismos.

Además de la supuesta correspondencia de uno a uno entre genes y proteínas que ya se ha mencionado, y del hecho de que ahora sepamos que no es cierta, otras obviedades en el ámbito de la ciencia son la incapacidad para explicar cómo es el campo de energía que hace posible el enredo o entrelazado cuántico, la incapacidad de la teoría evolutiva para esclarecer los orígenes de la vida y de la humanidad, y la negativa a admitir que la evidencia de las civilizaciones avanzadas del pasado sea indicio de un modelo de civilización cíclico.

El hecho de que el pensamiento tradicional haya sido incapaz de resolver los misterios más profundos de nuestra existencia proyecta una larga sombra de duda sobre la herramienta que utilizamos y en la que se fundamenta nuestra realidad. El método científico establece claramente que, cuando las pruebas recién descubiertas ya no reflejan una determinada forma de pensar, ha llegado la hora de «repensar» esta forma de pensar.[9] Y dado que son cada vez más los descubrimientos que nos hacen apartar la mirada de las viejas creencias, ya no es posible desechar la evidencia científica que en el pasado se consideraba anómala, sino que ha de incorporarse a la perspectiva académica general. Como veremos en las secciones siguientes, ciertas presunciones no son, en última instancia, sino convicciones que nos impiden avanzar y tener una perspectiva verdaderamente sostenible del mundo y del papel que desempeñamos en él.

Resolver la crisis derivada de la forma en que la ciencia nos define y define nuestro mundo significa que debemos hacer, en los albores del siglo XXI, lo mismo que tuvieron que hacer los físicos hace cien años. Así como ellos debieron darle un giro a su forma de pensar para acomodar la evidencia de la teoría cuántica, nosotros hemos de dejar espacio a los descubrimientos más recientes, que han echado por tierra algunas de las convicciones más preciadas de la ciencia. Si no lo hacemos, nos quedaremos anclados en las creencias y formas de vida que nos han arrastrado a este camino de destrucción en el que nos encontramos.

LAS PRESUNCIONES FALSAS DE LA CIENCIA

El mundo está experimentando una revolución de la idea que tenemos de nosotros mismos, y nos está obligando a reescribir la historia de nuestros orígenes, de nuestro pasado, del tiempo que llevamos aquí y de hacia dónde nos dirigimos. Aunque la revolución empezó a principios del siglo XX, ha pasado desapercibida para el ciudadano medio que vive inmerso en sus quehaceres cotidianos..., a no ser, claro está, que ese ciudadano forme parte del grupo de científicos que han dedicado su existencia a intentar entender cómo funcionan la vida y el universo.

Los arqueólogos que se esfuerzan por hacer que el descubrimiento de avanzadas civilizaciones de la era glacial encaje en el marco cronológico tradicional de la historia, por ejemplo, y los biólogos que han publicado más de cuatrocientos estudios revisados por pares en los que se demuestra que la naturaleza está basada en la cooperación y no en «la supervivencia del más fuerte» perciben esa revolución del pensamiento como un terremoto de primera magnitud, un terremoto fuera de serie que las nuevas ideas han provocado al derribar algunas de las creencias más sólidas de la ciencia convencional. A su paso, deja una ancha estela de enseñanzas anticuadas, exigiendo que se haga una reevaluación de las viejas y arraigadas tradiciones y destruyendo el legado de carreras profesionales enteras. ¿La razón? Que los descubrimientos han demostrado que muchos de los «hechos» científicos en los que durante siglos hemos confiado para explicar el universo y nuestro papel en él son defectuosos.

Nos hemos regido por un paradigma obsoleto del cosmos y de nuestra relación con él, basado en una serie de presunciones científicas —*presunciones falsas*— que no pueden seguir presentándose como hechos, a la vista de lo que hoy ya es evidente. Algunos ejemplos de ellas son:

> *Primera presunción falsa:* la civilización tiene entre cinco mil y cinco mil quinientos años de antigüedad aproximadamente.
> *Segunda presunción falsa:* la naturaleza se basa en la «supervivencia del más apto».
> *Tercera presunción falsa:* sucesos evolutivos aleatorios explican los orígenes humanos.
> *Cuarta presunción falsa:* la conciencia está separada de nuestro mundo físico.
> *Quinta presunción falsa:* el espacio que hay entre las cosas está vacío.

Si pensamos en la vida cotidiana —en la forma en que cuidamos de nosotros y de nuestras familias, en cómo resolvemos nuestros problemas, en las elecciones que hacemos—, vemos que mucho de lo que aceptamos como conocimiento común nace de la creencia esencial en estas presunciones falsas, que son restos de una ciencia caduca que comenzó hace trescientos años. *Tal vez no sea una coincidencia que, durante este mismo período, el mundo haya vivido las más terribles crisis de guerra, sufrimiento y enfermedad habidas en la historia documentada de la humanidad.* Estas ideas de nuestros asépticos orígenes químicos, de nuestra llegada relativamente reciente a la Tierra y de nuestra separación de la naturaleza nos han llevado a creer que somos poco más que motas de polvo en el universo y un apartado biológico secundario en el esquema general de la vida.

¿Es de extrañar que con frecuencia nos sintamos impotentes para ayudar a nuestros seres queridos y ayudarnos a nosotros mismos cuando nos enfrentamos a las grandes crisis de la vida? ¿Es de extrañar que con frecuencia nos sintamos sencillamente indefensos cuando vemos cómo nuestro mundo cambia tan rápido que se ha llegado a decir que «está desintegrándose»?

A primera vista parece que no haya ninguna razón para que pensemos de forma diferente, para que creamos que tenemos control sobre nosotros mismos o los acontecimientos; al fin y al cabo, no hay nada en los libros de texto tradicionales ni en la forma tradicional de ver el mundo que permita ninguna otra posibilidad...

O, al menos, es así hasta que prestamos más atención a los nuevos descubrimientos de los últimos años del siglo XX. Aunque los resultados de las investigaciones que han echado por tierra los paradigmas se han publicado en las principales revistas técnicas, muchas veces están escritos en el complejo lenguaje de la ciencia, enmascarando así su significado para quienes carecen de conocimientos científicos. La persona media, ajena a la jerga científica y técnica, no siente el impacto de estos descubrimientos porque se la deja fuera de la conversación. Y aquí es donde aparece nuestra revolución.

En lugar de atenernos a los tres primeros siglos de imaginería científica, que nos representa como a seres insignificantes de origen incierto, producto de una serie de milagrosos «acontecimientos fortuitos», que luego consiguieron sobrevivir a cinco mil años de civilización siendo víctimas impotentes, desvinculadas del mundo cruel en el que un día se encontraron viviendo por accidente, la nueva ciencia sugiere algo radicalmente distinto. En los últimos años del siglo pasado y en los primeros de este, varios estudios científicos revisados revelaron los siguientes hechos:

> *Primer hecho:* la antigüedad de la civilización es de al menos el doble de los cinco mil o cinco mil quinientos años aproximados que le atribuía la cronología histórica convencional.[10]
> *Segundo hecho:* la naturaleza depende, para su supervivencia, de la cooperación y la ayuda mutua, y no de la competición.[11]
> *Tercer hecho:* la vida humana refleja señales inequívocas de un diseño inteligente.[12]
> *Cuarto hecho:* nuestras emociones influyen directamente en lo que sucede en el mar de energía en el que nos hallamos inmersos.[13]
> *Quinto hecho:* el universo, nuestro mundo y nuestros cuerpos están constituidos por un campo de energía compartido —una matriz— que hace posible la unión conocida como «enredo o entrelazado».[14]

Se ha dicho que es rasgo de «locura» hacer lo mismo una y otra vez, de la misma manera, esperando obtener resultados diferentes. Intentar resolver las crisis sin precedentes de nuestra época contemplándolas desde la perspectiva de las mismas creencias que nos condujeron a ellas tiene muy poco sentido, y hacerlo *ahora*, cuando se sabe que esas creencias no son verdad, tiene menos sentido todavía.

Para hacer frente a los desafíos de nuestro tiempo, debemos estar dispuestos a pensar acerca de nosotros mismos de manera distinta a como lo hemos hecho durante al menos tres siglos, y, para ello, habremos de cruzar algunas de las fronteras tradicionales entre disciplinas, fronteras que han aislado los descubrimientos de un área de investigación científica separándolos de los de otra. Cuando así lo hacemos, algo magnífico empieza a suceder.

LA CIENCIA ESTABA EQUIVOCADA... ¡DESPUÉS TENÍA RAZÓN!

Hay una cadena de saber humano que conecta nuestro mundo moderno con el pasado, y cada vez que se rompe, perdemos conocimientos muy valiosos sobre nosotros mismos. Sabemos que la cadena se ha roto al menos dos veces en la historia documentada: la primera, cuando ardió la Gran Biblioteca de Alejandría, en Egipto, durante la conquista romana, y la segunda, cuando se hicieron las correcciones de la Biblia en el siglo IV. Hace tiempo que pienso que cuanto más nos acerquemos a las enseñanzas originales que existían antes de que los conocimientos se perdieran, mejor comprenderemos qué sabían nuestros antepasados que nosotros hemos olvidado.

Durante la mayor parte de mi vida adulta, he recorrido los lugares que menos influencia han recibido del mundo moderno en busca de fuentes de una sabiduría ancestral e indígena. Mis viajes me han llevado a algunas de las zonas más fascinantes de la Tierra. Desde los magníficos monasterios de la meseta del Tíbet y los humildes monasterios de las montañas de Egipto y del sur de Perú hasta los textos recuperados en el mar Muerto y las narraciones orales de pueblos indígenas de todas las partes del mundo han sido para mí fuente de estudio y descubrimiento. Y a pesar de lo diferentes que parecen a primera vista cada una de las tradiciones que he conocido, hay temas comunes que las convierten en trama del tapiz colectivo de nuestro pasado.

Uno de los temas predominantes en todas ellas es nuestra relación con la naturaleza y con nuestro mundo, una relación cuyas profundidades no ha confirmado hasta recientemente la ciencia moderna. La pregunta que surge dentro de mí una y otra vez es: si nuestros antepasados tuvieron una comprensión tan profunda de la Tierra y de nuestra relación con ella, y la ciencia empieza en estos momentos a ser capaz de validar esa relación, ¿qué más sabían las civilizaciones del pasado que nosotros hemos olvidado?

LAS VERDADES PROFUNDAS

En el curso de una conversación con Albert Einstein, el físico ganador del Premio Nobel Niels Bohr planteó lo que parece ser una contradicción en cuanto a aquello que consideramos «verdad». Explicó cómo hay dos tipos de verdad muy distintos: «A uno de ellos pertenecen las afirmaciones que son tan simples y claras que sería obviamente imposible defender la aseveración contraria. El otro tipo de verdades, las llamadas *verdades profundas*, son afirmaciones cuyo opuesto también contiene una verdad profunda».[15]

La creencia científica de que todo está separado de todo lo demás es un ejemplo de verdad profunda que estableció el experimento Michelson-Morley en 1887.[16] Fue la culminación tan esperada de las investigaciones que la comunidad científica había llevado a cabo para decidir de una vez por todas si existía o no un campo universal de energía que conectaba todo lo que existe. El pensamiento de la época presumía que, si dicho campo estaba presente, debería ser un campo en movimiento y que, por consiguiente, dicho movimiento habría de poderse detectar.

Los científicos del momento interpretaron que el experimento demostraba la inexistencia de semejante campo universal, lo cual significaba —he aquí la presunción científica— que todo estaba separado de lo demás, es decir, que lo que ocurría en un lugar tenía poco o ningún efecto sobre lo que ocurría en otro.

Los resultados del experimento Michelson-Morley fueron el fundamento de la teoría científica y de las enseñanzas académicas. Múltiples generaciones crecieron creyendo que vivimos en un mundo donde cada cosa está separada del resto, y esta convicción ha quedado reflejada en muchas facetas de nuestras vidas y de nuestra civilización, desde la idea que tenemos de nosotros mismos y de nuestra relación con la Tierra hasta los sistemas económicos que benefician a unas personas a expensas de otras. Durante casi un siglo, las presunciones de Michelson y Morley (los dos científicos que dieron nombre al experimento) se aceptaron como hechos..., hasta que se repitió noventa y nueve años después.

En 1986, un científico llamado E. W. Silvertooth reprodujo el experimento Michelson-Morley en un estudio financiado por las fuerzas aéreas de Estados Unidos. La revista *Nature* publicó los resultados bajo el modesto título «Relatividad especial». Utilizando un instrumental mucho más sensible que el que emplearon Michelson y Morley en su tiempo, Silvertooth *sí detectó* movimiento en el campo, un movimiento que estaba precisamente conectado con el de la Tierra en el espacio, tal y como Michelson y Morley habían predicho un siglo antes.[17] Me refiero aquí al experimento para ilustrar cómo una verdad profunda aceptada en un determinado momento puede cambiar más adelante.

> Las *verdades profundas* son afirmaciones cuyo opuesto contiene también una verdad profunda.

Es la recóndita y misteriosa relación entre las verdades profundas de nuestro pasado (premisas falsas que durante largo tiempo hemos considerado verdades) y aquellas que emergen de los nuevos descubrimientos (que ahora revelan la falsedad de aquellas «verdades» anteriores) lo que nos divide actualmente en todos los niveles de la sociedad. Las divisiones se manifiestan en todo, desde el terrorismo y las guerras entre naciones hasta el conflicto de ideas y creencias que desgarran nuestras familias, y, si no hacemos algo al respecto, representan un obvio e inminente peligro para nuestro mundo.

Más adelante, Bohr redefinió la paradoja de las verdades profundas en términos más simples, diciendo que «es el sello de cualquier verdad profunda que su negación sea también una verdad profunda».[18] En el ejemplo anterior, es la «negación» de una antigua presunción científica (es decir, el descubrimiento de que tal presunción ya no tiene sentido, debido a las nuevas pruebas encontradas) lo que hace de su *opuesto* una verdad profunda. Y aquí es donde la noticia de un descubrimiento reciente se convierte en una proverbial espada de doble filo.

Lo bueno es que la nueva información nos ofrece una forma actualizada y presumiblemente más correcta de considerar las cosas; lo malo, que ya se habían construido paradigmas enteros basados en las presunciones que ahora se sabe que están equivocadas. Todo, desde los planes de estudios aprobados por las juntas escolares e impartidos en las aulas hasta las carreras profesionales de profesores, escritores y académicos cuyas vidas han estado dedicadas a enseñar ese paradigma —así como las decisiones políticas y las medidas adoptadas y convertidas en ley en los tribunales supremos a lo largo y ancho del planeta—, todo está basado en lo que nuestra cultura acepta como «verdad». Así, podríamos descubrir, por ejemplo, que nuestras ideas acerca del calentamiento global entran precisamente en esta categoría de verdad profunda.

A muchos, la perspectiva de tener que realinear tantos sistemas legales, políticos y académicos ya instaurados a fin de reflejar esa nueva verdad profunda les resulta abrumadora. Por otra parte, ¿cómo tener la esperanza de que seremos capaces de afrontar las grandes crisis que nos acosan si *no* lo hacemos? Está claro que las mayores amenazas que acechan nuestras vidas y nuestro mundo residen en las creencias por las que luchamos y morimos, ya que son creencias basadas en presunciones sobre el pasado. Por esta misma razón, la clave de nuestra supervivencia radica en descubrir las verdades profundas de nuestra propia naturaleza.

LA PIRÁMIDE DEL CONOCIMIENTO

Vivimos en un mundo donde todo tiene significado y es significativo para todo lo demás. Lo que sucede en los océanos tiene relevancia para el clima de las montañas; lo que ocurre en el río es relevante para la vida que depende de ese río, y las elecciones que hacemos tú y yo cuando expresamos nuestras convicciones, en la sala de estar de nuestra casa y sentados alrededor de la mesa con nuestra familia, son relevantes para quienes viven en el mundo inmediato al nuestro y también para quienes viven al otro lado del planeta. En el mundo de la naturaleza, no hay límites que separen una parte y otra de la vida; y precisamente por esta razón, siempre ha sido para mí un misterio por qué *creamos* límites cuando estudiamos el universo y la naturaleza.

Curiosamente, tenemos tendencia a pensar en la geología, por ejemplo, como algo distinto de la física, y a imaginar que la biología está desvinculada de la vida cotidiana. Y si bien es posible que esta separación facilite el estudio de las rocas y los organismos vivos durante los años de universidad, llega un momento en que debemos empezar a considerarlos parte de la realidad cotidiana para que puedan sernos útiles en nuestras vidas. Respecto a esto el estudio científico de nuestro mundo está haciendo emerger un paradigma enteramente nuevo, basado en cómo un tipo de conocimiento está relacionado con todos los tipos de conocimiento restantes.

Existe una jerarquía en las disciplinas científicas. A veces ayuda ilustrar visualmente esta relación como una pirámide invertida, en la cual la parte más pequeña, la cúspide, situada aquí abajo del todo, representa la clave de cuanto está apilado encima de ella. En el mundo de la ciencia, esa cúspide son las matemáticas. Por eso, las palabras de uno de los primeros científicos, Galileo Galilei, siguen siendo igual de verdad hoy que cuando las escribió hace quinientos años. Afirmó que el universo es como un «grandioso libro que está continuamente abierto a nuestra mirada, pero que no se puede entender a menos que antes uno aprenda a entender el lenguaje y a interpretar los caracteres en los que está escrito. Y está escrito en el lenguaje de las matemáticas».[19]

Está claro que el conocimiento matemático es la herramienta que nos permite describir lo que sucede en cada uno de los campos de conocimiento sucesivos que vamos encontrando al ascender por la pirámide, como se muestra en la figura 2.2 que aparece más adelante.

A continuación de las matemáticas, la física forma el siguiente estrato de conocimiento de la pirámide al aplicar las ideas de las matemáticas a las fuerzas de la naturaleza, lo que llamamos las «leyes» del universo. Estas –la gravedad, la velocidad de la luz, etc.– se aplican luego al estudio de la química, el siguiente estrato de nuestro modelo. Por medio de la química, las fuerzas del universo actúan sobre los elementos de la naturaleza para crear los cimientos de nuestro mundo, lo que estudiamos como geología. Directa o indirectamente, la expresión de cada campo de conocimiento subyacente influye en el modo en que la vida se manifiesta en nuestro mundo. La biología es el estudio de esa vida; y justamente encima de ella se encuentra la psicología, la ciencia que nos ayuda a entender por qué la vida se comporta como lo hace.

Al observar este gráfico tan simple, encontramos dos evidencias: en primer lugar, cada campo desempeña un papel crucial en la naturaleza y está directamente relacionado con todos los campos emplazados por debajo de él, y en segundo lugar, cuando un nuevo descubrimiento cambia la forma en que nos concebimos a nosotros mismos en cualquier nivel de la jerarquía, todo lo que existe por encima de él debe reflejar esa nueva forma de pensar. Por ejemplo, cuando los principios cuánticos de interconexión (no localidad) hicieron su aparición en la física, todas las disciplinas científicas que vemos en el gráfico

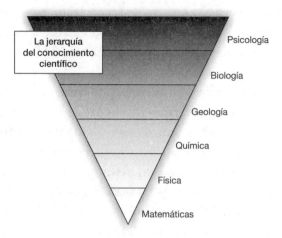

Figura 2.2. La relación existente entre las ciencias expresada a modo de pirámide del conocimiento para mostrar su jerarquía. Las matemáticas son el fundamento en el que se basan cada una de las ciencias subsiguientes. Teniendo presente esta relación, es fácil entender que un cambio de comprensión científica que se produzca en cualquier nivel de la pirámide debe ser tenido en cuenta por cada una de las ciencias situadas por encima de él para que puedan seguir siendo verdaderamente científicas.

por encima de la física debían cambiar para reflejar esa nueva manera de entender las cosas. Sin embargo, aunque es cierto que la química empezó a adaptarse a esas ideas y a exponerlas en las aulas, la biología todavía enseña que los biocampos, por ejemplo, el campo magnético del corazón, están localizados y tienen poca o ninguna influencia en el mundo que existe más allá de los límites del cuerpo.

En la forma compartimentada en que hemos elegido estudiar el mundo, la ciencia está inmersa en una lucha continua por ponerse al día consigo misma. Y si el pasado puede servirnos de indicador, cuanto más arriba aparezca en el gráfico una disciplina científica, más tardará en reflejar los nuevos descubrimientos. La clave para obtener beneficios de la ciencia depende exclusivamente de nosotros y de la sensatez con que apliquemos lo que descubrimos.

Quizá no podría expresarse mejor que como lo hizo el biólogo evolutivo E. O. Wilson:

Nos estamos ahogando en información, mientras nos morimos de sed de sabiduría. El mundo a partir de ahora estará regido por los sintetizadores, personas capaces de reunir la información apropiada en el momento apropiado, reflexionar sobre ella de forma crítica y tomar entonces decisiones importantes con sensatez.[20]

Desde la invención de la rueda (que podía usarse para el transporte o la tortura) hasta la de las armas (útiles para proveer de alimentos a una comunidad o para matar a otros seres humanos), la tensión entre conocimiento y sabiduría parece ser una lucha que ha acompañado a toda nuestra especie durante mucho tiempo.

Más adelante examinaremos las razones por las que hemos mantenido esa lucha, y por qué es posible que esté a punto de tocar a su fin. Por ahora, me gustaría decir que la validez de la ciencia debe calcularse menos por su fracaso que por cómo hacemos uso de ella, por lo que esperamos de ella y por cuál es nuestra relación con el conocimiento y con la sabiduría.

MÁS ALLÁ DEL CONOCIMIENTO Y LA SABIDURÍA: EL SENTIDO COMÚN

Se mire por donde se mire, el siglo xx fue un viaje lleno de emociones para los habitantes de la Tierra. Entre los años 1900 y 2000, pasamos de un mundo de mil seiscientos millones de habitantes a uno de más de seis mil millones, sobrevivimos a dos guerras mundiales, conseguimos milagrosamente salir ilesos de los cuarenta y cuatro años de guerra fría y de la amenaza de setenta mil misiles listos para activarse con tan solo apretar un botón, desciframos el código de la vida grabado en el ADN, caminamos sobre la luna y, finalmente, hicimos que los primeros ordenadores que llevaron a los primeros seres humanos al espacio parecieran un juguete de niños. Fueron cien años de crecimiento demográfico vertiginoso, y también de una amenaza de extinción humana sin precedentes en los cinco mil años de historia documentada. Muchos historiadores consideran que el siglo xx fue la era del conocimiento, y no es difícil entender por qué.

Además de los descubrimientos científicos acerca de la naturaleza y de la vida, hicimos también grandes descubrimientos sobre nuestro pasado. A mediados de siglo, se encontraron documentos escritos referentes a los conceptos fundacionales de las tres religiones mayoritarias del mundo, y se hicieron nuevas interpretaciones de obras aún más antiguas procedentes de lugares como Egipto, Sumer y la península mexicana de Yucatán. Está claro que el pasado siglo estuvo marcado por la recuperación de conocimientos de nuestro pasado. Y aunque no cabe duda de que se seguirán haciendo descubrimientos que ayuden a aclarar nuestra historia, es también indudable que en esta nueva centuria nos encontramos una vez más viviendo en un mundo muy diferente del que conocieron nuestros padres y abuelos.

El siglo XXI pasará a la historia como el siglo de la sabiduría, como un tiempo en el que los seres humanos nos veremos obligados a aplicar todo lo que hemos aprendido a fin de sobrevivir en el mundo que hemos creado. Para ello, tendremos que enfocar los problemas de modo distinto a como lo hemos hecho en el pasado; se nos desafiará a que utilicemos todo lo que sabemos de maneras originales, creativas e innovadoras. Ahora bien, esto exigirá que contemos además con una clase de información que rara vez se menciona en los libros de ciencias, centrados en las teorías, las pruebas y los hechos.

Tendremos que atemperar los hechos del conocimiento científico —los datos de las fichas técnicas y los resultados de modelos, gráficos y predicciones obtenidos por ordenador— con la capacidad que en sí nos diferencia de otras formas de vida. Será preciso hacer uso de lo que las generaciones pasadas llamaron sencillamente sentido común. El término «sentido común» tal vez no sea, sin embargo, tan corriente como solemos dar a entender. Por el contrario, es el tipo de pensamiento que nace de un proceso sistemático y organizado en el que tenemos en cuenta los conocimientos procedentes de muchas fuentes de información distintas, los mezclamos todos y, luego, los sopesamos con cuidado antes de hacer una elección. Y cuando estamos a punto de tomar la decisión final, es cuando añadimos el factor intangible del sentido común, basado con frecuencia en lo que llamamos «sentimiento visceral» o «instinto».

Es una suerte que lo hagamos, porque ha habido momentos en el pasado reciente en los que ¡puede que haya sido precisamente esa indefinida cualidad que interviene en la toma de decisiones la que ha salvado al mundo del desastre! Un suceso que tuvo lugar en el punto álgido de la guerra fría es un magnífico ejemplo del poder que tiene el sentido común.

El 26 de septiembre de 1983, Stanislav Petrov, un alto mando militar soviético, estaba a cargo de un sistema de alerta inmediata diseñado para captar cualquier ataque norteamericano. Las tensiones habían alcanzado un máximo histórico después de que, a comienzos del mismo mes, el gobierno soviético hubiera interceptado y derribado un avión civil jumbo, ocasionando la muerte de los 269 pasajeros que viajaban a bordo, entre los que se encontraba el congresista estadounidense Lawrence McDonald.

Treinta minutos después de la medianoche, el momento que Petrov y su equipo de mando esperaban que nunca llegara, de hecho llegó. Empezaron a destellar los pilotos de alarma y a sonar las sirenas, y las pantallas de los ordenadores de la sala situada en lo alto del Sistema de Alerta Inmediata de Misiles Balísticos Soviético mostraban cinco misiles nucleares estadounidenses dirigidos exactamente hacia la Unión Soviética. En cuestión de segundos, Petrov tenía que tomar la decisión que tanto temía —devolver el ataque, o no—, sabiendo que, en aquel momento, el posible principio de una tercera guerra mundial y el destino de la humanidad estaban en sus manos.

Petrov y los hombres que estaban a sus órdenes eran militares profesionales, formados precisamente para actuar en un momento como aquel. Las instrucciones que había recibido eran muy claras: en caso de ataque, debía pulsar el botón de ENCENDIDO en la consola para lanzar un contraataque. Una vez que lo hiciera, sabía que se pondría en marcha un sistema infalible diseñado para la guerra global. Una vez pulsado el botón, no podría detenerse la secuencia; a partir de ese instante, se activaría el funcionamiento autónomo del sistema, que no permitía ya la intervención humana. «El ordenador principal no me preguntaría [qué hacer] —explicó más tarde Petrov—. Estaba expresamente diseñado de tal modo que [una vez pulsado el botón] nadie pudiera interferir en las operaciones del sistema».[21]

Para Petrov, sus operadores y el instrumental, la emergencia parecía real. Todos los datos coincidían. El sistema parecía funcionar correctamente y, basándose en la información de los radares, la Unión Soviética estaba a punto de sufrir un ataque nuclear que iniciaría una tercera guerra mundial.

Pero el militar dudó de repente; algo no acababa de encajar. Ya que se habían detectado solo cinco misiles, no podía considerarse un «ataque global» por parte de Estados Unidos, y eso era lo que a su entender no tenía sentido. Sencillamente, no parecía un plan de ataque propio de la inteligencia militar.

Tenía que actuar de inmediato pero, antes de hacerlo, debía saber con claridad lo que estaba ocurriendo. *¿Sentía* de verdad que la Unión Soviética estaba siendo objeto de un ataque nuclear lanzado por Estados Unidos, o era algo diferente? En menos de un minuto tomó la decisión. Informó de la alarma a sus superiores y a los demás puestos de mando, pero declaró que se trataba de una lectura «falsa». Y luego esperó. Si estaba equivocado, los misiles harían impacto en su objetivo en los siguientes quince minutos.

Tras lo que debió de ser un cuarto de hora muy largo, él —y sin duda muchos otros militares que se hallaban en los puestos de mando de la antigua Unión Soviética— respiraron aliviados. No había sucedido nada: la compleja red de satélites y ordenadores había enviado una falsa alarma. Una investigación posterior confirmó que los datos reflejados en los instrumentos de medición se debían a un «fallo» del radar.

Cuento esta historia porque ilustra a la perfección lo que quiero expresar. Incluso cuando toda la sofisticada tecnología le decía a Petrov que Rusia iba a ser objeto inminente de un ataque nuclear, incluso siendo aquel el momento culminante de las tensiones de la guerra fría e incluso a pesar de todo su condicionamiento de militar entrenado para acatar órdenes y atenerse a los protocolos y planes de acción, Stanislav Petrov atemperó todo lo que sabía con la intangible experiencia del sentido común y un sentimiento visceral —una experiencia que no se puede enseñar en un aula ni ingerirse en forma de píldora—. En este caso, el sentido común de un hombre es la razón por la cual no se inició la tercera guerra mundial en septiembre de 1983. Veintiún años después, en 2004, la Fundación Ciudadanos del Mundo reconoció a Petrov como «el hombre que salvó al planeta» y le honró por el valor que demostró al confiar en su instinto.[22]

Aunque es de esperar que ninguno de nosotros nos veamos nunca ante el tipo de elección que hizo Petrov en 1983, no tengo duda de que el sentido común desempeñará un papel crucial a la hora de evaluar los conocimientos que la ciencia pone ante nosotros. Será el correcto uso de esos conocimientos, unido a una generosa porción de sentido común, lo que nos ayudará a salvar la distancia que separa a la ciencia de su aplicación... y al conocimiento de la sabiduría. Y no tiene por qué suceder de una manera ostentosa y global.

Un buen amigo mío ha sufrido más accidentes de tráfico en los últimos diez años que los que yo he tenido en más de cuarenta años de conductor. Afortunadamente, ha salido vivo de ellos, con tan solo lesiones de carácter relativamente leve. Cada vez que le he preguntado por lo que había sucedido, ha habido una constante que se ha repetido en cada una de sus detalladas explicaciones, y es que, en todos los casos, él «tenía razón». El semáforo siempre estaba en verde para él, siempre era él quien tenía preferencia en un cruce y siempre tenía derecho a aparcar donde lo había hecho puesto que no había ninguna señal que lo prohibiera.

Bien, es posible que legalmente no cometiera una infracción en ninguno de los casos, pero tal vez no se hallara en las mejores condiciones para hacer una elección, es decir, simplemente porque el semáforo esté en verde, no significa que uno pueda seguir adelante sin más en un cruce; simplemente porque no haya ninguna señal que indique que el espacio contiguo a un muelle de carga es un sitio donde puede ser arriesgado aparcar, eso no significa que los camiones que descargan allí sus mercancías no cometan a veces un error de cálculo y se suban al bordillo. En cada uno de los casos, el sentido común podía haberle avisado a mi amigo de que fuera prudente. Él insiste en que tiene razón, y la tiene; pero tener razón no significa estar a salvo.

Aunque quizá parezca un ejemplo un poco tonto, ilustra cómo las normas deben usarse solo a modo de directrices, no como garantías absolutas de seguridad.

Del mismo modo, cuando las leyes de la ciencia no tienen sentido en el contexto de un nuevo descubrimiento, se debe probablemente a que no disponemos de la información completa; pero el hecho de que no la tengamos todavía no significa que debamos seguir ateniéndonos a las viejas formas, simplemente porque «así es como se ha hecho siempre».

No tiene sentido ceñirse a un dogma científico en detrimento nuestro. Sin embargo, eso es precisamente lo que hacemos cada vez que impartimos clase a un aula llena de estudiantes y les enseñamos ideas que sabemos que no son ciertas. Como veremos en capítulos siguientes, es cada vez más imperiosa la necesidad de casar la sabiduría, el conocimiento y el método científico con el sentido común a la hora de intentar responder a preguntas sobre la vida, la guerra y la supervivencia.

Si una línea de pensamiento nos ha metido en un callejón sin salida, debemos decidir si ha llegado el momento de volver a empezar desde el principio o continuar avanzando por el mismo camino que no va a llevarnos a ninguna parte. La genética se encontró en un terrible callejón sin salida al completarse el Proyecto del Genoma Humano, coincidiendo con el cambio de milenio; y quizá seamos testigos de un ejemplo de esto mismo en la búsqueda de las «partículas de Dios» emprendida por la física.

Si somos sinceros con nosotros mismos, creo que buscamos respuestas para que nos ayuden a entender el mundo y a afrontar los desafíos que plantea la vida cotidiana; ahora bien, está claro que, para poder hacer estas dos cosas, con el conocimiento no basta. Al ir adentrándonos en la era de la sabiduría, vamos a necesitar hacer uso de todo lo que esté a nuestro alcance para viajar por el territorio inexplorado de las verdades profundas que vayan surgiendo. Y, francamente, creo que la cualidad indefinida del sentido común desempeñará un papel crucial en el viaje.

¿Cómo sabemos qué es verdad?

Muchas de las ideas que trata este libro son temas «candentes» en el mundo actual: cuestiones que han desatado algunos de los más apasionados, y a veces violentos, debates de la época moderna. Para poder ir más allá de las discusiones emocionales del pasado —desde las batallas judiciales y mediáticas en torno a la teoría de la evolución, el creacionismo y lo que ha de estar impreso o no en los libros de texto escolares hasta la manera en que ayudamos a otras naciones en época de crisis—, necesitamos una forma coherente de evaluar los recientes descubrimientos. ¿Qué nos dice realmente cada uno de ellos? ¿Cómo saber dónde termina la especulación y empiezan las pruebas fehacientes? ¿Qué diferencia hay entre un hecho y una teoría? ¿Cuántas pruebas son necesarias para reemplazar una teoría existente por una nueva?

Para responder a estas preguntas y estar seguros de que nos entendemos al tratar cada tema y no confundir los hechos, voy a empezar por aclarar las palabras que suelen emplearse en relación con estos asuntos candentes para justificar las diversas presunciones, palabras tales como «ciencia», «hecho», «teoría» y «prueba».

Dado que muchas de las ideas que examinaremos están basadas en descubrimientos científicos, voy a definir las palabras desde esta perspectiva. Por lo tanto, es posible que la definición de una *teoría científica*, por ejemplo, sea diferente de la de una «teoría» de la vida cotidiana. Si entendemos claramente lo que significa cada término, y cómo lo empleamos en el contexto, contaremos con un medio fiable que nos ayude a encontrar sentido a las cuestiones de mayor actualidad; tendremos una especie de «patrón de la verdad» que nos ofrezca una forma sistemática de evaluar lo que descubramos. Así que vamos a empezar...

¿Qué es un hecho científico?

Definición: un *hecho* es «algo que tiene existencia real y demostrable».[23]

Ejemplo: si nos encontramos en el aeropuerto internacional de Los Ángeles un jueves a las 16:00 horas, según el huso horario de la zona del Pacífico, y un socio comercial nos pregunta por teléfono dónde estamos en ese momento, en este caso es un hecho que nos hallamos en una ciudad concreta, en un aeropuerto concreto, un día concreto de la semana y a una hora concreta. Si nuestro amigo llama al mostrador de emisión de pasajes del aeropuerto y un responsable de la compañía aérea confirma que estamos, de hecho, haciendo cola ante el mostrador, el hecho ha quedado verificado, ya que quien lo ha confirmado es un testigo objetivo que no se beneficia en modo alguno por que estemos en realidad allí o no. Ahora bien, el hecho nos dice lo que «es», pero tal vez no nos explique cómo han llegado las cosas a ser como son. Dicho de otro modo, el hecho no describe cuándo o cómo llegamos al aeropuerto, aunque podamos formar una suposición, como suelen hacer los científicos, basada en el hecho.

¿Qué es una teoría?

Definición: en el mundo cotidiano, con frecuencia consideramos que una *teoría* es poco más que una idea no demostrada, o una conjetura. En el mundo de la ciencia, sin embargo, una teoría es algo que puede sorprender a una persona que carezca de formación científica, algo que se ha verificado y aceptado como verdad. Una *teoría* es «una presunción basada en una información o conocimiento limitados».[24]

Ejemplo: una teoría se forma sobre la base de hechos que se conocen en un momento histórico dado. Refiriéndome al ejemplo anterior, dado que estamos en el aeropuerto —lo cual es un hecho observado—, es razonable que nuestro socio comercial suponga que hemos utilizado un medio de transporte local para llegar hasta allí, y esa presunción es la *teoría* que tiene nuestro socio de cómo llegamos al aeropuerto. Puede seguir siendo una teoría, e incluso estar en lo cierto, mientras no haya pruebas que demuestren lo contrario. En lo que respecta a una teoría, no hay límite en cuanto al momento en que pueden aparecer pruebas que la confirmen o invaliden ni en cuanto a la cantidad de ellas que pueden aparecer. Esta es la clave para entender una teoría. Es posible modificarla una y otra vez al tomar en consideración las pruebas que en cada momento vayan saliendo a la luz. Y algo más interesante todavía es que una teoría no tiene por qué ser un hecho.

¿Qué es una prueba?

Definición: Una *prueba* es «la evidencia o argumento que obliga a la mente a aceptar como verdadera una aseveración».[25]

Ejemplo: el hecho de que el responsable del mostrador emisor de pasajes confirmara que estábamos en el aeropuerto internacional de Los Ángeles es la evidencia —la prueba— que hace que nuestro colega que está al teléfono crea de verdad que nos encontramos en dicho aeropuerto.

¿Qué constituye una prueba científica?

Definición: basándonos en las definiciones anteriores, la *prueba científica* es aquella que se deriva de los hechos como resultado de aplicar métodos científicos de descubrimiento.

Ejemplo: cuando hablamos de la evolución o de la historia de la civilización en términos de hechos, teorías y pruebas, tener presente lo que significan estos términos nos ayudará a determinar su credibilidad. Los nuevos descubrimientos referentes a las presunciones erróneas de la ciencia moderna nos ofrecen magníficos ejemplos de las *verdades profundas* a las que se refería Bohr.

Durante los últimos cien años aproximadamente, la ciencia parece haber vivido un compás de espera en lo referente a comprender la naturaleza de la realidad y el papel que desempeñamos en ella, ya se haya plasmado esto en la creencia de que todo está separado de lo demás, o en la idea de que las emociones no tienen ningún efecto en el mundo que rodea a la persona que las siente. Ahora que nos enfrentamos a lo que, al decir de los expertos, es la más diversificada y colosal crisis que jamás haya amenazado a la existencia humana, es más importante que nunca dejar atrás las presunciones erróneas de la ciencia, presunciones que han hecho descarrilar nuestra capacidad de resolver de un modo eficaz los problemas que nos asedian, desde la guerra y el terrorismo hasta el cambio climático.

Si la ciencia está de hecho «estancada», la forma de *desestancarse* es respetar y fomentar el proceso de indagación, y reconocer abiertamente aquellos descubrimientos que hacen necesario implementar un cambio en nuestra manera de ver el mundo.

Ahora es el momento

Es obvio que no sabemos todo lo que sería posible saber sobre el funcionamiento del universo y nuestro papel en él. Como en la analogía presentada en la introducción, en la que cruzábamos la autopista mientras un camión enorme se aproximaba a nosotros a gran velocidad, aunque las investigaciones futuras revelarán sin duda infinidad de datos y detalles, a veces lo mejor es elegir basándonos en lo que sabemos en el momento, a fin de que podamos vivir lo suficiente como para afinar nuestras elecciones.

Una prestigiosa voz de la comunidad científica, sir Martin Rees, profesor de astrofísica en la Universidad de Cambridge, comenta que tenemos tan sólo «un 50% de probabilidades de que el siglo XXI termine sin que hayamos sufrido un serio revés».[26] Si bien es cierto que siempre han ocurrido desastres naturales a los que hemos tenido que hacer frente, hay una nueva clase de amenazas «inducidas por el ser humano», en palabras de Rees, que se han de tener también en cuenta. Estudios recientes, como los que la revista *Scientific American* publicó en una edición especial titulada «Crossroads for Planet Earth» [Momentos decisivos para el planeta Tierra] en septiembre de 2005, se hacen eco de la advertencia de Rees y nos dicen que «los próximos cincuenta años serán decisivos para determinar si la raza humana –que está entrando actualmente en un período único de la historia– puede garantizarse a sí misma el mejor futuro posible».[27] Lo bueno, en lo que casi a nivel universal coinciden los expertos, es que «si los encargados de tomar las decisiones aciertan a la hora de crear una estructura apropiada, el futuro de la humanidad estará asegurado gracias a miles de elecciones rutinarias»,[28] ya que es en los detalles de la vida cotidiana donde «se llevan a cabo los avances más significativos».[29]

Qué duda cabe de que habrá incontables decisiones que cada uno de nosotros nos veremos obligados a tomar en el futuro próximo. No puedo evitar pensar, sin embargo, que una de las más trascendentales, y quizá la más sencilla, será aceptar lo que la nueva ciencia nos ha mostrado acerca de quiénes somos y de cuál es nuestro papel en el mundo.

Si podemos aceptar, y no rechazar, las contundentes pruebas que cada ciencia individual nos muestra en estos momentos, eso lo cambia todo, y, con ese cambio, podemos empezar de nuevo. Porque lo que se nos muestra es que no estamos separados sino que formamos parte de todo lo que vemos y experimentamos; y, por eso, los últimos descubrimientos de la física o de la biología, por ejemplo, tienen tanta fuerza. Nos devuelven –a la humanidad entera– a la ecuación de la vida y el universo, y nos adjudican el papel de resolver las grandes crisis de nuestro tiempo, en lugar de dejárselas a una generación futura o de abandonarlas simplemente en manos del destino. ¿Qué problema podría resistírsenos si somos los artífices de nuestra realidad y tenemos la capacidad de reorganizar los átomos de la materia en sí? ¿Qué solución podría no estar a nuestro alcance?

Aunque algunas personas reciben las posibilidades a las que apuntan los nuevos descubrimientos como una forma original y estimulante de ver el mundo, otras las consideran una amenaza que puede hacer temblar los cimientos de una tradición ya arraigada. No es raro ver que incluso algunos científicos vanguardistas se muestran reacios a admitir la implicación de sus propias investigaciones cuando estas revelan que somos, de hecho, poderosos creadores del universo. En ocasiones es más fácil depender de las presunciones erróneas de una ciencia caduca que aceptar una información que cambia todo aquello que creíamos saber. Cuando tomamos el camino más fácil, no obstante, vivimos en la ilusión de una mentira; nos mentimos a nosotros mismos sobre quiénes somos y qué posibilidades nos esperan, y mentimos a quienes confían en que les enseñaremos las más recientes y serias verdades acerca del mundo en el que vivimos.

Cuando utilizo esta ironía ante el público, muchas veces la respuesta me hace recordar las sabias palabras del escritor de ciencia ficción Tad Williams, que escribió: «Decimos mentiras cuando tenemos miedo [...], miedo de lo que no conocemos, miedo de lo que otros puedan pensar, miedo de lo que se pueda descubrir de nosotros. Pero cada vez que decimos una mentira, aquello que tememos cobra mayor fuerza».[30]

Cuando los descubrimientos de hoy nos dicen que las enseñanzas del pasado ya no son verdad, tenemos que hacer una elección: ¿vamos a seguir enseñando los principios falsos y sufriendo las consecuencias de suposiciones equivocadas? Si lo hacemos, habremos de responder a una pregunta aún más peliaguda: ¿de qué tenemos miedo? ¿Qué puede esconder el hecho de saber la verdad de quiénes somos, cómo llegamos aquí y cuánto tiempo llevamos viviendo en la Tierra que represente a nuestro entender una amenaza tan grande para nuestra forma de vida?

Es posible que averiguarlo se convierta en el gran reto de nuestro momento histórico. ¿Podemos afrontar la verdad que tanto hemos querido descubrir? Si la respuesta a esta pregunta es sí, debemos asumir también la responsabilidad que trae consigo saber que el mundo cambiará si cambiamos nosotros.

Ya hemos visto que convicciones generalizadas que conducen al odio, la separación y el miedo pueden destruir nuestros cuerpos y nuestro mundo mucho más rápido de lo que hubiéramos podido imaginar. Quizá lo único que necesitemos sea dar un pequeño giro a la manera que tenemos de considerarnos a nosotros mismos, y reconocer la gran verdad de que somos, de hecho, los artífices de nuestra experiencia. Si los expertos están en lo cierto, nada menos que la supervivencia de la civilización y de la humanidad dependen de las elecciones que hagamos en los próximos años; y para hacerlas, debemos pensar en nosotros mismos, y en nuestra relación con los demás y con el mundo a gran escala, de manera diferente a como lo hemos hecho hasta ahora.

Estar dispuestos a aceptar las verdades profundas de la vida es la clave que determinará si nuestros hijos seguirán vivos o no después de que nosotros tomemos nuestras decisiones, y si tendrán la oportunidad la explorar las *próximas* verdades profundas cuando sean adultos.

Segunda verdad profunda

La reticencia de los sistemas educativos convencionales a reflejar los nuevos descubrimientos y a explorar las nuevas teorías nos tiene inmovilizados en creencias obsoletas que no pueden resolver la mayor crisis de la historia humana.

Capítulo 3

Vivir al límite: sobrevivir a los puntos de inflexión del cambio

*Todo problema verdaderamente grave
alberga su propia solución,
y nos obliga a cambiar nuestra forma
de pensar a fin de encontrarla.*

NIELS BOHR (1885-1962),
premio Nobel de Física

Estamos alarmantemente cerca de perder todo lo que valoramos como individuos y como civilización. Los científicos, sin excepción, nos advierten en términos claros y directos que nos estamos acercando peligrosamente a un punto sin retorno en lo referente a la destrucción de los sistemas naturales que sustentan nuestras vidas, y, al mismo tiempo, el mundo se tambalea por el creciente impacto del cambio climático, que se ha producido mucho más rápido de lo que nadie podía imaginar. Hasta el momento, sin embargo, lo único que se ha hecho ha sido intentar amontonar las crisis e intentar resolverlas todas a la vez y desde una misma perspectiva.

La creencia mayoritaria es que todos los puntos de inflexión son consecuencia de la actividad humana. Pensamos que nosotros somos los causantes de todos los problemas —desde el cambio climático y una población global insostenible hasta la pobreza extrema y la escasez de alimentos y agua potable– y que somos nosotros los que necesitamos resolverlos. La verdad, sin embargo, es que hemos causado *algunos* de ellos, y otros no. Si bien es cierto que podemos plantearnos, y que de hecho ya hemos empezado a plantearnos, cómo cultivar los alimentos, utilizar los recursos naturales y mantener a una población cada día mayor, no podemos abordar el cambio climático de la misma manera.

Como veremos en este capítulo, la misma ciencia que asegura que el clima está cambiando nos dice también que *nosotros* no somos la causa. De hecho, cuatrocientos veinte mil años de historia demuestran claramente que la posición del planeta en el espacio crea patrones de calentamiento y enfriamiento que se repiten de forma cíclica, y que el aumento de los gases de efecto invernadero va de hecho cientos de años *a la zaga* del calentamiento. La ironía es que esos ritmos cíclicos de la temperatura terrestre –un factor de la vida que no podemos controlar– representan hoy día el máximo centro de atención, al que dedicamos nuestros recursos y hacia el que dirigen sus energías las mentes más lúcidas de nuestro tiempo en un intento de detener el fenómeno.

Vivir al borde de tantos puntos de inflexión en un mismo momento nos ofrece una razón, y una rara oportunidad, para cambiar nuestra forma de pensar y de vivir. Todos los habitantes del planeta, incluidos nuestros líderes, debemos cooperar y aunar nuestros recursos a un nivel sin precedentes, a fin de adaptarnos a los cambios naturales a los que nos enfrentamos –cambios que escapan a nuestro control–. Y la única forma de empezar a hacerlo es modificando nuestra manera de pensar en quiénes somos y en cómo vivimos.

Si podemos elegir este camino en lugar de crear la atmósfera de desconfianza y separación que nace de la acusación, la culpa y las sanciones económicas vinculadas a un siglo de desarrollo industrial, es indudable que no solo sobreviviremos a nuestras múltiples crisis, sino que superaremos la dificultad que tenemos para hacer frente a los factores que las provocan. Los beneficios que se derivan de la cooperación darán lugar a una civilización duradera que prosperará gracias a una forma de vida saludable, basada en la sostenibilidad y la ayuda mutua. Las páginas que siguen nos harán ver por qué.

RESOLVER GRAVES PROBLEMAS

No es pura imaginación nuestra.

No se trata de una experiencia de miedo colectivo de la que nadie habla, y que nos advierte de que algo está cambiando en el mundo —cambiando drásticamente y de forma muy real—. Respetados grupos de investigación, como el Worldwatch Institute —fundado en 1974 para estudiar de modo independiente asuntos críticos de ámbito global— o el World Resources Institute —fundado en 1982 para analizar la política medioambiental—, además de la Organización de las Naciones Unidas para la Educación, la Ciencia y la Cultura (UNESCO),[1] han ido un paso más allá de la simple advertencia, que iniciaron los movimientos medioambientales en la década de 1960 y 1970. Lo que nos dicen ahora es que el tiempo sobre el que nos advirtieron ya está aquí.

La edición «Crossroads for Planet Earth» [Momentos decisivos para el planeta Tierra] de *Scientific American* confirma nuestra sensación de que esta no es una época cualquiera, y asegura que la raza humana está de hecho «entrando en un período único en su historia».[2] El propósito de este número especial era identificar una serie de crisis globales que, si no se resuelven de inmediato, tienen el potencial de poner fin a la vida humana y a la civilización tal como hasta hoy la hemos conocido. La revista cita nuevas enfermedades sin cura conocida, naciones cuyo consumo de energía es tan alto que están agotando los recursos limitados de nuestro planeta, niveles de pobreza global nunca vistos, y la habitual desatención a los océanos, ríos y selvas de la Tierra. Y las conclusiones a las que llegan los portavoces son unánimes: sencillamente, no podemos seguir viviendo como lo hemos hecho en el pasado si queremos sobrevivir incluso cien años más. El planeta no puede seguir sustentando nuestros hábitos.

Lo que las organizaciones mencionadas anteriormente, y otras, quieren que entendamos es que cada una de las situaciones que identifican en sus informes son catastróficas, y *todas* ellas están teniendo lugar en este preciso momento. Quienes colaboraron en la creación de estas publicaciones e informes no son en modo alguno los únicos en evaluar la situación de esta manera. Desde profesores universitarios y otros científicos hasta las comunidades investigadoras de la Agencia Central de Inteligencia, e incluso el Pentágono de Estados Unidos —que contempla las actuales crisis mundiales como un asunto de seguridad nacional– han hecho saltar las alarmas de la preocupación. Nos están diciendo que *ya* tenemos problemas muy serios; que *ya* hemos llegado al punto de inflexión en el que estamos muy cerca de perder los océanos, los bosques, las condiciones climáticas y los animales que conforman la vida en el mundo que hasta ahora conocemos; que *ya* hemos alcanzado un punto tan delicado en nuestra relación con la naturaleza que no hacer nada para atajar el desastre inminente ha dejado de ser una opción. Si queremos evitar el inmenso sufrimiento que empieza a vislumbrarse en el horizonte, debemos actuar ahora mismo para cambiar nuestra forma de pensar y nuestra forma de vivir.

Para complicar aún más todos estos problemas, hay una renovada amenaza de guerra mundial, diferente sin embargo de los conflictos mundiales del siglo pasado, en cuanto a que esta estaría provocada en parte por crisis como las que se describen en la edición especial de *Scientific American*, y no por las razones habituales relacionadas con las fronteras y el poder. E. O. Wilson capta la singularidad de nuestro momento histórico afirmando que nos encontramos en lo que él llama el «estrangulamiento» del tiempo, un momento en que tanto la escasez de recursos como nuestra capacidad para resolver los problemas de nuestros días llegarán al límite.[3]

En 2003, Jeffrey Sachs, director de The Earth Institute, de la Universidad de Columbia, sintetizó nuestra situación en términos inequívocos y muy serios:

> Tenemos casi siete mil millones de personas, que quieren asegurarse suficientes alimentos, agua y energía como para satisfacer sus necesidades y progresar económicamente. Pero cuando se suma todo, está claro que ya somos una sociedad mundial globalmente insostenible. El cambio climático, la escasez de agua, la degradación medioambiental, la extinción de innumerables especies..., todo ello nos está afectando de formas que son cada vez más dolorosas y peligrosas.[4]

Sachs recalcaba también su confianza en que la ciencia y la tecnología de las naciones ricas en recursos puedan acabar con los niveles extremos de pobreza que agravan muchas de las crisis del mundo en desarrollo: «Por primera vez en la historia, la prosperidad económica global, derivada del continuo progreso científico y tecnológico y de la retroalimentación que caracteriza a la acumulación de riquezas, hace posible erradicar del mundo para siempre la pobreza extrema».[5]

Me gustan las ideas de Sachs, y me gusta su forma de pensar. Tuve una formación científica y... comparto su convicción de que nuevas tecnologías basadas en la ciencia —tales como la depuración del agua, la generación y distribución de la electricidad o potentes medicamentos dirigidos a erradicar la malaria, el sida y la hepatitis— *podrían* acabar con el sufrimiento de millones de personas del mundo en desarrollo. Espero que el optimismo, la energía y la influencia de Sachs puedan hacer realidad en el mundo el cambio que él concibe. Pero también soy práctico.

Sé que antes de que la tecnología se pueda aplicar en el mundo a los niveles que Sachs, otros y yo visualizamos, debemos adoptar una forma de pensar que conceda prioridad a esas metas, y esa forma de pensar supone desviarnos radicalmente de las creencias y presunciones falsas que nos han conducido a muchas de las crisis. Está claro que elegir hacer la guerra y agotar los recursos finitos del planeta —las reservas de combustibles fósiles, por ejemplo—, al tiempo que hacemos muy poco por atenuar los enormes y crecientes niveles de pobreza en todo el mundo, ha dejado de ser algo sostenible si deseamos que nuestra civilización perdure más allá del próximo siglo. Si queremos permanecer aquí en la Tierra, tenemos que cambiar nuestra forma de vivir. Y, para ello, será imprescindible modificar nuestra forma de pensar, lo cual solo puede ocurrir si le damos un giro drástico a la manera en que concebimos el mundo y nos concebimos a nosotros en él. La controversia y el debate sobre el calentamiento global es un magnífico ejemplo de lo que quiero decir.

EL CAMBIO CLIMÁTICO EN NUESTRA SALA DE ESTAR

En 2006, el ex vicepresidente de Estados Unidos Al Gore llevó el tema del cambio climático a las salas de estar y las aulas de todo el mundo. Él y el director de cine Davis Guggenheim presentaron su documental *An Inconvenient Truth* [*Una verdad incómoda*] en el Festival de Cine de Sundance. La película acabaría siendo ganadora de dos óscar, y en 2007 Al Gore compartiría el Premio Nobel de la Paz con el Comité Intergubernamental de Naciones Unidas sobre el Cambio Climático.

Junto con los comentarios y elogios que provocó la película, surgió la controversia. En ella, Gore presentaba estadísticas muy convincentes e imágenes impactantes –desde inmensos acantilados de hielo que se quebraban y caían al océano Antártico hasta unos osos polares agotados de nadar en las aguas de un polo norte casi sin hielo en busca de tierra firme donde descansar– con las que intentaba decirnos dos cosas acerca del mundo: la primera, que el cambio climático es ya una realidad, y la segunda, que nosotros somos los causantes. El cambio climático destacó de repente entre todas las cuestiones que debían determinar qué dirección adoptarían las medidas globales. Y como coincidió con un ciclo electoral, acabaría siendo también un factor determinante en la campaña presidencial de 2008.

Aparentemente de la noche a la mañana, el tema del calentamiento global había dejado de ser un interesante dilema sobre el que cavilaban los expertos. Cuáles habían sido las causas de los drásticos cambios del clima terrestre y qué hacer al respecto se convirtió, y aún lo sigue siendo, en un asunto de máximo interés en las conversaciones cotidianas y temas clave del proceso político, donde el punto de vista sobre el cambio climático que mostrasen los candidatos podía en esos momentos, en cualquier lugar del mundo, impulsar o echar por tierra sus esperanzas de ser elegidos.

Aunque a muchos nos basta con asomarnos al jardín para saber que el tiempo está cambiando, el debate sobre por qué ocurre, qué significa y hacia dónde apunta demuestra que los puntos de vista de la gente no podrían estar más divididos. El debate gira esencialmente en torno a la respuesta que se dé a dos preguntas clave:

1. ¿Se está produciendo de verdad un cambio climático?
2. Los cambios provocados por los gases de efecto invernadero, como el dióxido de carbono, ¿provienen de causas humanas?

El aluvión de datos disponibles para justificar una respuesta a cualquiera de las dos preguntas bastaría para marear a un científico; para el ciudadano común, es poco menos que apabullante. Tenemos la sensación de que necesitaríamos hacer un cursillo avanzado solo para ser capaces de leer las montañas de artículos que existen sobre el tema antes de poder empezar a pensar siquiera en lo que se nos está diciendo. Sin embargo, es precisamente esa información la que nos indica cuál es la dirección correcta y nos ayuda a conocer los hechos, a fin de que podamos entender qué está sucediendo en realidad y tomemos decisiones con conocimiento de causa.

❖❖❖ ❖❖❖

Para empezar, la única manera de determinar si estamos viviendo un período anómalo de extremos climáticos es comparar el clima actual de la Tierra con el del pasado. Al hacerlo, podemos evaluar si variantes tales como la temperatura media por encima y por debajo del ecuador, por ejemplo, son realmente tan distintas de lo que eran hace cientos o miles de años. Y lo que es incluso más importante: podemos saber si los cambios de temperatura que presenciamos hoy día forman parte de un ciclo natural. En 1999, un comunicado de prensa anunciaba la exitosa compleción de un proyecto científico que nos ofrece precisamente esa ventana al pasado.

Anualmente, durante cientos de miles de años, un proceso natural «congela» datos sobre el clima de la Tierra. Es decir, al cambiar cada año las estaciones y bajar la temperatura, se forma una nueva capa de hielo que se añade a la superficie de los casquetes polares, y cuando esta nueva capa se hiela, preserva el oxígeno, el dióxido de carbono y otros elementos y compuestos, junto con la lluvia, la nieve, la vida microscópica y el polvo que se hayan acumulado antes de que se produzca la helada. Así, la acumulación de cada año cubre e inmoviliza todo aquello que quedó capturado el año anterior, creando un registro permanente al tiempo que engrosa los bloques de hielo.

Mientras el hielo de las regiones polares siga helado, dispondremos de una auténtica biblioteca virtual de la historia de nuestro planeta, capturada en los miles de capas que se han ido depositando a lo largo del tiempo. Esta historia les habla a los científicos sobre las temperaturas globales, así como sobre la cantidad de luz solar, los niveles del mar y el grosor de los casquetes polares en un pasado remoto; y, además, nos ofrece un medio para determinar si las condiciones de hoy son verdaderamente insólitas en relación con los ciclos climáticos normales.

En junio de 1999, un equipo internacional de científicos completó un trabajo de perforación hasta la base de los bloques de hielo de mayor grosor —en el lago subglacial Vostok, en la Antártida—. Las capas de hielo de las que se tomaron las muestras nos han regalado un telescopio al pasado con un alcance de cuatrocientos veinte mil años, algo que nunca antes había sido posible en la historia de la Tierra.[6] La información que revelaron estos núcleos de hielo, junto con los datos adicionales procedentes de las capas de hielo de Groenlandia, nos ofrece una clave inestimable para entender el clima del pasado y determinar si lo que está ocurriendo hoy en nuestro mundo escapa a los límites de los ciclos normales.

Durante las investigaciones que hice para escribir *El tiempo fractal*, utilicé la base de datos de los núcleos de hielo recogidos en 1999 a fin de comparar las actuales condiciones de temperatura, fuerza magnética, energía de la radiación solar y grosor del hielo con las de épocas pasadas. Basándonos en esta información, podemos responder a las dos grandes preguntas sobre el clima de la Tierra:

Primera pregunta: ¿se está produciendo un cambio climático?
Primera respuesta: indiscutiblemente, sí.

Segunda pregunta: ¿somos nosotros los causantes?
Segunda respuesta: indiscutiblemente, no.

Ahora que tenemos las respuestas, vamos a examinar con más detalle de dónde provienen.

Puesto que sabemos que sí, que el cambio climático está ocurriendo, la siguiente pregunta es: ¿se está calentando la Tierra? La respuesta es sí, y también no. ¿Se está enfriando la Tierra? Y la respuesta vuelve a ser indiscutiblemente sí, y también indiscutiblemente no.

Tenemos que responder sí y no a ambas preguntas porque tanto el calentamiento como el enfriamiento se han producido durante el tiempo que es objeto de controversia y debate. En los últimos años del siglo xx y ahora, en los primeros del siglo xxi, el mundo ha experimentado no solo un enfriamiento y calentamiento excepcionales, sino también otras manifestaciones extremas como huracanes, lluvias torrenciales, ventiscas, tormentas de nieve, tornados, y casi todos los demás fenómenos meteorológicos imaginables.

En enero de 2011, por ejemplo, una ola de frío ártico azotó Estados Unidos, impidiendo a la gente salir de casa para ir al trabajo o a clase, debido a un descenso súbito de las temperaturas que marcó un récord histórico —se alcanzó -4º C, por ejemplo, en Tallahasee, Florida, y -18º en Bridgeport, Connecticut— al tiempo que regiones del oeste de Australia quedaban sumergidas bajo casi metro y medio de agua, tras las lluvias incesantes a lo largo de aquel mismo mes. Es obvio que vivimos en un tiempo de fenómenos meteorológicos extremos; la cuestión ahora no es si se está produciendo un cambio o no, sino qué lo está causando... y si es debido al calentamiento o enfriamiento de nuestro planeta. Por eso resulta útil tener algunos conocimientos de historia climática y de los ciclos que provocan los cambios.

Buena parte de la controversia sobre el calentamiento global tiene su raíz en la interpretación de los registros de temperaturas del pasado, que proceden de dos fuentes distintas. Hace tan solo ciento treinta años —en 1880, para ser exactos— que se empezó a llevar un registro fiable del clima de la edad «moderna». Para estudiar cualquier año anterior a esa fecha, los científicos se sirven de medios indirectos con los que medir las tendencias de calentamiento y enfriamiento, entre los que se encuentran los núcleos de hielo mencionados y también los anillos de crecimiento de los árboles y los sedimentos del suelo marino. Y utilizando una combinación de estas fuentes, los científicos actualizan y refinan continuamente sus conocimientos de la historia climática del planeta.

En la actualidad, hay tres fuentes principales de datos que los investigadores utilizan cuando quieren saber algo sobre el clima de la Tierra en épocas pasadas. Brevemente, mantienen estas bases de datos los siguientes centros:

> ➤ Centro Nacional de Datos Climáticos, de la Administración Nacional Oceánica y Atmosférica.

> Sistemas Sensoriales Remotos, de la Universidad de Alabama, en Birmingham.
> Unidad de Investigación Climática, de la Universidad de East Anglia, en Inglaterra.

A estos se añaden los datos recogidos y conservados por el Instituto Goddard de Estudios Espaciales de la NASA.

Los científicos se sirven especialmente de estas bases de datos, juntas o por separado, para obtener una imagen de las tendencias climáticas del pasado y datos para prever las tendencias futuras; y los datos que ofrecen no dejan lugar a dudas de que la Tierra ha experimentado un calentamiento durante los últimos ciento veinte años aproximadamente. En realidad, lo ha hecho dos veces: una, entre mediados de los años 1930 y finales de los 1950, y otra, a partir de finales de los 1970 (véase la figura 3.1). Los expertos parecen estar indecisos en cuanto a si la ronda de calentamiento más reciente todavía está activa, o si ya ha terminado y ha empezado el enfriamiento cíclico que le sigue.

Entre los períodos más recientes de enfriamiento global se hallan los que se experimentaron a finales de la década de 1800 y a mediados del siglo XX. Durante las décadas de 1960 y 1970, las alarmas sobre el calentamiento global quedaron ahogadas por un cambio súbito que hizo descender las temperaturas.

Por tanto, en cuanto a la pregunta sobre el calentamiento y el enfriamiento, la única respuesta sincera ha de ser *sí* a ambos. Sin embargo, tal vez no sea esta la pregunta que la gente de verdad quiere hacer. La siguiente parte de la ecuación para entender el cambio climático es identificar cómo encajan estos breves ciclos de calentamiento y enfriamiento en el contexto global de la historia de la Tierra. Y a este respecto, los ciclos del pasado empiezan a contarnos algo muy interesante.

Lo que la figura 3.1 no puede mostrar es el panorama general de lo que ocurrió inmediatamente antes de 1880. Las temperaturas anteriores a esa época aparecerían en el sector izquierdo del gráfico como las etapas finales de un período de enfriamiento que duró desde el año 1400 hasta mediados de la década de 1860, y aunque se trata de datos anteriores a las lecturas modernas, se hallan sobradamente dentro del

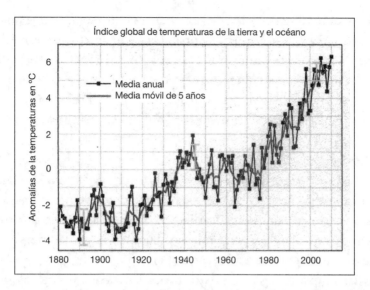

Figura 3.1. Esta ilustración muestra la media global del cambio de temperatura de la tierra y el océano entre 1880, cuando se empezaron a guardar registros sistemáticos, y 2010. Las barras verticales indican las áreas de incertidumbre, las líneas que unen los puntos son la media global y la línea gruesa es la media de cinco años (Instituto Goddard de Estudios Espaciales de la NASA).

lapso de tiempo del que existe documentación escrita, así como informes técnicos de los navegantes y diarios de los pioneros.

Estas fuentes, junto con otros acervos de información adicionales, tales como los datos que aportan los anillos de crecimiento de los árboles, hablan de un período particularmente inclemente llamado «Pequeña Edad de Hielo». Se cree que este enfriamiento global, sobre todo en las latitudes nórdicas, provocó cambios drásticos en la forma de vida de la gente de la época. Pudo haber sido, por ejemplo, el causante de la devastadora hambruna de la patata en Irlanda, que comenzó en 1845 y mató a más de un millón de personas durante los seis años que duró, así como de la ruina de muchas otras cosechas, muertes de ganado y la pérdida de algunas colonias en Groenlandia.

Habrá a quienes los poco más de ciento treinta años de registros modernos de la temperatura les parezcan un período muy largo, pero, en relación con la historia de la Tierra y los ciclos climáticos, es en realidad muy corto. De hecho, en el marco cronológico que representa el pasado del planeta, es apenas un breve destello. Y si vamos a tomar nuevas medidas, a promulgar nuevas leyes y a pedir a la gente de todo el mundo que cambie su forma de vida, tiene mucho sentido que nuestra perspectiva sea auténticamente global. Dado que no tenemos medidas directas de las temperaturas mundiales antes de 1880, los científicos se sirven de otros instrumentos para determinar las condiciones climáticas de las eras pasadas. Y aquí es donde tienen relevancia los núcleos de hielo que antes he mencionado.

Pruebas en el hielo

Gracias a las perforaciones del hielo antártico realizadas en Vostok, ahora disponemos de datos de cuatrocientos veinte mil años de historia terrestre para compararlos con los fenómenos que experimentamos hoy día y así dejar que nos cuenten la verdad del cambio climático...; y la comparación da que pensar.

Una simple mirada a los datos procedentes de los núcleos antárticos que aparecen en la figura 3.2 nos dice algo de inmediato: que el calentamiento y el enfriamiento de la Tierra definitivamente tienen un ritmo, y que ese ritmo está basado en ciclos que duran alrededor de cien mil años; y no solo eso, sino que dentro de esos grandes ciclos, hay otros más pequeños. Los científicos saben actualmente que se trata en realidad de ciclos anidados —es decir, ciclos comprendidos dentro de otros ciclos, que a su vez están comprendidos dentro de otros mayores, y así sucesivamente—, y que están basados en algo que es predecible y se puede calcular. Todo ello tiene que ver con la posición de la Tierra en el espacio: la inclinación, la oscilación de su eje y su ángulo con respecto al Sol y al núcleo de la Vía Láctea.

Los científicos creen que esos ciclos de temperatura de aproximadamente cien mil años están en su mayor parte provocados por el cambio de forma que, con el tiempo, experimenta la órbita que describe la Tierra alrededor del Sol —un fenómeno natural llamado *excentricidad*—. A veces, la trayectoria que describe nuestro planeta en su órbita solar se asemeja a un óvalo alargado, o elipse, y en otras ocasiones es más parecida a un círculo. Al ir cambiando esa trayectoria en el curso de cien mil años, la distancia entre la Tierra y el Sol se modifica.

Dentro de un ciclo de cien mil años, hay una serie de ciclos más pequeños, de cuarenta y in mil años, relacionados con el bamboleo de la Tierra, el movimiento oscilatorio de su eje que nos acerca al Sol o nos aleja de él 1,5°; y cada uno de ellos contiene ciclos más pequeños, de aproximadamente veintiún mil años, que a su vez contienen otros más pequeños aún, ciclos de manchas solares de once años de duración.

La franja superior de la figura 3.2, que lleva el encabezamiento de «Variación de las temperaturas», muestra el ascenso y descenso periódico de las temperaturas tal como indican los núcleos de hielo antárticos. En este gráfico en concreto, vemos también un ritmo similar de CO_2 correspondiente al mismo período de tiempo y que aparece en la franja media del gráfico, bajo el encabezamiento «Dióxido de carbono». Exploraremos los detalles de la relación entre temperatura y dióxido de carbono en la siguiente sección. No obstante, los datos que muestra la figura 3.2 nos aportan por sí solos dos nociones clave: una, que el ascenso y descenso de las temperaturas es cíclico, y dos,

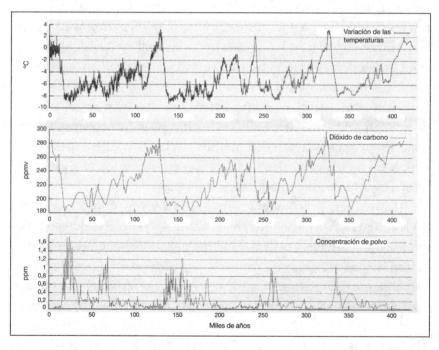

Figura 3.2. Los registros del ascenso y descenso de las temperaturas que nos ofrecen los núcleos de hielo de la Antártida no dejan lugar a dudas de que los ciclos de calentamiento y enfriamiento de la Tierra han ocurrido ateniéndose a un patrón regular de intervalos de cien mil años aproximadamente durante los últimos cuatrocientos veinte mil años (Petit/NOAA/ GNU Free Documentation License).

que cada ciclo está compuesto por ciclos anidados de calentamiento y enfriamiento menores.

Si damos un paso atrás y observamos los ciclos anidados dentro del marco global de decenas de miles de años, esa amplitud de perspectiva nos muestra que los cambios de temperatura recientes forman parte de un patrón sólidamente establecido, en el cual las llamadas anomalías de nuestro tiempo están dentro de los márgenes de lo que sería de esperar para nuestra época, atendiendo a los ciclos. Y esto es precisamente lo importante: si conocemos los ciclos del pasado, podemos prever razonablemente cuándo se repetirán.

Comprender los ritmos de la naturaleza empieza a poner en perspectiva los fenómenos climáticos extremos más recientes. Pero el patrón de calentamiento y enfriamiento es solo uno de entre los numerosos factores que obedecen a esos ciclos; otros son la fuerza de los campos magnéticos de la Tierra, la intensidad de la energía solar y el grosor de los casquetes polares. Veamos en primer lugar qué nos indican los ciclos, y luego podremos explorar lo que significan.

Vemos en la figura 3.2 que los períodos cíclicos de calentamiento son temporales y duran entre quince mil y veinte mil años, antes de que la temperatura de la Tierra vuelva a descender. A no ser por acontecimientos catastróficos imprevistos, como podrían ser el impacto de un meteorito, una desmedida erupción solar, un terremoto global o una «superola» galáctica de impulsos electromagnéticos procedente del centro de la Vía Láctea, no hay razón para creer que los ciclos del futuro vayan a ser diferentes de los del pasado.

Tal vez fuera precisamente esto lo que nuestros antepasados indígenas intentaban decirnos en el lenguaje de su época. Aunque no tuvieran los GPS, satélites y ordenadores de los que disponemos hoy día, sí habían vivido los ciclos y los cambios que estos provocan en el mundo. Actualmente estamos atravesando por un momento en el que un ciclo (de calentamiento) termina y el siguiente (de enfriamiento) comienza.

¿SOMOS LOS CAUSANTES DEL CAMBIO CLIMÁTICO?

La política de los últimos años ha chocado de frente con la interpretación científica y la opinión pública sobre si el calentamiento global y el aumento de ciertos gases de efecto invernadero están o no realmente conectados. En otras palabras, ¿hemos sido los seres humanos y nuestros hábitos industriales del pasado siglo los causantes de las temperaturas actuales? ¿Hemos contribuido a ello de alguna manera?

Aunque estudié geología y trabajé en la industria geológica desde mediados de los años setenta hasta mediados de los ochenta, decididamente no soy experto en el clima. Por tanto, a pesar de las pruebas que confirman la existencia de ciclos de calentamiento basándose en claros datos geológicos, dependo de las mismas fuentes de información que tú para determinar si, de hecho, la raza humana es un factor significativo del calentamiento que se ha producido. Para hacerme con esos datos, me remonto a los registros de dióxido de carbono (CO_2) y metano (CH_4) en la atmósfera del pasado.

Los primeros largos cilindros de hielo del proyecto de perforación de Vostok proporcionaron una historia sin precedentes de la composición de los gases de la atmósfera terrestre durante ciento cincuenta mil años, incluidos entre ellos los gases de efecto invernadero; y las perforaciones de 1999 han extendido esa historia a cuatrocientos veinte mil años. Estas muestras han dado a los científicos la oportunidad de tener una perspectiva más amplia (al poder remontarse ciento cincuenta mil años atrás) y, posteriormente, de disponer de una perspectiva *verdaderamente* global (con la posibilidad de remontarse a hace cuatrocientos veinte mil años) para estudiar con precisión cómo actúan los ciclos de temperaturas globales y los gases de efecto invernadero. Y el panorama que estos datos nos ofrecen es de lo más sorprendente.

La figura 3.3 es un gráfico procedente del análisis de los núcleos de hielo de Vostok. En él se comparan entre sí tres tipos de datos para averiguar qué relación existe, si es que existe relación alguna, entre el dióxido de carbono (CO_2) –que aparece en medio del gráfico–, el metano (CH_4) –en la parte de arriba– y las temperaturas mostradas en la zona inferior. Decididamente, vemos que existe una relación entre la temperatura y el CO_2, pero quizá no sea la que los alarmistas del calentamiento global esperaban poder establecer.

Según la revista *CO$_2$ Science*, los científicos que analizaban los núcleos de hielo hicieron un descubrimiento excepcional que podía aclarar definitivamente la controversia sobre el calentamiento global:

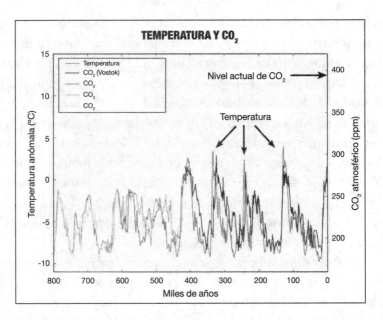

Figura 3.3. Comparación de los ciclos de los niveles de metano (CH$_4$) y de dióxido de carbono (CO$_2$) con las temperaturas durante los últimos ochocientos mil años. Estos datos procedentes de los núcleos de hielo de la Antártida muestran que los niveles de CO$_2$ son realmente posteriores al ascenso de la temperatura y no pueden ser la razón del calentamiento (LeLand McInnes/GNU Free Documentation License).

Los cambios del contenido de CO$_2$ de la atmósfera *nunca preceden* a los cambios de temperatura del aire cuando se pasa de unas condiciones glaciales a unas interglaciales; y cuando se pasa de unas condiciones interglaciales a unas glaciales, el cambio de la concentración de CO$_2$ es de hecho muy posterior al cambio de la temperatura del aire».[7]

Otro estudio, publicado en la revista *Science*, no deja lugar a dudas sobre lo que los hallazgos demuestran exactamente: «Registros de alta resolución procedentes de los núcleos de hielo de la Antártida muestran que las concentraciones de dióxido de carbono aumentaron entre 80 y 100 partes por millón en volumen 600 ± 400 años después del calentamiento de las tres últimas deglaciaciones».[8] Una nota técnica adicional indica lo desacertadas que han estado las correlaciones establecidas entre los gases de efecto invernadero y la temperatura: «El tiempo que tardan en aumentar las concentraciones de CO$_2$ con respecto al cambio de la temperatura ha sido de entre cuatrocientos y mil años durante las tres transiciones del período glacial al interglacial».[9]

¿Cuál es por tanto el balance final con respecto a todos estos datos sobre el cambio climático? ¿Qué respuesta hemos de dar a las preguntas que introducían esta sección? ¿Es un hecho el cambio climático? ¿Hemos sido *nosotros* los causantes? Al no disponer de ninguna otra fuente de información que indique lo contrario, la verdad profunda del calentamiento global es la siguiente, basándonos en los datos actuales:

1. El calentamiento global de la época moderna es un hecho.
2. El ciclo de enfriamiento que sigue al calentamiento es también un hecho en la época moderna.
3. Los datos obtenidos de los núcleos de hielo muestran que los gases de efecto invernadero, y específicamente el CO_2, *no son* la causa del calentamiento global, ya que las altas temperaturas preceden al aumento de nivel de los gases entre cuatrocientos y mil años.
4. Los núcleos de hielo muestran que los niveles de CO_2 han sido igual de altos, o incluso más altos, que los actuales en ciertos momentos a lo largo de los últimos cuatrocientos mil años, sin que hubiera fuentes industriales conocidas que pudieran haberlos provocado en un pasado remoto.
5. Nos encontramos en un ciclo general de calentamiento que comenzó hace aproximadamente dieciocho mil años, al terminar la glaciación del pleistoceno. Históricamente, dichos ciclos duran entre quince mil y veinte mil años y están separados por breves períodos de enfriamiento, tales como la Pequeña Edad de Hielo de mediados del siglo XIX. Los ciclos y datos indican que nos encontramos dentro del marco de tiempo en que puede esperarse un ciclo de enfriamiento, y es posible que ya estemos entrando en él.

La gente corriente obtiene la información de los principales medios de comunicación y de los informes «oficiales» que emiten las agencias gubernamentales del mundo, entre ellas el Comité Intergubernamental sobre el Cambio Climático. Me quedo maravillado de la cantidad de personas que, en todo Estados Unidos, cree que el caso del calentamiento global está claro como el agua. Piensan que se trata de un problema reciente, que nosotros lo hemos provocado y que ahora tenemos que pagar para resolverlo. Pero aunque me quede maravillado, a la vez no estoy tan sorprendido.

Y la razón es que los mismos medios de comunicación que dieron «popularidad» al calentamiento global nos dijeron también con autoridad que nosotros somos los responsables. En *Una verdad incómoda*, Al Gore afirma sencilla y llanamente que cada uno de nosotros somos causantes del calentamiento global, pero que podemos tomar la decisión de reducir individualmente nuestra huella de carbono.[10]

Aunque me gustan las ideas de Gore sobre implementar cambios en nuestro estilo de vida (es indudable que necesitamos hacernos ecologistas lo antes posible), tengo serias objeciones que hacer a las razones que utiliza para justificarlos. *Al contrario de lo que muchos puedan suponer —que es un consenso—, los científicos del mundo no están universalmente de acuerdo en que los gases de efecto invernadero y la industria humana sean las causas del calentamiento.* Y ya que son tantas las fuentes que nos cuentan por qué hemos desencadenado el calentamiento global, me gustaría aprovechar esta oportunidad para darles la palabra a algunos de los prestigiosos científicos que han provocado tensiones en sus comunidades, e incluso han arriesgado sus carreras, porque no podían, en conciencia, limitarse a seguir la corriente en este tema.

Pese a que la mayoría admite el hecho de que la Tierra se ha calentado, estos científicos no se cuentan entre los que creen que nosotros somos los causantes. Lo que aparece a continuación es una breve pero representativa muestra de sus comentarios, precedida por el nombre del científico, su especialidad y la institución para la que trabaja:

SALLIE BALIUNAS, astrónoma del Centro Harvard-Smithsonian de Astrofísica: «La reciente tendencia al calentamiento que muestran los registros de temperatura de la superficie terrestre no puede ser debida a que el aire experimente un aumento de los gases de efecto invernadero provocados por el ser humano».[11]

KHABIBULLO ABDUSAMATOV, matemático y astrónomo del Observatorio Pulkovo, de la Academia de Ciencias de Rusia: «El calentamiento

global es consecuencia no de la emisión de gases de efecto invernadero a la atmósfera, sino de un nivel de radiación solar insóli-
tamente alto y un prolongado incremento —a lo largo de casi todo
el pasado siglo— de su intensidad [...] No tiene fundamento científico atribuir propiedades de efecto «invernadero» a la atmósfera
de la Tierra [...] Los gases calientes de efecto invernadero, que
adquieren ligereza como resultado de la expansión, ascienden a
la atmósfera solo para liberar el calor absorbido».[12]

WILLIAM M. GRAY, profesor emérito, director del Proyecto de Me-
teorología Tropical, del Departamento de Ciencia Atmosférica
de la Universidad del Estado de Colorado: «Este pequeño calentamiento es probablemente el resultado de las alteraciones naturales de las corrientes oceánicas globales, motivadas por las variaciones de salinidad del océano. Se sabe todavía muy poco sobre
las variaciones de circulación de los océanos. La especie humana tiene muy poco o nada que ver con los recientes cambios de
temperatura. No somos tan influyentes».[13] Y también: «Soy de la
opinión de que [el calentamiento global] es una de las mayores
patrañas de las que se ha hecho víctima al pueblo americano».[14]

GEORGE V. CHILINGAR, profesor de ingeniería civil y petrolífera en la
Universidad del Sur de California: «Son las siguientes fuerzas globales de la naturaleza las que gobiernan el clima de la Tierra: la radiación solar [...], la desgasificación como distribuidora principal
de gases al Océano del Mundo y a la atmósfera, y, posiblemente,
las actividades microbianas [...] Las estimaciones cuantitativas de
la magnitud y el alcance que sus efectos tienen sobre el clima terrestre [...] muestran que los cambios climáticos inducidos por el
ser humano son insignificantes».[15]

IAN CLARK, geólogo, profesor de ciencias geológicas en la Universidad
de Ottawa: «El sector de la comunidad científica que atribuye
el calentamiento climático al CO_2 se basa en la hipótesis de que
el aumento de este, que es en realidad un gas de efecto invernadero poco importante, provoca una respuesta de vapor de agua
mucho mayor para calentar la atmósfera. Este mecanismo nunca
se ha verificado científicamente, fuera de los modelos matemáticos que predicen un calentamiento extensivo y que se desbaratan

debido al complejo proceso de formación de las nubes, que tiene un efecto enfriador [...] Sabemos que [el Sol] fue el responsable del cambio climático en el pasado, y por lo tanto está claro que va a ser el protagonista del cambio climático presente y futuro. Y lo más curioso es [...] que la actividad solar haya empezado hace muy poco un ciclo descendente».[16]

CHRIS DE FREITAS, profesor adjunto de geología y ciencia medioambiental en la Universidad de Auckland, Nueva Zelanda: «Hay pruebas del calentamiento global [...] pero el hecho del calentamiento no confirma que el dióxido de carbono sea el causante. El clima se calienta y se enfría continuamente. Hay teorías de la variabilidad natural del calentamiento. Para apoyar el argumento de que el causante es el dióxido de carbono, habría que distinguir entre el calentamiento causado por el ser humano y el calentamiento natural; y esto es algo que no se ha hecho».[17]

DAVID DOUGLASS, profesor de física y astronomía en la Universidad de Rochester: «El patrón de calentamiento observado, comparando las tendencias de la temperatura de la superficie y la temperatura atmosférica, no muestra la huella característica asociada al calentamiento de tipo invernadero. La conclusión inequívoca es que ni el ser humano ni el aumento observado en los niveles de dióxido de carbono y otros gases de efecto invernadero contribuyen de forma significativa al calentamiento global».[18]

DON EASTERBROOK, profesor emérito de geología de la Universidad del Oeste de Washington: «El calentamiento global bien podría haber ocurrido, desde el año 1900, aun sin los efectos del CO_2. Si los ciclos continúan como en el pasado, el actual ciclo caliente debería acabar pronto y las temperaturas globales deberían enfriarse ligeramente hasta aproximadamente el año 2035».[19]

Debido al número y la seriedad de opiniones como estas, el remedio para el cambio climático, y la dirección que sigue, son tan inciertos; y debido a esa incertidumbre, probablemente no nos sorprenderá tampoco que el siguiente paso, la decisión de qué hacer con respecto al cambio, se haya convertido en un objetivo tan escurridizo que ni las personalidades más poderosas e influyentes del mundo consiguen dar en el blanco.

LA ESPERANZA

En 2010, el mundo entero se sintió esperanzado al ser testigo de un encuentro sin precedentes en el que los líderes del mundo se reunieron en Dinamarca para decidir cómo responder al cambio climático de la Tierra: la Cumbre Climática de Copenhague. El propósito de la serie de reuniones era discutir, y se esperaba que acordar, algún tipo de acción, semejante a un tratado, que encontrara una solución al cambio que amenazaba la forma de vida del mundo.

Al empezar la cumbre, había señales patentes de promesa y cooperación, no ya entre los representantes de los distintos países, sino entre los propios líderes. Presidentes, primeros ministros, reyes y dictadores se habían congregado para abordar un problema que trasciende nuestras diferencias políticas y legislativas. Para el final de la cumbre, sin embargo, la esperanza había dado paso a la decepción, y luego se convirtió en desesperación a la vista del resultado. A pesar de que las mentes más brillantes del momento hubieran preparado la investigación que hizo reunirse a los líderes, y de que supuestamente se hubieran despejado los canales diplomáticos para facilitar los acuerdos, los dirigentes más importantes del planeta fueron finalmente incapaces de encontrar la manera de trabajar juntos para encontrar soluciones.

Lo que ocurrió fue, por el contrario, precisamente lo que hace que este libro sea importante. En mi opinión, la cumbre fue una oportunidad trágicamente desaprovechada, y lo digo por la razón que sigue.

LA OPORTUNIDAD

En Copenhague, los líderes mundiales tuvieron la excepcional ocasión de mostrar a sus respectivos países, y de demostrarse también unos a otros, que existe entre las personas de todas las naciones un vínculo más fuerte que las diferencias de fronteras, gobiernos, culturas y creencias que nos separan. Podían haber convenido, por ejemplo, en que, pese a no saber exactamente por qué el clima está cambiando, resulta obvio que es así y que ese cambio es una amenaza para la civilización tal como la conocemos: líneas costeras que desaparecen bajo el agua, fenómenos meteorológicos extremos que destruyen grandes ciudades, pueblos enteros y formas de vida que quedan arrasados y una rápida disminución del rendimiento de los cultivos en el hemisferio norte, donde vive el grueso de la población mundial.

Podían simplemente haber convenido en que, pese a no saber exactamente por qué está ocurriendo todo esto, como comunidad de naciones podemos comprometernos a usar nuestros recursos, ejércitos, dinero, tecnología y trabajo para facilitar la transición. Nuestros líderes podían haber convenido en cualquier medida de este tipo..., pero no lo hicieron.

Uno de los comentarios que se oían una y otra vez entre los asistentes era que los países ricos simplemente no habían estado a la altura; no entendían la mentalidad de los países más pobres, que habían experimentado innumerables muertes y pérdidas económicas de miles de millones de dólares debido al cambio climático en un solo año: 2008. Ese año, el ciclón *Nargis* arrasó Myanmar, por ejemplo, llevándose al menos cien mil vidas; mucha gente se quedó sin casa en cuestión de horas, según la tormenta arrasaba a su paso pueblos enteros. Más tarde, aproximadamente doscientas mil personas resultaron afectadas por las lluvias torrenciales y las terribles inundaciones provocadas por las cuatro tormentas (*Fay*, *Gustav*, *Hanna* e *Ike*) que devastaron gran parte de la infraestructura de Haití y dejaron al país aún más vulnerable al desastroso terremoto que tuvo lugar menos de dos años después. El tifón *Hagupit* mató a setenta mil personas en China y dejó al menos dieciocho mil desaparecidos poco después de que un terremoto de magnitud 7,9 se produjera el mismo año.

En palabras del economista británico Nicolas Stern, presidente del Instituto Grantham para la Investigación del Cambio Climático y el Medio Ambiente, el resultado de la Cumbre Climática de Copenhague fue decepcionante debido, al menos en parte, a la actitud de las naciones más ricas. Y aunque hubo «menos arrogancia que en años anteriores –dijo–, los países ricos podían haber actuado mucho mejor».[20]

LA OPORTUNIDAD: PERDIDA

En lugar de reconocer el problema y admitir que aún no hay consenso sobre cuáles son las causas del cambio climático (aunque los datos sobre los ciclos de calentamiento y enfriamiento son *a mi entender* extraordinariamente convincentes), los participantes de la cumbre intentaron, en primer lugar, criticar a determinados países e industrias; en segundo lugar, culpar del cambio en diferentes grados a naciones específicas, y por último, asignar una sanción financiera por la supuesta culpa. Estaba claro que había más de una agenda política en la Cumbre de Copenhague.

Mi sentir personal es que esta es la esencia de la oportunidad que perdieron los líderes: con tanto apoyo de la gente a la que representan, con tanto en común y con tanto en juego…, irse a casa con las manos vacías. Explica también por qué se hizo tan poco para crear un sólido marco de gestión que permitiera abordar las múltiples crisis que todo el mundo está de acuerdo en que existen.

Y aunque es triste, probablemente no debería tomarnos por sorpresa.

La Cumbre Climática de Copenhague ofrece un claro ejemplo, tomado de la vida real, de por qué se ha escrito este libro, e ilustra una forma de pensar que está basada en las presunciones erróneas de la ciencia. El hecho de que no se lograra llegar a un acuerdo sobre un esquema operativo viable es resultado directo de una forma de vida edificada sobre las presunciones científicas que valoran la competición y la separación por encima de la cooperación y la unidad.

Nuestra civilización en concreto se asienta sobre una serie de presunciones falsas que ya se han identificado anteriormente: esencialmente, que la naturaleza se basa en «la supervivencia del más fuerte», que todo está separado de todo lo demás y que la conciencia permanece disgredida de nuestro mundo físico.

Si los líderes de nuestro mundo y sus representantes hubieran comprendido las verdades científicas profundas y vivido de acuerdo con ellas –que el universo, el planeta y nuestros cuerpos están hechos de un campo de energía compartido, una matriz que hace posible la unidad del entrelazado, que la emoción humana influye directamente en lo que sucede en esa matriz y también que la naturaleza depende de la cooperación, y no de la competición, para su supervivencia–, sin duda habrían hecho elecciones distintas. En ese caso, es muy probable que la Cumbre Climática de Copenhague de 2010 hubiera tenido resultados bastante mejores.

Si los participantes hubieran reconocido la obviedad del primer hecho (que la antigüedad de la civilización es al menos el doble de los cinco mil años aproximados que le atribuyen los calendarios históricos convencionales), habrían sabido que los cambios climáticos que eran el motivo de la conferencia son cíclicos: han ocurrido en el pasado y son precisamente el tipo de cambios que es de esperar que se produzcan en este período que vivimos, que forma parte de una historia cíclica.

Las verdades profundas nos ofrecen sólidas razones científicas para pensar de manera distinta a como lo hacíamos cuando tomamos las decisiones que nos han conducido a las crisis a las que ahora nos enfrentamos. Con respecto a la Cumbre Climática de Copenhague, pensar de forma diferente conllevaría dejar de ver el mundo como un único pastel dividido en un número limitado de trozos, en el que unos deben perder su trozo para que el de otros sea más grande, y empezar a darnos cuenta de que podemos hacer muchos pasteles, e incluso otros nuevos de distintos sabores, para satisfacer las necesidades de toda nuestra familia global.

Aunque lo sucedido en Copenhague es un ejemplo de cómo un pequeño cambio de forma de pensar podría haber tenido resultados radicalmente distintos, las siguientes secciones mostrarán el mismo principio aplicado a otras crisis. No obstante, a diferencia del cambio climático y el calentamiento global, estas crisis están directamente relacionadas con las elecciones que hemos hecho; y, dado que lo están, representan una oportunidad sin precedentes para cambiar la forma de pensar y las acciones que nos han conducido a ellas.

¿QUÉ HA SIDO DE TODAS LAS ESPECIES?

Durante mi infancia en el norte de Missouri, una de las cosas que con más ganas esperaba eran las excursiones a las que me dedicaba durante las largas vacaciones de verano. Desde primera hora de la mañana hasta casi el anochecer, caminaba solo por los serpenteantes senderos de los bosques que cubrían las laderas que bordean el río Missouri, y siempre me quedaba asombrado al mirar hacia arriba y no poder ver el cielo, por la espesura de las ramas, hojas y enredaderas entretejidas en lo alto.

Para mí, aquellos paseos por los bosques eran como una aventura a un tiempo inmemorial, como si estuviera atravesando una jungla prehistórica. Esperaba que en cualquier momento apareciera súbitamente de la nada alguna criatura de una época remota que saltara al camino simplemente para hacerme saber que todavía existía, y luego desapareciera en su escondite místico.

A lo que me refiero con esto es a que daba por hecho que el bosque, y todo lo que había en él, había existido desde siempre y seguiría existiendo en el futuro para que pudiese disfrutarlo... eternamente. Era incapaz de imaginar que algún día no fuese así.

Hoy, el río Missouri y el ecosistema que lo rodea se han convertido en uno de los trágicos resultados de la tecnología moderna. Debido al «progreso», concretado en diques, estructuras para el trasvase del agua y canales artificiales que cambian la dirección de la corriente haciéndola desembocar en el mayor embalse artificial del país, el Missouri es actualmente uno de los ríos «en peligro» de Estados Unidos, como lo es la vida silvestre que depende de él.[21]

Hay al menos tres especies en el ecosistema de este río que se encuentran actualmente en peligro de extinción: dos de aves y una de peces. Cada uno de estos animales es fundamental para mantener el equilibrio de la delicada cadena alimenticia que sustenta el ecosistema. El Servicio de Pesca y Vida Silvestre de Estados Unidos emitió un informe en el que se recomendaba que se cambiaran los sistemas de control artificiales del río, a fin de recuperar el ascenso y descenso naturales de las temperaturas y los niveles de agua que ahora hacen peligrar la vida silvestre de la zona que depende de ellos.[22]

Hasta una clase de ciencias de primero de secundaria en la que nos encontrábamos cerca de los bosques por los que tanto me gustaba andar, no supe la triste realidad sobre lugares tan bellos como aquel. La historia nos enseña que, por las razones que fuere, no duran para siempre. Hubo tiempos en el pasado en los que ocurrió lo impensable: sobrevino algún tipo de desastre que barrió completamente de la faz de la Tierra a todos los miembros de una especie vegetal o animal, que pasaría a ser una especie *extinta*.

Algunas de esas extinciones fueron debidas a causas naturales —tales como un cambio climático o, hace sesenta y cinco millones de años, que un asteroide se estrellara contra el planeta–, pero me conmocionó descubrir que a veces son resultado de algo mucho más cercano: nuestra presencia. Nosotros, los humanos, hemos sido el desastre que ha amenazado la existencia de especies enteras, o que incluso les ha puesto fin.

Un clásico ejemplo de este fenómeno es la suerte que corrieron los dodo que en un tiempo vivieron en la isla Mauricio, en el océano Índico. La extinción de esta ave es el arquetipo de extinciones provocadas por el ser humano.

El dodo era una gran ave no voladora que pesaba entre veinte y veintidós kilos, y que los estudios modernos del ADN han emparentado con la familia de las palomas. Cuando los primeros exploradores portugueses llegaron a la isla en 1507, se dice que estas aves eran tan numerosas que resultaban imposibles de contar.

Luego, una combinación de causas de naturaleza humana, entre ellas la deforestación –que limitaba los lugares de anidamiento de los dodos–, la presencia de perros, cerdos y otros depredadores que los exploradores llevaron consigo y la caza –ya que las aves anidaban en el suelo y eran una presa fácil– hizo que la población de dodos empezara a descender rápidamente, hasta que ya no pudo mantenerse. Aunque los libros de texto dicen que la última vez que se documentó el avistamiento de un dodo fue en 1662, se han encontrado relatos de testigos oculares que afirman haberlos visto hasta 1693.

Lo triste es que, en los aproximadamente ciento cincuenta años transcurridos desde nuestro primer encuentro con estas mansas aves no voladoras, la actividad humana condujo a su extinción. Fue el primer caso documentado de la época moderna en demostrar que las poblaciones vivas no son inagotables y que somos capaces de cazar una especie hasta el punto de extinguirla.

Desgraciadamente, la misma lección ha salido a la luz en épocas más recientes con otras especies, entre ellas el búfalo americano, cuya población descendió de setenta y cinco millones en 1870 a menos de mil en el año 1900, y la ballena azul, el mamífero más grande que jamás haya habitado la Tierra, cuya población descendió de trescientos cincuenta mil ejemplares, antes de que empezara la caza comercial de ballenas, a una población de entre ocho mil y catorce mil que existe en la actualidad. Se han cazado muchas otras especies casi hasta el punto de la extinción. No obstante, como en el caso del búfalo americano y de la ballena azul, un cambio en nuestra forma de considerar a estos animales puede salvarlos de desaparecer... siempre, claro está, que el número de especies que empiecen a peligrar no sea tan alto que resulte imposible centrarse en una o dos de ellas con actos concretos de conservación. Esta es precisamente la situación en la que nos encontramos hoy día.

Pese a que mucha gente cree que todas las formas de vida de la Tierra ya se han descubierto, nada podría estar más lejos de la realidad. Cada año se identifican un número estimado de dieciocho mil nuevas especies, y encontramos algunas de ellas en lugares sorprendentes donde nunca habríamos esperado hacer tales descubrimientos. En julio de 2010, por ejemplo, los científicos hallaron once nuevas especies de insectos en un lugar que cuenta con muchos visitantes al año, el parque nacional Mercantour, en Francia.

Pero al tiempo que se descubren nuevas especies, el ritmo de extinción de la vida sobre la Tierra se va acelerando. Las estimaciones hablan de hasta veintiséis mil especies que desaparecen anualmente, algunas de ellas incluso antes de ser descubiertas. Por esta razón, el secretario general de Naciones Unidas, Ban Ki-moon, advierte que «para averiguar las causas fundamentales de esta pérdida de la biodiversidad, debemos darle una prioridad más alta en todas las áreas de toma de decisiones y en todos los sectores económicos».[23] No cabe duda de que el acelerado ritmo de extinción de tantas especies está enviándonos un mensaje urgente, a nosotros, las formas de vida que mayores cambios hemos provocado y provocamos en el planeta. La cuestión es: ¿escuchamos el mensaje?

¿SEREMOS NOSOTROS LOS SIGUIENTES?

Los biólogos evolutivos se ganan la vida investigando el pasado para ayudarnos a entender el presente e identificar las tendencias que empiezan a moldear nuestro futuro. Y casi a nivel universal, están de acuerdo en que ha habido períodos en los que han desaparecido de la Tierra inmensos sectores de vida. Atribuyen tales desapariciones a un número variable de causas, y, aunque las teorías sobre las razones tal vez difieran unas de otras, el resultado no es algo sobre lo que se necesite debatir.

Las extinciones en masa son un hecho innegable del pasado. Según los biólogos, ha habido al menos cinco en la historia del planeta, cada una de ellas separada de la anterior y de la posterior por un lapso de tiempo medido en cientos de miles de años. La primera extinción en masa, por ejemplo, ocurrió hace cuatrocientos cuarenta millones de años; la segunda, hace trescientos setenta millones; la tercera, hace doscientos cuarenta y cinco; la cuarta, hace doscientos diez, y la quinta y última hace sesenta y cinco millones de años, y supuso la desaparición de entre el 60 y el 80% de todas las formas de vida del planeta. Aunque pueda parecer que estas extinciones sucedieron hace mucho tiempo (y así es), continúan teniendo importancia actualmente, ya que *nosotros* formamos parte de la siguiente.[24]

Los biólogos nos dicen sin ambigüedades que nos encontramos en medio de una sexta gran extinción en masa —y que puedan desaparecer de la Tierra enormes cantidades de vida no es algo que a los científicos se les haya ocurrido de repente—. E. O. Wilson estima que ya se habían empezado a perder hasta treinta mil especies al año en las primeras décadas del siglo XX, pero estimaciones más recientes dan a entender que el problema tal vez sea mayor de lo que él imagina. El hecho suena obviamente inquietante y es sin duda una noticia pésima. Lo positivo es que existe un factor clave que diferencia «nuestra» extinción en masa de las anteriores. Este es nuestro rayo de esperanza.

En el verano de 2008 hice una gira de conferencias por Europa con mi querido amigo y estimado colega Bruce Lipton. Los dos habíamos publicado nuestros últimos libros en Hay House (*La biología de la creencia* y *La matriz divina*) y decidimos combinar nuestras giras de presentación por los países de habla germánica y dar charlas conjuntas sobre nuestra última obra. Durante un largo día de viaje en tren entre Zúrich y Frankfurt, Bruce y yo tuvimos la oportunidad de relajarnos, absorber la belleza del paisaje europeo, y compartir unas cuantas comidas y pensamientos sobre la vida, el amor y el destino de la Tierra..., y de hacerlo precisamente en ese orden.

Hacia el final del almuerzo, le planteé a Bruce la pregunta que había querido hacerle desde hacía años, pero nunca había encontrado el momento de poder dedicarle el tiempo que merecían la conversación o su respuesta.

—¿Cómo de grave es la situación en el contexto global de la biología y la vida en la Tierra? –le pregunté–. Entre nosotros, ¿cómo es de grave, realmente?

Su respuesta me hizo tambalearme. Bruce, un hombre al que quiero como amigo y respeto enormemente por su integridad profesional, me dio el tipo de respuesta sencilla, elegante y precisa que ha hecho que sus enseñanzas sean tan accesibles y populares. Empleando la imaginería de nuestros antepasados indígenas, describió cómo nuestro hogar, aquí en la Tierra, es esencialmente un «jardín»: un jardín inmenso, del tamaño del planeta.

—Todo lo que hay en la Tierra forma parte del jardín –me dijo–, incluidos nosotros. Y la Madre Tierra tiene una forma de tratar con todo aquello que no encaja en su jardín: ¡lo echa a patadas! –Luego se giró y me miró de frente desde el otro lado de la mesa. Con un brillo en los ojos, que nace de una vida entera dedicada al estudio y que le ha llevado a una comprensión inmensa y profunda, resumió nuestra situación en tan solo unas palabras–: O encontramos la manera de vivir en paz en el jardín de la naturaleza y de cuidar de él –continuó–, ¡o acabaremos convertidos en *mantillo* que nutra el resto del jardín!

De esa manera en la que solo Bruce sabe explicar las cosas, con su analogía del jardín acababa de describir lo que podemos esperar que sea nuestro destino a menos que algo cambie, y rápido. Pero, con gran destreza, había explicado incluso más. Me había dado la clave de lo que hace que nuestra época de extinción sea diferente de las del pasado: si bien las cinco primeras extinciones parece que fueron causadas por la naturaleza (asteroides, cambio climático, etc.), la nuestra no la ha provocado la naturaleza, sino *nosotros*. La sexta gran extinción en masa de la vida terrestre, incluida la nuestra, está inducida por el ser humano.

Según Niles Eldredge, conservador jefe de la Sala de Biodiversidad del Museo Americano de Historia Natural:

Existen pocas dudas de que los seres humanos sean la causa directa del desequilibrio del ecosistema y la destrucción de las especies en el mundo moderno mediante actividades tales como la transformación del paisaje, la sobreexplotación de las especies, la contaminación, y la introducción de especies foráneas.[25]

Eldredge no es el único en afirmar esto. La labor de la Evaluación de los Ecosistemas del Milenio ha sido estudiar el estado de los ecosistemas del mundo y su impacto en el «bienestar humano». El primero de los siete estudios planeados se publicó en 2005, y, aunque los estudios continúan y se siguen obteniendo nuevos datos, las implicaciones hasta el momento están muy claras:

> La degradación constante de quince de los veinticuatro servicios de ecosistema examinados —incluidos el agua dulce, la pesca de captura, la regulación del aire y del agua, y la regulación del clima regional, de los peligros naturales y las plagas— aumenta la probabilidad de cambios potencialmente abruptos que afectarán seriamente al bienestar humano.[26]

El informe describe específicamente los tipos de crisis que pueden esperarse si no cambia algo en las políticas que rigen el uso de la tierra y de los recursos. Entre los «cambios abruptos» pueden encontrarse la aparición de nuevas enfermedades, un empobrecimiento súbito de la calidad del agua, la creación de «zonas muertas» a lo largo de las costas, una drástica disminución de la pesca y alteraciones del clima regional. La conclusión final de la Evaluación de los Ecosistemas del Milenio puede resumirse en una sola frase muy seria. La cruda realidad es que, en efecto, *una especie (nosotros) es ahora un peligro para las otras, aproximadamente, diez millones de especies del planeta, así como para sí misma.*

IGNORAR LAS CRISIS... HASTA QUE YA NO PODAMOS

Hace poco le preguntaban a un conocido asesor financiero cuándo empezaría la siguiente crisis económica, y él formuló la respuesta exactamente de la misma manera en que yo suelo responder cada vez que me preguntan cuándo comenzarán las temidas crisis que anuncian las predicciones indígenas de «la era del nuevo mundo». Contestó haciendo, a su vez, una serie de preguntas breves pero impactantes:

¿Qué tendrá que ocurrir para que digan ustedes que estamos en crisis ahora mismo? ¿Cuánto más tendrá que subir el precio de la gasolina para que usted y sus vecinos se den cuenta de que algo va mal? ¿Cuánto tendrá que subir el precio del oro, o de la plata? ¿Cuántos bancos tendrán que quebrar? ¿Cuánto tendrá que aumentar el desempleo? ¿Cuántas ciudades tendrán que declararse en bancarrota? ¿Cuál es para ustedes el límite? ¿Cuánto tendrán que empeorar las cosas para que empiecen a ver lo que de verdad está ocurriendo?[27]

De esa forma de responder es precisamente de lo que trata esta sección de *La verdad profunda*.

Las mentes más brillantes de nuestro tiempo nos dicen que ya estamos en crisis y que, de hecho, nos encontramos ante múltiples situaciones críticas que están sucediendo todas al mismo tiempo..., es decir, ahora. ¿Cuánto es necesario que escasee el agua para que nos demos cuenta de que tenemos un problema? ¿Cuántas instituciones financieras necesitan hundirse? ¿Cuántas veces hace falta que se duplique la población mundial a la vez que disminuyen sus recursos? ¿Cuánto tenemos que aproximarnos a otra guerra global?

Supongo que mi nueva respuesta a la pregunta «¿cuándo?» sería: ¿cuánto tiene que empeorar todo para que admitamos que ya estamos en multitud de crisis y nos dirigimos hacia problemas aún más graves si no cambiamos nuestra forma de pensar?

Aunque probablemente no haya nada en la lista de crisis presentada en las secciones anteriores que tome por sorpresa a nadie que lea este libro, es muy curiosa la reacción de los seres humanos cuando oyen una mala noticia, y parece que cuanto peor sea la noticia, más pronunciada es esa reacción típica. Aparentemente, al recibir una información devastadora solemos reaccionar de dos maneras posibles: o bien la minimizamos hasta hacerla insignificante, o bien simplemente la ignoramos por completo. El fenómeno se denomina «tendencia a la normalidad», y suele ser más acentuado en aquellas personas que nunca antes se han encontrado frente a circunstancias extremas.

La gente que pasó por la experiencia de la gran depresión de 1930, por ejemplo, sabe lo que es vivir con una tasa de desempleo de casi el 25%, hacer cola por un plato de sopa y esperar durante horas para recibir un bollo de pan racionado, y entienden lo rápidamente que puede llegar lo peor. Esa gente está siempre preparada por si vuelve a ocurrir. Para los jóvenes norteamericanos de hoy, en cambio, la gran depresión no es más que un cuento de hadas tenebroso. Las viejas fotografías en blanco y negro la hacen parecer anticuada, remota e imposible; sencillamente, no pueden ni imaginarse que pudiera ocurrir de nuevo.

El modo en que respondió la gente a los rumores del holocausto humano que estaba teniendo lugar durante la Segunda Guerra Mundial ofrece un impactante ejemplo de cómo parece funcionar esa tendencia de nuestra psique. En 1944, según salían de los guetos de Hungría y Polonia furgones abarrotados de gente, a plena luz del día y a la vista de todos, los que se quedaban estaban convencidos de que aquellos trenes llevaban a los «afortunados» a nuevos asentamientos, donde, creían, los que iban a bordo tendrían mejores casas y encontrarían una forma de vida más digna. A pesar de las murmuraciones sobre los campos de exterminio, nadie daba crédito a los rumores. Nadie quería creerlos, y por lo tanto no lo hacían; los ignoraban.

En 2009, Kitty Williams, superviviente de los campos de exterminio nazis, contó su historia al público y a la prensa por primera vez desde que fue liberada al terminar la guerra.[28] Irónicamente, antes de encontrarse en uno de aquellos vagones con destino a Auschwitz-Birkenau, ella y su familia, al igual que muchos otros, habían oído hablar de lo que estaba ocurriendo, pero no pudieron aceptar que fuera verdad. La superviviente contó:

> Me acuerdo de que había polacos, y probablemente checoslovacos, que llamaban a nuestra puerta diciendo que estaban intentando escapar, tratando de llegar a Israel, a través de Hungría, y nosotros por supuesto siempre los invitábamos a compartir nuestra mesa y les dábamos algunas provisiones. Cuando nos hablaban de las atrocidades, no creo que de verdad los creyéramos. La mente humana no es capaz de imaginar que pueda suceder algo así. Piensa que es una exageración, que no puede ser verdad, que simplemente no es posible.[29]

En un momento dado, Kitty, su familia y otros que se habían negado a dar crédito a los rumores durante tanto tiempo fueron víctimas de los horrores que habían oído contar. Aunque ella sobrevivió y pudo contar su historia, muchos de sus amigos y parientes se encontraban entre los casi seis millones de personas que no lo consiguieron. Lo que quiero subrayar es que se los avisó, pero o bien no aceptaban o bien no podían creer los hechos que tenían delante de los ojos a diario.

❖❖❖ ❖❖❖

Del mismo modo, no es un secreto que nuestro mundo tiene problemas muy serios. A mucha gente, los problemas le parecen demasiado grandes, y las soluciones demasiado improbables, como para emprender cualquier clase de acción. Cuando nos sentimos abrumados, suele ser más fácil solucionarlo ignorando la crisis. Un perfecto ejemplo de esto, aunque de ningún modo comparable a la magnitud de sufrimiento del Holocausto, es lo que le sucedía al sistema económico mundial en 2007.

Incluso a pesar de las advertencias de los analistas y de las alarmas que hacían sonar con estruendo los expertos, nadie quería creer lo que les estaba ocurriendo a los sistemas financieros del mundo, y hacia dónde estaba encaminada la economía. *Es demasiado grande para hundirse*, se pensaba; *los gobiernos jamás permitirían un colapso*. Y precisamente en esta clase de pensamiento se basaba la manera en que se concedían los créditos y en que se desembolsaba y se gastaba el dinero en Estados Unidos en aquel tiempo.

En julio de 2008, estuve hablando con el asesor financiero encargado de salvaguardar los ahorros de una familia amiga mía. La familia me había preguntado si podía ayudarles a invertir los activos en un lugar más seguro. Por teléfono, le pregunté al asesor cuál era la mejor forma de poner a buen recaudo una parte de los ahorros, fuera de los mercados de valores y los fondos mutuos en los que estaban invertidos. La conversación no siguió el curso que yo había imaginado. Nada más mencionar la seguridad financiera, la voz del otro lado del teléfono se tornó indignada e incluso despectiva.

—Soy asesor financiero profesional —dijo—; así es como me gano la vida. —Supe en ese momento que la conversación no iba por buen camino—. ¿Qué puede haber más seguro que esos fondos mutuos de inversión y las acciones de alto rendimiento? –preguntó–. Llevan funcionando toda la vida. A largo plazo, con ellos no se puede perder.

—Escucho lo que dice –contesté–, y en el pasado habría estado de acuerdo, pero esas acciones solo son seguras en la medida en que lo sea el mercado; y el mercado empieza a tener problemas. Los indicadores tradicionales no significan lo que solían significar; todo está «por las nubes». Los activos materiales, como el oro, la plata y el petróleo, no deberían subir si suben las acciones. No hay ninguna razón para que el mercado de valores esté tan alto, para que haya subido en tantos sectores y se haya quedado así durante tanto tiempo. Algo tiene que acabar cediendo, y, cuando lo haga, Mary [no es su verdadero nombre] va a perder todo aquello por lo que, antes de morir, su marido trabajó durante todo su matrimonio.

No podía creer las palabras que oí a continuación:

—El mercado no puede fallar –me contestó el asesor–. Es demasiado grande y demasiado fuerte. Lo único que pasa es que hay un impulso desmedido.

Antes de dos meses, el mercado sufrió un desplome, y al caer, se *estrelló*.

Vi en la televisión, conmocionado, cómo las cifras iban bajando sin parar a lo largo del día. La pantalla de LED que mostraba el índice bursátil Dow Jones era un continuo borrón de signos rojos que se transformaban, cada fracción de segundo, en números cada vez más bajos, a medida que los valores caían en picado.

Era el 29 de septiembre de 2008 y lo impensable acababa de ocurrir. Al contrario de lo que el asesor me había dicho por teléfono hacía tan solo dos meses, grandes instituciones –como Freddie Mac, Fannie Mae, Lehman Brothers, Goldman Sachs y Bear Stearns– que tradicionalmente se había pensado que eran demasiado grandes como para zozobrar acababan de hacerlo.

Para el final del día, la bolsa había bajado 777,68 puntos, batiendo el récord de mayores pérdidas de la historia ocurridas en un solo día. Lo terrible es que los 1,2 billones de dólares de pérdida en el mercado de valores se tradujeron en inmensas pérdidas personales para prácticamente todos los inversores, y fue el comienzo de un cambio que ha afectado económicamente a casi todas las personas del mundo desde entonces.

Llamé a Mary desde el aeropuerto al día siguiente, y las noticias no eran buenas. Tristemente, en menos de cuarenta y ocho horas, había perdido la mitad de los ahorros que ella y su marido habían reunido y protegido durante sus más de cuarenta años de matrimonio; y lo que era aún más desalentador es que ya no podía seguir teniendo contratadas a las cuidadoras que necesitaba que la ayudaran en su vida cotidiana.

Aunque me quedé atónito viendo cómo cantidades ingentes de riquezas se escapaban de la economía norteamericana a lo largo del día, no estaba sorprendido. Y tampoco lo estaban quienes conocían la política económica que regía asuntos tales como el interés nacional, la deuda nacional y los créditos para la vivienda. Había estado en vigor durante años, y empezaron a reconocerse inequívocas señales del colapso al menos quince meses antes de que se produjera finalmente. El 14 de junio de 2007, Richard C. Cook publicó un artículo junto con el Centro de Investigaciones de la Globalización. La primera frase del informe cuenta la historia entera: «Ya es oficial: la quiebra de la economía de Estados Unidos ha comenzado».[30]

El artículo de Cook citaba el trabajo de dos destacados economistas que habían sabido ver más allá de las señales externas de un mercado de valores floreciente. Steven Pearlstein, columnista de *The Washington Post* y ganador del Premio Pulitzer, y Robert Samuelson, columnista colaborador de *Newsweek* y *The Washington Post*, habían visto la misma burbuja formándose en la economía, y la habían visto al mismo tiempo. Lo que disparó en ellos la señal de alarma fue darse cuenta del número cada vez mayor de industrias que arrastraban deudas inmensas en comparación con las ganancias. «El precio de las acciones y la valoración de las empresas caerá —decía Pearlstein—. Los bancos anunciarán trágicas quiebras, y algunos fondos de inversión cerrarán las puertas. Habrá empresas que se verán forzadas a declararse en bancarrota o a reestructurarse.»[31]

El mensaje de Pearlstein, Samuelson y otros estaba claro: 2007 fue el año en el que convergieron las condiciones idóneas para una perfecta tormenta económica global, y cuando la tormenta se desató, la economía de Estados Unidos se encontraba justamente en su camino. Por supuesto, aunque predijeron lo que sucedería, probablemente ni siquiera ellos sabían lo terrible que llegaría a ser la situación, ni cuánto duraría la crisis.

Si he contado esta historia es para demostrar que las crisis suelen infravalorarse o ignorarse hasta que se encuentran demasiado cerca y ya es tarde para hacer algo al respecto. En este caso, se hallaba tan cerca que estaba en los bolsillos de todo el mundo. De repente, la gente hacía las preguntas obvias: ¿qué ha sucedido y por qué? ¿Cómo ha podido ocurrir tan rápido? Y esto es lo más importante que debemos entender en esta parte del libro.

El colapso económico global no se produjo igual de «rápido» que si se hubiera tratado de un suceso independiente; no se puede aislar del panorama general de múltiples puntos de inflexión ante los que se halla nuestra comunidad global. Y del mismo modo que tanto los líderes políticos como el público ignoraron el cambio climático hasta que los casquetes polares empezaron a derretirse, y a desaparecer islas por la subida del nivel del mar, el colapso de la economía envió una señal a aquellos que estaban dispuestos a dar un paso atrás y contemplar el panorama general, señal que formaba parte de lo que podría denominarse «código de la Tierra» y que nos muestra cómo los sistemas que no son sostenibles no pueden continuar existiendo.

Como expuse en mi libro *El tiempo fractal*, los sistemas económicos siguen los mismos ritmos que crean patrones en la naturaleza y ciclos en el clima. Y dado que es posible calcular los patrones y predecir sus condiciones de retorno, no debería sorprendernos que las condiciones globales del colapso económico vuelvan a converger en el mismo marco temporal que tantos otros sistemas no sostenibles, como el crecimiento demográfico, el agotamiento de los recursos y los ciclos bélicos.

UN MUNDO DE SISTEMAS EN QUIEBRA

Los seres humanos aprendemos de maneras distintas. Hay quienes aprenden tras horas de repetición y hay a quienes con echar una mirada rápida a una página son capaces de leer y recordar la información. La forma en que «escuchamos» una información concreta, y lo que después hacemos con lo que hemos escuchado, tiene mucho que ver con cómo aprendemos. Y precisamente porque aprendemos de manera distinta, es una ventaja que haya tanta gente diferente haciendo el mismo llamamiento a un cambio global de modos tan diversos.

Lo que carece de sentido para una persona puede ser lo que haga despertar a otra, y viceversa. Y aunque quienes hacen ese llamamiento quizá empleen palabras diferentes para describir lo que está sucediendo —desde la perspectiva técnica de *Scientific American* y el Worldwatch Institute hasta el lenguaje coloquial de *Una verdad incómoda* de Al Gore—, el mensaje de que nuestra frágil forma de vida está en peligro se oye por todo el mundo.

Una de las voces más influyentes que se esfuerzan por informar y movilizar a las masas a fin de que se produzca un cambio consciente de nuestra manera de vivir es el ecologista y escritor Lester Brown, ex presidente del Worldwatch Institute. «Estamos en una carrera entre puntos de inflexión, de la naturaleza y de nuestros sistemas políticos», dice Brown.[32]

En un intento magistral de atajar el sufrimiento de lo que hoy se reconoce que es una civilización próxima al colapso, publicó un libro claro y directo, *Movilizarse para salvar la civilización, Plan B 4.0*,[33] en el que describe el alarmante estado del mundo en el momento de escribirlo y cómo puede empeorar mucho más aún. Desde entonces, muchas de sus advertencias se han hecho realidad.

Explica cómo momentos críticos de la naturaleza —cuando la población de una especie disminuye, por ejemplo— marcan un punto sin retorno para el sistema en cuestión, y describe luego el estado de una serie de sistemas diferentes, aunque relacionados, que existen en la Tierra y dónde nos encontramos exactamente con respecto al punto sin retorno en cada uno de los casos.

Se trata de una evaluación rigurosa pero necesaria que nos ofrece la esperanza de un plan de acción, además de subrayar los problemas. Sin duda, *Plan B 4.0* está revolucionando nuestra forma de pensar sobre nuestro mundo, y, para muchas organizaciones, agencias e individuos, el libro de Brown se ha convertido en una biblia para identificar soluciones potenciales.

Tanto la publicación de *Plan B 4.0* como la campaña del Worldwatch Institute han puesto en marcha un movimiento patente para alertar al público de las condiciones que amenazan a nuestra vida y a nuestra civilización tal como las conocemos. Y la campaña va cobrando impulso. Aunque es posible que los distintos estudios, informes, libros e institutos no coincidan en los detalles de las crisis y en cómo resolverlas, hay motivos de preocupación que todos ellos han identificado, cada uno a su manera, y que en general pueden agruparse dentro de las siguientes categorías:

> *Primer punto crítico:* una población mundial insostenible.
> *Segundo punto crítico:* el cambio climático.
> *Tercer punto crítico:* la escasez creciente de alimentos y agua potable.
> *Cuarto punto crítico:* el abismo cada vez mayor que existe entre la pobreza y la riqueza, la salud y la enfermedad, el analfabetismo y la educación.
> *Quinto punto crítico:* la creciente amenaza de guerra y la renovada amenaza de una guerra nuclear.

Los factores decisivos que hacen que nuestro momento histórico sea tan diferente de cualquier época anterior son el simple número, la magnitud y la sincronización de los problemas a los que nos enfrentamos hoy día. Todos los puntos críticos mencionados en estas líneas entrañan el potencial de generar un tremendo sufrimiento a la humanidad y de poner punto final al mundo que hasta ahora hemos conocido, si ignoramos el problema y no hacemos nada. Y, como es evidente, todos ellos están ocurriendo ya. Cada uno de los aspectos que se han identificado en esa breve relación ha alcanzado ya las proporciones críticas que predecían ecologistas, científicos y economistas hace casi cuarenta años.

Luego esto nos lleva de vuelta a la importante pregunta formulada en la sección anterior: ¿qué tendrá que ocurrir para que nos demos cuenta de que la situación es ya verdaderamente alarmante..., de que en este preciso instante estamos ya en crisis? Saber que en este momento tenemos ya encima las crisis es la respuesta que no necesita otra explicación. A lo largo de lo que queda de libro, examinaremos con mayor detalle algunos de los puntos críticos principales, que parecen ser asimismo el detonante de otros.

Vamos a empezar por el *primer punto crítico:* el simple número de personas que habitamos este mundo. Este factor por sí solo no hace sino agravar la magnitud del *tercer punto crítico* —la creciente escasez de alimentos y agua— y del *cuarto* —el abismo cada vez mayor que existe entre la pobreza y la riqueza, la salud y la enfermedad, el analfabetismo y la educación.

Aunque cada uno de estos puntos críticos proviene de un sistema que ya ha quebrado, el estrés que el cambio climático —el *segundo punto crítico*— ha ocasionado en el mundo ha hecho que nuestras formas de vida insostenibles hayan alcanzado el punto límite en los últimos años. Y este mismo estrés ha contribuido al *quinto punto crítico*, la creciente amenaza de guerra y la renovada amenaza de una guerra nuclear. (Pospondré la exploración de este punto crítico hasta el capítulo 6: «La guerra ya no sirve».) A medida que examinamos las crisis, existen descubrimientos recientes que van a ayudarnos a discernir las presunciones falsas de los hechos.

¡GENTE, GENTE Y MÁS GENTE!

Se consiguieron muchas «primicias» en el siglo XX, algunas positivas, otras no tanto, y otras sencillamente alucinantes. Desde el año 1900, el mundo ha sigo testigo del primer avión y la televisión, de los primeros ordenadores y los primeros pasos del ser humano por la luna..., además de la invención de los microchips, o el descubrimiento del ADN y la división del átomo. Y el mundo ha sido testigo también de una explosión demográfica nunca vista.

Desde el final de la última glaciación hasta alrededor del año 1650, se estima que la población total del planeta se mantuvo estable, sin alcanzar en ningún momento los quinientos millones de personas. Poniendo esto en perspectiva, significa que, durante aproximadamente nueve mil años, el número de habitantes de la Tierra que se sustentaban de sus recursos era más o menos la mitad que los que posee la India actual.

Después de 1650, el número cambió. El gráfico de la figura 3.4 nos ofrece una imagen del crecimiento demográfico vertiginoso que ha tenido lugar en tan solo trescientos cincuenta años y del ritmo al que se ha duplicado.

Entre 1650 y 1804, la población de la Tierra, que se había mantenido por debajo de los quinientos millones durante tanto tiempo, saltó de repente a los mil millones. Luego, tan solo hubieron de pasar ciento veintitrés años para que alcanzara los dos mil millones. Y después de eso ya no hubo vuelta atrás. Al ir creciendo los habitantes hasta los tres mil, cuatro mil, cinco mil y seis mil millones, el número de años que habían de pasar para que se añadieran al mundo cada uno de esos mil millones adicionales fue descendiendo, y si antes fueron necesarios unos cientos de años, ahora bastaban treinta y tres, catorce, trece y doce respectivamente. No obstante, aunque nuestra familia global batió nuevamente el récord en el año 2010 –al alcanzar los casi siete mil millones, que siguen aumentando–, la tasa de crecimiento parece haber descendido, de los ochenta y ocho millones de habitantes por año en 1989, a los actuales setenta y cinco millones.[34]

La tasa de crecimiento demográfico de las últimas décadas y la dirección en la que parece avanzar dicho crecimiento han hecho sonar la señal de alarma en los gobiernos, universidades y organismos cuya labor consiste en obtener este tipo de información. Los datos que acabo de presentar son prueba inequívoca de una tendencia insostenible: a que la población mundial se duplique en un plazo que obedece a un

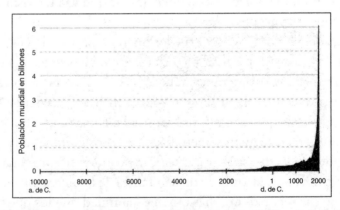

Figura 3.4. Estimación de la población mundial total desde el año 10000 a. de C. hasta el año 2.000 d. de C. La pronunciada pendiente que vemos al acercarnos al año 2000 empezó en 1804, cuando la población global alcanzó los mil millones. El vertiginoso crecimiento demográfico ocurrido desde entonces no tiene precedentes en la historia del mundo y es la causa primordial de muchas de las crisis que sufrimos actualmente: la consunción de las fuentes de alimento, la disminución del suministro de agua potable y la dificultad cada vez mayor de hallar terrenos productivos que nos permitan alimentar a nuestra familia global (el T., de dominio público).

ritmo de ciclos predecible. Y aunque la actual tendencia hace pensar que nuestra familia global habrá vuelto a duplicarse –pasando de los cuatro mil millones (de 1974) a los ocho mil millones– para 2025, los expertos creen que, *si llegara a ocurrir*, sería la última vez que la población mundial se duplicaría hasta ya entrado el siglo XXII.

No es muy probable que pueda producirse otra duplicación en este siglo, en gran parte debido al simple número de personas que posiblemente se verán afectadas por cualquiera de las crisis a las que nos enfrentaremos durante ese tiempo. Es difícil saber si una pandemia, la escasez de alimentos y de agua o las muertes provocadas por la guerra impedirán esa duplicación. Lo que *sí* sabemos es que cada una de esas crisis potenciales representa una amenaza muy real, una amenaza que, de hacerse realidad, afectaría rápidamente a un inmenso número de personas; y a pesar de que sería raro que se produjera un descenso drástico de la población mundial, es algo que ya ha ocurrido en el pasado.

La epidemia del siglo XIV es un claro recordatorio de que pueden suceder cosas así. Entre 1348 y 1351, la Peste Negra se extendió por casi toda Europa; y aunque, debido a lo poco sistemático del registro de datos en aquella época, es difícil determinar la cantidad exacta de víctimas, se estima que el número de personas que murieron a causa de la peste oscila entre los setenta y cinco y los doscientos millones.

Si bien es cierto que actualmente disponemos de antibióticos que hacen bastante improbable una tasa de mortalidad semejante, también lo es que estos solo son apropiados para tratar infecciones bacterianas. El aumento de nuevas infecciones virales que todavía no tienen cura, combinado con los modernos viajes aéreos, que permiten que, en cuestión de unas horas, la gente se traslade de zonas de alto índice de contagio a ciudades de gran densidad de población, hace de esta amenaza un motivo de preocupación muy real.

Por razones de esta índole, la posibilidad de pronosticar actualmente las tendencias demográficas es una herramienta muy útil para hacer frente a un mundo cambiante y predecir qué necesidades tendrá el creciente número de habitantes a efectos de la tierra que los sustenta. La CIA se refirió a la vital importancia de tal información afirmando:

El índice de crecimiento [demográfico] es un factor clave a fin de determinar el volumen de exigencias que un país deberá satisfacer para atender a las necesidades cambiantes de quienes viven en él, a nivel de infraestructura (escuelas, hospitales, vivienda, carreteras), de recursos (alimentos, agua, electricidad) y de empleos. El rápido crecimiento demográfico de un país puede resultar amenazador para los países colindantes.[35]

Como expone en *Scientific American* Joel E. Cohen, biomatemático y jefe del Laboratorio de Poblaciones de la Universidad Rockefeller, «la tasa más elevada de crecimiento demográfico que se haya alcanzado jamás, alrededor del 2,1% anual, tuvo lugar entre 1965 y 1970. La población humana nunca había crecido a tal velocidad antes del siglo XX, y no es probable que vuelva a hacerlo nunca más».[36]

La buena noticia, por tanto, es que la explosión demográfica alcanzó, al parecer, su punto álgido hace cuarenta años. La mala, que quienes nacieron durante dicho momento álgido siguen vivos y necesitan encontrar alimento, agua, un techo y un empleo que les permitan sustentarse mientras vivan..., y la esperanza media de vida del planeta es hoy día de sesenta y siete años. Aquí es donde la política, la tecnología, la forma de vida y las costumbres ancestrales convergen y crean el caldo de cultivo de las crisis que afectan actualmente a nuestro mundo.

UNESCO: Evaluación de los Ecosistemas del Milenio

Para encontrar soluciones a cualquiera de las crisis que se acercan a su punto límite, primero hemos de identificarlas con claridad y concisión. De este modo, problemas que parecen demasiado grandes como para que haya posibilidad de superarlos pueden descomponerse en partes más pequeñas susceptibles de ser gestionadas de una en una.

He elegido, por su claridad, *La Evaluación de los Ecosistemas del Milenio*, realizada por mil trescientos científicos de noventa y cinco países, como síntesis que permite agrupar algunos de los factores críticos más relevantes. Sus hallazgos ponen de manifiesto el impacto que ha tenido la actividad humana sobre los principales ecosistemas de los que dependemos, y detallan cómo ha empezado a afectar a la vida humana la desaparición de los recursos. Y es precisamente la competición por la pérdida de dichos recursos lo que agrava las tensiones internacionales ya existentes e intensifica el riesgo de guerra.

He aquí la esencia de los cuatro hallazgos fundamentales presentados en el informe de la UNESCO en palabras textuales:

1. En los últimos cincuenta años, los seres humanos han transformado los ecosistemas más rápida y extensamente que en ningún otro período de tiempo comparable de la historia humana, en gran parte para resolver rápidamente las demandas crecientes de alimento, agua potable, madera, fibra y combustible. Esto ha generado una pérdida considerable y en gran medida irreversible de la diversidad de la vida sobre la Tierra. [...] Se ha convertido más superficie en tierra laborable desde 1945 que en los siglos XVIII y XIX juntos. [...] Del total de los fertilizantes que contienen nitrógeno sintético (fabricado por primera vez en 1913) utilizado hasta ahora en el mundo, más de la mitad se ha usado desde 1985. [...] Entre el 10 y el 30% de las especies de mamíferos, aves y anfibios están actualmente amenazadas de extinción.

2. Los cambios realizados en los ecosistemas han contribuido a la obtención de considerables beneficios netos en el bienestar humano y el desarrollo económico, pero estos beneficios se han obtenido con crecientes costos consistentes en la degradación de muchos servicios de los ecosistemas [...]. En los últimos cincuenta años [...] solo cuatro han mejorado, y tres de ellos están relacionados con la producción alimentaria: los cultivos, la ganadería y la acuicultura [...], y el papel de los ecosistemas en la regulación del clima mundial mediante la captura de carbono también ha aumentado. [...] La utilización de dos servicios de ecosistemas —la pesca de captura y el agua potable— está en la actualidad muy por encima de los niveles en los que puede ser sostenible con respecto a la demanda actual, y mucho menos con respecto a las demandas futuras. [...] Estos problemas, si no se los aborda, harán disminuir considerablemente los beneficios que las generaciones venideras obtengan de los ecosistemas.

3. La degradación de los servicios de los ecosistemas podría empeorar considerablemente durante la primera mitad del presente siglo y

ser un obstáculo para la consecución de los Objetivos del Milenio. Los cuatro escenarios de la Evaluación pronostican un progreso en la eliminación del hambre, pero a ritmos mucho más lentos que los que se necesitan para [...] reducir a la mitad, entre 1990 y 2015, la proporción de personas que sufren hambre. [...] Los cambios en los ecosistemas tienen una influencia sobre la abundancia de agentes patógenos para el ser humano, como la malaria y el cólera, y también sobre el riesgo de que aparezcan nuevas enfermedades. La malaria es responsable del 11% de las muertes en África, y se calcula que en el año 2000 el producto interior bruto de la región podría haber sido cien mil millones de dólares más elevado (es decir, un 25% mayor) si se hubiera erradicado la malaria hace treinta y cinco años.

4. El desafío de revertir la degradación de los ecosistemas y al mismo tiempo satisfacer las mayores demandas de sus servicios puede ser parcialmente resuelto en algunos de los escenarios considerados por la Evaluación, pero ello requiere que se introduzcan cambios significativos en las políticas, instituciones y prácticas, cambios que actualmente no están en marcha. Existen muchas opciones para conservar o fortalecer servicios específicos de los ecosistemas de forma que se reduzcan las elecciones negativas que nos veamos obligados a hacer o que se ofrezcan sinergias positivas con otros servicios de los ecosistemas. La preservación de los bosques, por ejemplo, no solo conserva la vida silvestre, sino que proporciona agua y reduce las emisiones de carbono.[37]

Tras sumar todos los datos de la investigación, los conocimientos especializados y las recomendaciones que la Evaluación del Milenio ha creado en este documento, su consejo de administración concluye: «Está al alcance de las sociedades humanas aliviar la presión a la que estamos sometiendo los servicios naturales del planeta, mientras continuamos haciendo uso de ellos a fin de lograr un nivel de vida mejor para todos». Y dice a continuación: «Para lograrlo, sin embargo, serán necesarios un cambio radical de la forma en que tratamos a la naturaleza en cada nivel de toma de decisiones y nuevas formas de cooperación entre los gobiernos, las empresas y la sociedad civil. Las señales de aviso están a la vista de todos; el futuro se halla ahora en nuestras manos».[38]

Es evidente que, en cuanto a forma de vida, nos encontramos como especie en una curva de aprendizaje, y titubeamos cuando estamos a punto de hacer elecciones que tendrán consecuencias espantosas. Como veíamos al hablar sobre la Cumbre Climática celebrada en Copenhague, las elecciones del pasado han estado basadas en una manera de concebir el mundo que está, como mínimo, incompleta, y en algunos casos, absolutamente equivocada.

Esta es una de las ocasiones en que el sentido común debe desempeñar un papel decisivo en el esquema global.

HAGÁMOSLO BIEN

El sentido común nos dice que es ilógico intentar resolver las grandes crisis de la historia humana sin tener antes una comprensión completa del problema. Descubrimos día tras día que muchos de los medios empleados en el pasado ya no sirven; resultan ineficaces dadas las dimensiones de las dificultades a las que nos enfrentamos. Y, entre tanto, los problemas no hacen sino empeorar. Nuestro futuro y nuestra vida misma están en juego.

Teniendo en cuenta simplemente el número y la magnitud de esas crisis, las potenciales consecuencias de tomar una decisión equivocada nunca han sido tan graves; a la vez, las oportunidades nunca han estado tan claras. Las crisis nos obligan a repensar las viejas ideas y a poner rumbo en una dirección nueva que signifique un sí a la vida; y precisamente por esta razón, debemos examinar detenida y exhaustivamente las presunciones esenciales en las que se basa nuestra relación con nosotros mismos y con el mundo, y preguntarnos por qué creemos lo que creemos.

Así que, ¿por dónde empezamos? ¿Cómo podemos pensar en nosotros y en el lugar que ocupamos en el mundo de forma radicalmente distinta? El sitio por donde empezar es nuestro pasado remoto.

TERCERA VERDAD PROFUNDA

La clave para responder a las crisis que hacen peligrar nuestra supervivencia reside en establecer asociaciones basadas en la ayuda mutua y la cooperación para, unidos, poder adaptarnos a los cambios, y no en señalar con dedo acusador a los supuestos culpables, lo cual hace que sea muy difícil crear esas alianzas de importancia vital.

Capítulo 4

La historia oculta de un ayer olvidado: lugares que no deberían existir

Quienes no recuerdan el pasado
están condenados a repetir sus errores.

GEORGE SANTAYANA (1863-1952), filósofo

En el colegio, durante las décadas de los sesenta y los setenta, me enseñaron que la civilización empezó hace aproximadamente cinco mil quinientos años. Tradicionalmente, se pensaba que alrededor de esa época se desarrollaron las dos civilizaciones más tempranas, la sumeria y la egipcia, en la región en que se unen África y Asia. Lo demás, como suele decirse, es historia.

Hoy día, a excepción de unos pocos libros de texto vanguardistas y algunos profesores de pensamiento avanzado, en los colegios se sigue enseñando la misma historia que entonces. Al oír esta perspectiva tradicional del pasado, da la impresión de que los pueblos primitivos se hubieran formado alrededor del año 3100 a. de C. en áreas donde abundaban el agua y los alimentos, y hubieran empezado a construir allí viviendas sencillas para sus familias —estructuras que progresaron con el paso de los siglos hasta llegar a los rascacielos de acero y cristal que vemos actualmente–. Es un cuento magnífico, y tiene sentido; solo hay un problema: que no concuerda con las pruebas encontradas; y, puesto que no concuerda, no está basado en la ciencia.

Un número cada vez mayor de pruebas científicas provenientes de múltiples lugares de todo el mundo demuestran, fuera de toda duda razonable, que las «primeras civilizaciones» de la historia tradicional no son en modo alguno las primeras. Sumer y el antiguo Egipto siguieron el camino emprendido por civilizaciones más antiguas aún y, en algunos aspectos, incluso más avanzadas; civilizaciones que aparecieron, y luego desaparecieron, hace mucho más de cinco mil años. Y aunque es mucho lo que no sabemos sobre estas civilizaciones cuya antigüedad dobla el número de años que la historia tradicional asegura que deberían tener, hay algo que sí sabemos con total certeza, y es que la historia que enseñamos en nuestras aulas es solo una parte de un panorama mucho más amplio.

La existencia de civilizaciones más antiguas plantea algunas preguntas fundamentales a las que todavía no se ha dado respuesta: ¿quién las construyó? ¿De dónde vinieron? Y la pregunta que quizá sea más importante para nosotros actualmente: ¿qué les sucedió? ¿Cómo es posible que en torno a la última glaciación existieran enormes centros urbanos —colosales ciudades y recintos de carácter religioso edificados utilizando tecnologías tan avanzadas que son imposibles de reproducir hoy día— y luego desaparecieran de la faz de la Tierra?

Tal vez en la respuesta a estas preguntas resida la clave para sobrevivir a las crisis a las que en estos momentos se enfrenta nuestro mundo, y por esa razón he colocado el tema de nuestra historia antigua entre las verdades profundas.

SALVAR EL PASADO

Durante un instante, cerré los ojos y me quedé escuchando el sonido del viento al filtrarse entre las ramas que formaban una gran bóveda en lo alto. La brisa que se abrió camino hasta mí a través de la espesura del bosque y traspasó la capa de polvo y sudor que se me había adherido a la cara y a los brazos fue aquella mañana un alivio inestimable. Aunque el aire venía caliente, su movimiento era una anhelada interrupción del calor y la humedad sofocantes de un mediodía de finales de verano en el norte de Missouri.

Recuerdo haber pensado que hay momentos, como el que estaba experimentando, imbuidos de una cualidad intemporal. Sin duda, los pueblos que antiguamente habían vivido en el campamento que ahora estaba excavando habrían tenido la misma experiencia mientras cocinaban sobre el fogón que yo acababa de descubrir siglos después. Me corría el sudor por la cara, y vi que goteaba sobre el suelo al abrir los ojos e inclinarme hacia delante sobre la pequeña concavidad en la que, con la paleta, rascaba la siguiente capa de tierra.

Hacía tan solo unas semanas que había estado con la clase de antropología de la universidad en aquella misma excavación arqueológica, que poco a poco iba dejando al descubierto un poblado antiguo. Se nos había pedido que ayudáramos en la recuperación urgente de ese asombroso descubrimiento. Era asombroso porque las pruebas de datación realizadas con carbono 14 a los primeros objetos encontrados daban muestra de que había estado habitado por un pueblo indígena que se creía que había vivido en aquella región, pero solo en un período posterior. El campamento de caza que tenía bajo los pies era la primera prueba de que este colectivo, los antiguos Hopewell (100-500 d. de C.), habían migrado a las laderas que dominan el río Missouri mucho antes de lo que se pensaba.

La urgencia de la excavación se debía a que el poblado estaba situado precisamente en el camino de la que sería una autopista que cubriría toda la zona, y cuya construcción, por razones diversas —desde el frío que pronto dificultaría las obras hasta cuestiones de planificación, prioridades y calendario de operaciones—, tenía que atenerse a unas fechas previstas que, según se nos dijo, no se podían cambiar. En apenas unas semanas, las palas de las excavadoras se abrirían paso exactamente a través del montículo sobre el que estaba arrodillado, y todas las pruebas de la excavación quedarían rápidamente enterradas bajo toneladas de asfalto y cemento... o se destruirían para siempre.

De todos modos, antes de que empezaran las obras de la autopista nadie sabía que aquel antiguo campamento estuviera allí. Como ocurre tantas veces con los descubrimientos arqueológicos, no fueron los años de investigación especializada los que pusieron en conocimiento de las autoridades la existencia del recinto, sino la aguda visión de un operario de maquinaria pesada encargado de despejar la zona. Durante un instante, según el conductor levantaba de la tierra la gigantesca pala de la excavadora, le llamó la atención el destello de algo que brillaba. Tal vez todo se debió a que mirara en la dirección precisa en el momento preciso, o tal vez a que tuviera el suficiente interés como para investigar lo que había visto. Fuera como fuese, aquel día el operario detuvo su trabajo el tiempo suficiente como para seguir el rayo de sol que se reflejaba en la superficie pulida y brillante de una pieza de cerámica que llevaba siglos allí enterrada.

El descubrimiento de aquel operario era el motivo por el que se había solicitado la ayuda de mi clase. En lugar del sondeo y la documentación metódicos que normalmente habrían caracterizado a una excavación de este tipo, trabajábamos contra reloj, ya que, en cuestión de días, desaparecerían para siempre las pruebas y la historia de quienesquiera que hubieran vivido en aquel lugar hacía mucho tiempo.

Aquel día, estaba solo en el recinto arqueológico. Aunque las obras de la autopista seguían su curso, las clases habían terminado y, por razones de tiempo y dinero, la excavación oficial se consideraba finalizada. Sin embargo, yo quería rescatar tanto como me fuera posible de aquel lugar y del pueblo que había vivido en él. A medida que desenterraba pequeños trozos de hueso, cerámica, pedernal y puntas de flecha, me preguntaba de qué forma cambiaría aquel solo hallazgo nuestra forma de entender la historia de la antigua Norteamérica.

Después empecé a ampliar la perspectiva, y me planteé una pregunta de mayor alcance: si el conocimiento histórico de aquella región todavía estaba cambiando, ¿era posible que estuviera ocurriendo lo mismo a escala global? ¿Qué más les había sucedido a los pueblos y culturas de nuestro pasado remoto que nosotros actualmente hemos olvidado? ¿Hubo civilizaciones avanzadas antes de la fecha que la historia propone? Y si es así, ¿qué las hizo cambiar y cambió su mundo tan drásticamente? Habrían de pasar décadas enteras antes de que descubriera la respuesta a algunas de mis preguntas.

En tan solo unos días de escarbar en la tierra húmeda y negra de aquel bosque centenario, aquellos pedazos de hueso y cerámica cambiaron por completo la historia de lo que había sucedido bajo las desgastadas colinas del norte de Missouri mucho tiempo antes. Cambió lo que se enseñaría en clase en los institutos y universidades de todo el país. Cambió el curso de investigación de los arqueólogos e historiadores que habían fundamentado su trabajo en teorías y presunciones constituidas por un conocimiento incompleto. Todas estas cosas cambiaron. Tenían que hacerlo, a causa de los vestigios recién descubiertos.

La existencia de objetos físicos y la ciencia que los conecta con una fecha específica muy lejana les contó a los investigadores algo que no se podía ignorar. Y del mismo modo que hubo que revisar la historia regional de las culturas que se asentaron en los riscos y valles del norte de Missouri para que reflejara las nuevas pruebas halladas en aquella excavación, también la historia global de la humanidad debe cambiar ahora para dar cabida a los nuevos descubrimientos basados en la ciencia.

EL BLANCO MÓVIL DE LA HISTORIA

«La historia es la invención de los historiadores». Esta cita, atribuida a Napoleón Bonaparte (1769-1821), que se autoproclamó emperador de Francia, es un apropiado recordatorio de por qué es importante mantener abierta nuestra visión del pasado haciendo uso de las revisiones a las que exhorta el método científico, incluso cuando los nuevos descubrimientos no coincidan con el calendario histórico aceptado. De este modo, nuestra ventana al pasado conserva la honestidad, y nuestros historiadores se mantienen al día.

Hasta mediados del siglo XX, la historia de la civilización parecía en gran medida un caso cerrado. El «cuento» tradicional sobre la civilización daba a entender que esta había llegado a ser lo que era a través de una continua progresión de mejoras agrícolas, tecnológicas y culturales (véase la figura 4.1). Se trata de un relato lineal que queda bien en el marco cronológico reproducido en un libro de texto: comienzos muy sencillos que han evolucionado dando lugar al complejo mundo de hoy. Es un relato claro y ordenado, y, quizá lo más importante, creíble.

Cada vez que una excavación arqueológica confirma una pieza más del relato tradicional de nuestro pasado, se hace más fácil dar «luz

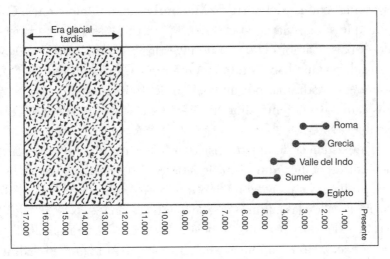

Figura 4.1. Cronología tradicional de la civilización. Este gráfico es una combinación de varias fuentes, y muestra el principio y el fin de las grandes civilizaciones comparándolas entre sí. Véase que la civilización sumeria se ha considerado tradicionalmente la más antigua, y se ha aceptado que su aparición tuvo lugar hace aproximadamente cinco mil quinientos años.

verde» a que se acepte el resto del relato. El problema, sin embargo, es que cada vez son más las pruebas que no respaldan el relato comúnmente aceptado. Así, en cuanto descubrimos aunque sea una pequeña prueba que no encaja en el marco cronológico de la historia, y esa prueba se verifica empleando la más avanzada tecnología científica de nuestro tiempo, nos vemos obligados a cambiar el calendario histórico para darle cabida. El descubrimiento de la antigua Troya por el arqueólogo *amateur* Heinrich Schliemann en 1870 es un magnífico ejemplo de cómo se hizo un ajuste de este tipo.

Schliemann llevaba muchos años fascinado por la *Ilíada* —la obra clásica de Homero sobre la legendaria guerra de Troya— y por el relato del caballo de Troya y cómo se había utilizado para lograr lo que ningún ejército había conseguido antes: la conquista de esa ciudad. De manera que se hizo a sí mismo una pregunta muy simple: ¿y si la ancestral leyenda que los griegos les contaban a sus hijos fuera algo más que un cuento de hadas? ¿Y si era verdad? ¿Y si la *Ilíada* era la descripción de un suceso real ocurrido hacía tanto tiempo que solo quedaba un relato que conservara viva su memoria?

Guiado por su intuición, Schliemann usó la *Ilíada* literalmente como mapa, y seguir todas sus pistas le condujo a hacer uno de los mayores descubrimientos arqueológicos del siglo XIX. Excavó ocho estratos de tierra, correspondientes a ocho civilizaciones anteriores enterradas bajo un pequeño montículo en Hisarlik (que en aquel tiempo formaba parte del Imperio otomano y actualmente es una región de Turquía), localizados en el lugar exacto en que la *Ilíada* cuenta que se libró la antigua batalla.

En el noveno estrato de la excavación, encontró las puertas de la antigua ciudad de Troya. Fue entonces cuando el mundo aceptó la realidad física de lo que la mayoría de la gente había creído que era pura leyenda, y se cambió la cronología de la historia mundial para incluir el descubrimiento de Schliemann.

Algo semejante ocurrió con el hallazgo de Machu Picchu, la ciudad perdida de los incas, que hizo Hiram Bingham en 1911, y que fue resultado directo de su investigación de antiguos mitos y leyendas.

Después de estos dos descubrimientos, hubo que cambiar y actualizar los libros de texto y las clases de historia, y carreras profesionales enteras que habían estado basadas en una forma de pensar y de enseñar tuvieron que reajustarse para reflejar los nuevos descubrimientos. Y hoy día, cada vez son más las pruebas que sugieren que nos encontramos en una situación muy similar, solo que a escala mucho mayor.

Los últimos descubrimientos han generado serias dudas sobre la veracidad del relato tradicional de nuestro pasado. El nuevo relato que empieza a esbozarse tiene implicaciones que hacen temblar los cimientos de lo que hemos creído y se nos ha enseñado en las escuelas durante casi trescientos años; y esas implicaciones tal vez contengan pistas que nos informen de cómo podemos sobrevivir hoy día al mismo tipo de crisis que pusieron fin a las grandes civilizaciones de épocas pasadas.

¿CIVILIZACIONES QUE EL TIEMPO HA OLVIDADO?

Aunque siempre se ha hablado de antiguas civilizaciones y artefactos que parecían demasiado fantásticos para ser verdad (y muchos de ellos probablemente lo eran), desde mediados del siglo XIX han

Figura 4.2. *Arriba:* Perú. Restos de la ciudad «perdida» de los incas, Machu Picchu, tal como aparecían en 1911 después de que los arqueólogos quemaran la tupida vegetación selvática que cubría el asentamiento (Hiram Bingham, 1911/de dominio público). *Abajo:* Machu Picchu como se ve hoy, tras reconstruir partes del complejo (© Jerry Miner/sacredspaces.org). *Página opuesta:* parte de la antigua ciudad de Troya, que se consideraba un mito hasta que el arqueólogo *amateur* Heinrich Schliemann la descubrió en 1870 (iStockphoto: © MaxFX).

aumentado los descubrimientos que corresponden a esta categoría. Los avances tecnológicos modernos –desde el sónar que permitió hallar en el fondo del mar una antigua ciudad en el golfo Índico de Khambhat hasta el radar de penetración terrestre que puso de manifiesto la existencia de restos aún sin excavar pertenecientes a los templos más antiguos del mundo– han contribuido a ofrecernos abundante información de la que es fácil deducir que la idea que tenemos de nuestro pasado está cualquier cosa menos completa.

Por supuesto, no todos los asombrosos hallazgos recientes tienen lugar en la cima de montañas remotas ni en selvas aisladas; algunos yacimientos están próximos a las ciudades más grandes del mundo, y cientos de miles de turistas los recorren, contemplándolos admirados y fotografiándolos a diario.

Veamos ahora cuatro de estos descubrimientos.

DESCUBRIMIENTO 1

¿Dónde?: meseta de Giza, Egipto.

¿Qué?: restos arqueológicos que retrasan la fecha de construcción de la Gran Esfinge egipcia a una época cercana a la última era glacial.

Implicaciones: las pruebas científicas, obtenidas utilizando una metodología válida y fiable, demuestran más allá de toda duda razonable que el cuerpo central de la Esfinge existía ya durante las precipitaciones torrenciales que siguieron a la última glaciación, lo cual confiere al monumento una antigüedad de entre siete mil y nueve mil años. Estos datos, tras una revisión por pares, han sido aceptados por representantes de las ciencias geológicas.

Son los historiadores quienes se encuentran ante el problema de tener que conciliar los nuevos datos sobre la Gran Esfinge con la cronología de la civilización tradicionalmente establecida.

Si bien siempre ha habido opiniones encontradas y acalorados debates sobre descubrimientos que no parecen encajar en el relato convencional del pasado, ha habido una tendencia a dejarlos de lado y tacharlos de «anómalos» basándose en la posibilidad de que hubiera algún error en las técnicas de datación, por ejemplo, o en que, aun siendo correctos los datos, pudiera haberse cometido un error de interpretación. La edad de la Gran Esfinge de Egipto ha sido desde la década de 1980 un buen ejemplo de tal controversia, que ha originado debates tanto en los principales medios de comunicación como en conferencias científicas.

La Gran Esfinge está situada en la meseta de Giza, en las inmediaciones de El Cairo. La creencia tradicional era que se había construido entre los años 2558 y 2532 a. de C., es decir, se le atribuía una antigüedad de cuatro mil quinientos años aproximadamente. Sin embargo, el trabajo del egiptólogo y pionero R. A. Schwaller de Lubicz y, posteriormente, del investigador independiente John Anthony West ha puesto tales fechas en entredicho.

Uno de los misterios del complejo funerario de la Esfinge, así como de la Gran Pirámide y otros monumentos de la meseta de Giza, es que, a diferencia de muchos otros templos del valle del Nilo, no hay en ellos ningún texto escrito que nos hable de su historia... o, al menos, ninguno que se haya descubierto hasta el momento.

Exceptuando cuatro letras del alfabeto griego grabadas cerca de la cámara superior de la Gran Pirámide, que se cree fueron inscritas siglos después de su construcción, los arqueólogos no han encontrado letras ni jeroglíficos tallados en la Esfinge ni en la Pirámide, ni tampoco ningún rollo de papiro introducido en ninguna tumba que nos cuente exactamente cuándo y cómo se construyeron estas colosales estructuras o quién las construyó. Dada la ausencia de pruebas directas, nos vemos obligados a considerar pruebas de otro tipo, es decir, *circunstanciales*. Y esta es la causa de la controversia.

En las décadas de 1980 y 1990, John Anthony West reexaminó el trabajo que anteriormente había realizado el experto Schwaller de Lubicz en busca de pistas que pudieran indicar la edad de la Gran Esfinge. Durante los quince años que Lubicz dedicó a explorar y documentar los monumentos egipcios a principios del siglo xx, se dio cuenta de que las explicaciones tradicionales sobre cómo y cuándo se habían construido estructuras tales como las pirámides y la Esfinge no concordaban con lo que él estaba viendo con sus propios ojos, de modo que empezó a cuestionar desde una perspectiva puramente geológica la historia aceptada hasta entonces.

Egiptólogos, geólogos e historiadores coinciden en que el cuerpo central de la Esfinge se talló in situ en el suelo rocoso de la meseta de Giza. Al extraerse la roca natural para dar forma al cuerpo mitad humano y mitad león, la estructura quedó rodeada de una depresión que todavía se ve en la actualidad.

Y fue contemplando la Esfinge desde esa depresión, cuando tanto a West como a Schwaller de Lubicz les llamó la atención las marcas de erosión que aparecían en la parte posterior y en los laterales del monumento, algunas de las cuales tenían incluso más de un metro de profundidad. Los expertos coinciden en que son debidas sin ninguna duda a la erosión: la explicación tradicional es que son resultado de la acción del viento que ha ido depositando arena sobre la estructura, y que, al cabo de los siglos, este mismo proceso talló profundos surcos sobre la superficie de la Esfinge claramente visibles hoy día (véase la figura 4.3).

Sin embargo, un examen más detallado de las marcas de erosión hizo a Schwaller de Lubicz poner en tela de juicio la idea tradicional de que su causa fuera la «arena arrastrada por el viento». La razón era que las marcas parecían más obra de la erosión del agua que de la acción del viento; y ha resultado que los científicos que lo investigaron a finales del siglo XX coincidieron en que tuvo que ser así.

En 1989, West solicitó la ayuda de Robert M. Schoch, paleontólogo y experto en estratigrafía de la Universidad de Boston, para que aportara una visión científica del misterio. Schoch viajó por primera vez a la meseta de Giza en 1990, y los descubrimientos que ha hecho durante los numerosos viajes posteriores han supuesto una valiosa contribución científica que nos ha acercado a resolver el misterio de la antigüedad de la Gran Esfinge; no obstante, también han dado pie a otras preguntas y a misterios más profundos todavía.

Descubrí que las pruebas geológicas no eran compatibles con lo que decían los egiptólogos —explica el paleontólogo—. Llegué a la conclusión de que las partes más antiguas de la Gran Esfinge, lo que denomino cuerpo central, debe de datar de un período anterior (al menos del año 5000 a. de C., y es posible que incluso del 7000 o 9000 a. de C.), una época en la que el clima era muy diferente, con muchas más precipitaciones.[1]

En los años que siguieron al primer viaje de Schoch, su investigación de las estructuras naturales y la geología del área circundante ha llevado a nuevos descubrimientos que pueden sumarse a las investigaciones cada vez más numerosas sobre el origen y antigüedad de la Esfinge. El primero es que, definitivamente, las profundas marcas de erosión que presenta el cuerpo no son resultado de la arena arrastrada por el viento, sino «señales inequívocas de la acción natural del agua».[2] Además, las grietas verticales en las paredes rocosas que rodean la

Figura 4.3. Las marcas de erosión que se ven en los hombros *(arriba)* y en la espalda *(abajo)* de la Gran Esfinge de Egipto son signos reveladores de la erosión fluvial –el desgaste producido por grandes cantidades de agua fluyendo a gran velocidad durante largos períodos de tiempo–. La última vez que fue posible una erosión semejante en los desiertos del norte de África fue cuando el clima cambió al terminar la última era glacial, hace entre ocho mil y doce mil años (© Gregg Braden).

estructura muestran «señales diagnósticas de haberse formado debido a las precipitaciones en forma de lluvia y la escorrentía».[3]

Para determinar hasta qué profundidad continuaban bajo tierra los patrones de erosión en las partes enterradas de la Esfinge, Schoch y su equipo utilizaron estudios sísmicos similares a los que se llevan a cabo para estimar a qué profundidad se ha de perforar un pozo para encontrar agua. Básicamente, las ondas sonoras viajan al interior de la tierra, y las superficies enterradas las reflejan de vuelta a los instrumentos de medición situados en el suelo. Los estudios realizados debajo del cuerpo de la Esfinge revelaron que los patrones de erosión que vemos sobre la superficie terrestre continúan hasta una parte de la estructura que no es visible a nivel de suelo, y tienen lo que Schoch denomina una «extraordinaria profundidad debida a la acción subterránea de los elementos.»[4]

En general, los científicos coinciden en que Egipto vivió un período de lluvias torrenciales tras finalizar la última era glacial hace aproximadamente doce mil años; y los datos científicos muestran que las lluvias duraron alrededor de cuatro mil años y terminaron hace unos ocho mil. Los datos que, con talante más bien conservador, ofrece Schoch sitúan la talla de la Esfinge en una época comprendida entre el año 5000 y el 7000 a. de C, o incluso posiblemente el 9000 a. de C. —es decir, la Esfinge tiene una antigüedad de, al menos, siete mil años, tal vez incluso nueve mil u once mil—, dentro del período en que las intensas lluvias inundaron la región del Sahara en la que está enclavado el actual Egipto.[5]

Así pues, aunque las pruebas geológicas corroboran estas conclusiones, que la comunidad geológica ha aceptado, para los historiadores representan un serio problema.

DESCUBRIMIENTO 2

¿Dónde?: Göbekli Tepe, Turquía.

¿Qué?: pruebas físicas del conjunto ceremonial de Göbekli Tepe, primera civilización documentada de la Tierra, a la que la datación científica atribuye una antigüedad de once mil quinientos años, lo cual sitúa la época de su construcción casi al final de la última era glacial.

Implicaciones: estas pruebas científicas demuestran, más allá de toda duda razonable, que la antigüedad de la civilización humana es al menos el doble de la que anteriormente se le atribuía. El arqueólogo alemán Klaus Schmidt supo que había encontrado algo extraordinario el primer día que exploró Göbekli Tepe (que en turco significa «cerro del ombligo»). En la cima del cerro más alto del lugar, se eleva un solo árbol, y las gentes de la región cuentan una leyenda en la que este árbol es una señal de carácter sagrado. Schmidt conocía la leyenda, y dice que, al llegar, pensó: «Quizá hayamos dado con algo».[6] En cuanto miró y vio la ladera del cerro cubierta de trozos de pedernal, prueba de una antigua ocupación, recuerda: «En aquel primer minuto, supe que, si no me marchaba inmediatamente, pasaría allí el resto de mi vida».[7] Se quedó, y ha seguido excavando la zona desde aquel día crucial de 1994.

Göbekli Tepe no era un yacimiento desconocido para los arqueólogos; ocurrió simplemente que el equipo americano que originariamente lo había descubierto y documentado treinta años antes, en 1964, había supuesto erróneamente que los montículos que rodean el recinto eran túmulos funerarios de fecha mucho más reciente.

La realidad es que Göbekli Tepe ha resultado ser mucho, muchísimo más antiguo de lo que nadie se hubiera atrevido a imaginar jamás. Es el hallazgo de una vida, el sueño de cualquier arqueólogo. En palabras de Patrick Symmes, el periodista que escribió sobre el descubrimiento en la revista *Newsweek* en febrero de 2010: «El emplazamiento no solo es antiguo, sino que redefine el concepto de antiguo».[8]

¿Y cuál es su antigüedad? El método científico aceptado para determinarla muestra que los templos allí excavados datan de hace ince mil quinientos cincuenta años,[9] lo cual, por hacer una simple comparación, quiere decir que se construyeron seis mil antes que los ancestrales círculos de piedra de Stonehenge en Inglaterra.

Göbekli Tepe contiene una serie de templos circulares que varían en tamaño, pero muestran una estructura similar. Todos ellos tienen en el centro dos grandes pilares en forma de T, y están rodeados por pilares más pequeños que forman el círculo (véase la figura 4.4). A pesar de que las dimensiones de este yacimiento son menores que las de Stonehenge y carece de sus característicos bloques superiores colocados a modo de dintel, al repasar las primeras imágenes de las excavaciones de Göbekli Tepe, las piedras verticales dispuestas en círculos me recordaron sin duda a los indicadores celestes y otras piezas con funciones de observatorio que ya había visto en Stonehenge.

Para la primavera de 2010, se habían excavado cuatro de los templos circulares y cincuenta pilares, aunque el radar de penetración terrestre muestra que todavía quedan enterrados entre quince y veinte círculos más. El más grande de los templos circulares tiene alrededor de 30 metros de diámetro y los pilares, una altura aproximada de 5 metros. Algo que ha hecho de este yacimiento un hallazgo tan valioso para los arqueólogos es que, al parecer, fue enterrado intencionadamente alrededor del año 8000 a. de C. El porqué es un misterio.

Esto significa que los bloques de piedra permanecen intactos —todavía en posición vertical, tal y como estaban en el momento en que se hacía uso de ellos— y en buen estado de conservación. Alrededor de la mitad de los pilares que se han desenterrado hasta el momento tienen imágenes grabadas en alto relieve; y aunque dichas imágenes parecen de tipo jeroglífico, se cree que no corresponden a una forma de lenguaje. (La historia tradicional sostiene que la escritura no apareció hasta aproximadamente seis mil años después.)

Las tallas representan animales, tales como zorros, vacas y leones, pero ningún ser humano. Sin embargo, los pilares en sí parecen estar hechos a semejanza de la forma humana, con brazos, manos y dedos, aunque sin rostro ni tan siquiera cabeza, lo cual ha hecho pensar a algunos historiadores que podrían representar deidades con cualidades humanas. El arqueólogo Glenn Schwartz, de la Universidad Johns Hopkins, observó que, así como explica la Biblia que el hombre fue creado a imagen de Dios, en Göbekli Tepe «vemos por vez primera seres humanos basados en esa idea: parecen dioses».[10]

La primera vez que oí hablar de Göbekli Tepe, mi reacción fue sospechar que se había producido un error de datación, ya fuera debido al método o a la interpretación. Se había empleado la técnica de datación del carbono (llamada carbono 14, o ^{14}C), el proceso que comúnmente se utiliza para determinar la edad de cualquier objeto, desde las momias de la antigüedad hasta la piel de los mamuts lanudos prehistóricos encontrados en las capas de hielo de Siberia.

Figura 4.4. *Arriba:* disposición de los pilares verticales que componen los círculos en el yacimiento de Göbekli Tepe (© Berthold Steinhilber/laif/Redux). *Página opuesta:* primer plano de las detalladas imágenes esculpidas en los pilares (© Berthold Steinhilber/laif/Redux).

Era escéptico en cuanto a la edad que se le atribuía, ya que, como antiguo geólogo, sé que los restos de piedras no se pueden datar. La técnica de datación del carbono funciona solo cuando se aplica a algo que vivió en algún momento del pasado y absorbió carbono del medio ambiente mientras estaba vivo.

La datación preliminar de Göbekli Tepe se basa en muestras de dos fuentes distintas. La primera son los depósitos de carbón vegetal (restos de madera milenaria) enterrados en los niveles más bajos que se hayan excavado hasta ahora en el yacimiento y anotados como pruebas «Hd», que nos dan una idea de cuánto tiempo hace que el asentamiento estuvo ocupado de hecho, y la segunda son los depósitos de carbonato encontrados sobre algunos de los pilares de piedra, anotados como pruebas «Ua», que solo pueden darnos información sobre el tiempo transcurrido después de que se abandonara el asentamiento. (Las notaciones *Hd* y *Ua* son identificadores únicos que los investigadores han asignado a sus pruebas.)

Investigué por mi cuenta este tipo de datación para asegurarme de que era fiable. En 2007, un artículo publicado en la revista científica *The Holocene* versaba precisamente sobre lo que era para mí motivo de duda. La conclusión a la que llegaba este detallado estudio era que el tipo de depósitos utilizados para fijar la edad de Göbekli Tepe podían en realidad «datarse con mayor exactitud empleando el carbono 14 de lo que generalmente se ha considerado».[11]

Una vez establecida la exactitud de este tipo de datación, los resultados de los exámenes preliminares fueron nada menos que impactantes. Las muestras «Hd» que aparecen en la figura 4.5, tomadas de los niveles superiores de las primeras capas excavadas hasta el momento, datan del 9559 a. de C., con un margen de error de cincuenta y tres años, es decir, ¡de hace once mil quinientos setenta años! Y aunque esta fecha sitúa ya de por sí a Göbekli Tepe entre los yacimientos de templos más antiguos encontrados en el mundo, podríamos descubrir que los niveles de ocupación más tempranos son mucho más antiguos, ya que las muestras utilizadas para la datación preliminar se tomaron de las *partes superiores* que las excavaciones habían dejado al descubierto. Esto significa que son las capas más recientes de los niveles de ocupación más antiguos, y, dado que la base del asentamiento está enterrada a una profundidad aún mayor, es probable que los estratos inferiores revelen fechas más antiguas todavía. Los expertos que trabajan en el yacimiento sospechan que el método de carbono 14 aplicado a las capas más profundas podría retrasar la fecha de construcción de Göbekli Tepe hasta el 11.000 a. de C. (hace trece mil años) ¡e incluso hasta una fecha anterior!

La figura 4.5 es una breve síntesis de las pruebas utilizadas para establecer las fechas. La columna «Antigüedad» muestra la edad de cada prueba después de tener en cuenta los años correspondientes a la datación anterior a Cristo, así como el margen de error que aparece en la columna «Fecha calibrada».

NÚMERO DE MUESTRA UTILIZADO POR EL LABORATORIO	FECHA CALIBRADA (AÑOS ANTERIORES A CRISTO)	ANTIGÜEDAD	DESCRIPCIÓN DE LA PARTE DEL YACIMIENTO
Ua-19561	7560-7370	9.370-9.560	Cercado C
Ua-19562	8280-7970	9.970-10.280	Cercado B
Hd-20025	9110-8620	11.110-11.370	Capa III
Hd-20036	9130-8800	11.370-11.560	Capa III

Figura 4.5. Cuatro muestras de Göbekli Tepe utilizadas para la datación con carbono 14. Las muestras «Hd», tomadas de los restos de carbono son las capas más recientes de los niveles de ocupación más antiguos. Se remontan nada menos que a hace entre 11.517 y 11.632 años.[12] Se cree que cuando las excavaciones lleguen a los niveles de ocupación más antiguos, la fecha del asentamiento podría retrasarse hasta los últimos años de la era glacial, hace más de doce mil años.

Los misterios de Göbekli Tepe no están resueltos, ni mucho menos. Quizá nunca sepamos, por ejemplo, por qué se cubrió de tierra el asentamiento entero alrededor del año 8000 a. de C., o quién lo construyó. Puede que se tarden años, o incluso décadas, en descifrar los glifos que cubren los pilares, o en entender si el asentamiento pudo haber tenido propósitos astronómicos, como se ha confirmado de algunos templos mayas y egipcios. Schmidt asegura que quedan aún decenas de años de trabajo, y es obvio que cualquiera que emprenda la tarea de intentar entender el significado de Göbekli Tepe puede descubrir que se ha comprometido a dedicar su vida entera a esta empresa.

Robert Schoch y John Anthony West exploraron personalmente el yacimiento en 2010.[13] Una de las preguntas que hicieron incesantemente quienes criticaron la datación de la Gran Esfinge, que este geólogo y este egiptólogo situaron en una época cercana a la era glacial, era: «¿Y dónde están los trozos de cerámica?», es decir, ¿dónde se encuentran las pruebas materiales tangibles del pueblo, la tecnología y la civilización que debieron de existir para crear una estructura como la Esfinge? Tras su estudio de Göbekli Tepe, West comentó: «No necesitamos un trozo de cerámica. Tenemos un gigantesco recinto ceremonial lleno de relieves esculpidos».[14]

Una cosa es cierta: existen pruebas, y los científicos están de acuerdo. Algo sucedió en Göbekli Tepe hace once mil quinientos años que nuestra perspectiva moderna del mundo no puede seguir ignorando. Y cuando contemplamos este asentamiento dentro del marco cronológico revisado de nuestro pasado, junto con otros hallazgos adicionales de todo el mundo, empieza a emerger una visión enteramente nueva de nuestra historia. Porque no termina con Göbekli Tepe.

DESCUBRIMIENTO 3

¿Dónde?: golfo de Khambhat, India.

¿Qué?: pruebas físicas de una civilización «perdida» que se remonta a hace nueve mil quinientos años encontradas bajo las aguas del océano Índico.

Implicaciones: aunque hay cierta controversia en torno a este descubrimiento, el motivo son las técnicas empleadas para la excavación del asentamiento y la recolección de pruebas. La controversia no cambia el hecho de que en las proximidades de la costa de la India se haya descubierto una ciudad antigua escondida bajo 36 metros de agua. Esto significa que la ciudad fue construida antes de que la tierra quedara sumergida, y es posible que existiera ya en la época en que subió el nivel del mar a finales de la era glacial. La presento aquí como prueba adicional de que otras civilizaciones de la era glacial tardía, tales como la de Egipto y Turquía, son algo más que anomalías aisladas.

Quizá no debería sorprendernos que tantos descubrimientos de antiguas civilizaciones parezcan provenir de las profundidades acuáticas de nuestro mundo. Son los lugares menos obvios a simple vista y los menos afectados por la civilización moderna. Una vez descubiertos, son también de los más difíciles de explorar. A pesar de todo, a lo largo del siglo XX se sucedieron las noticias de ciudades «perdidas» que acababan de encontrarse bajo lagos y océanos del mundo entero. Desde las imágenes borrosas de carreteras y muros descubiertos cerca de la costa de la isla Bimini en 1960, y de hallazgos similares cerca de las Bahamas, hasta las nítidas imágenes de vídeo de formidables estructuras piramidales descubiertas cerca de la costa de Japón en 1986, todo ello nos revela obviamente que estamos a punto de descubrir una era enteramente nueva de la historia humana que cambia todo lo que hemos creído en el pasado.

En enero de 2002, la British Broadcasting Company (BBC) informó de un descubrimiento arqueológico con el entusiasmo que generalmente acompaña a las historias de ciudades perdidas y civilizaciones olvidadas. Los titulares proclamaban: «Ciudad perdida podría reescribir la historia». Mientras leía la noticia, me recordó a una proclamación similar referida a los Rollos del mar Muerto. El periodista Tom Housden especulaba que el descubrimiento «tal vez obligaría a historiadores y arqueólogos a reconsiderar radicalmente su perspectiva de la historia antigua».[15]

Cuanto más leía, más entendía que este descubrimiento era diferente de muchos otros.

En primer lugar, su ubicación era significativa: a 36 metros de profundidad, bajo las aguas que bañan la costa oeste de la India, un lugar en el que no se habría esperado hacer semejante hallazgo. Tras haber buceado a esas profundidades cuando era estudiante de oceanografía en la universidad, sabía que, en el fondo del mar, algo puede estar plenamente a la vista y pasar, no obstante, desapercibido durante años.

Recuerdo, por ejemplo, cuando con unos amigos buscaba los restos de un antiguo naufragio frente a la costa oriental de Florida en la década de los setenta. Nos encontrábamos nadando en aguas tropicales justamente encima del montón de restos lleno de corales incrustados, y lo pasamos de largo varias veces sin siquiera darnos cuenta de que estábamos a poco más de un metro de él. Hasta que nuestro experto guía no nos lo señaló, no fuimos capaces de ver la forma del barco y dirigirnos hacia lo que quedaba de él. De modo que no me sorprendió que los barcos hubieran transitado continuamente durante siglos un sector del océano y que este guardara aún el secreto de una civilización de la que nadie sabía.

El artículo de la BBC decía que los científicos indios del Instituto Nacional de Tecnología Oceanográfica no iban en busca de un yacimiento antiguo que pudiera reescribir la historia del mundo, sino que se hallaban en la zona para examinar la calidad del agua y el impacto de la contaminación cuando sus instrumentos registraron señales inesperadas; y al investigar de dónde provenían, los mapas del sónar revelaron las formas regulares y los ángulos intencionados que son signo inequívoco de muros creados por la civilización humana. Fue entonces cuando supieron que habían encontrado una ciudad olvidada.

En segundo lugar, la información que me dio la pista de que no se trataba de un hallazgo cualquiera fue el simple tamaño del complejo submarino. No era el típico asentamiento arqueológico identificado por un solo montón de restos inesperado que midiera 20 o 30 metros de largo, como los restos del naufragio que vimos en Florida. El asentamiento del golfo de Khambhat, como se sabe actualmente, podía medirse en *kilómetros.* El artículo decía que se había conservado una franja de ruinas que se extendía sin interrupción a lo largo de tres kilómetros en una dirección y ocho en otra. En términos arqueológicos, eso es una inmensidad, y nos dice que, fuera lo que fuese lo que los científicos descubrieron en las aguas costeras de la India, es más que un antiguo campamento o un templo aislado. Parecen ser los restos de una enorme ciudad antigua.

He estudiado la arqueología e historia de la India, y, en el marco cronológico tradicional que la arqueología índica, no hay cabida para lo que el descubrimiento de esta ciudad parece revelar.

Un tropel de preguntas me vinieron a la mente de inmediato: ¿quién construyó esa ciudad? ¿Por qué desapareció?... Y la gran pregunta, a la vez que la más obvia: ¿qué antigüedad tiene? Y es aquí donde la controversia adquiere una intensidad particular.

La edad inicial del yacimiento, basada en la datación de los objetos recuperados, tales como huesos humanos, dientes, cerámica y cuentas, reverberaba por encima de la palabrería de noticias arqueológicas de otros nuevos hallazgos hechos en el mundo. Tenía *nueve mil quinientos años*, es decir, era cinco mil años anterior incluso a las fechas más tempranas asignadas a los misteriosos asentamientos de Mohenjo Daro y Harappa, que se descubrieron en el valle del Indo en la década de 1920.

Como he comentado al hablar de Göbekli Tepe y de la Gran Esfinge, las dataciones de este orden representan un enorme problema para los historiadores. Los científicos están en general de acuerdo en que la última glaciación terminó hace alrededor de doce mil años, y, como he mencionado al referirme a las marcas de erosión de la Esfinge, después de esa época las temperaturas ascendieron. Comenzó un período de lluvias torrenciales que duró aproximadamente cuatro mil años, el hielo que había cubierto buena parte del hemisferio norte se empezó a derretir y comenzó a subir el nivel del mar; y cuando esto ocurrió, muchas áreas litorales bajas quedaron sumergidas. Y dado que no es probable (aunque tampoco sea imposible) que inmensas ciudades como la que se descubrió en el golfo de Khambhat se construyeran originariamente debajo del agua, lo lógico es pensar que debieron de existir antes de que comenzaran las lluvias, es decir, tuvieron que construirse *durante* la última era glacial.

En una entrevista de la BBC en línea, el arqueólogo Justin Morris, que trabaja para el Museo Británico, explicaba por qué esto representa un problema tan serio: «Desde una perspectiva cultural –decía–, en esa parte del mundo no hubo ninguna civilización anterior al año 2500 a. de C.».[16] El marco cronológico que describía a continuación refleja el pensamiento tradicional del paradigma científico actual; exactamente, que la civilización como tal empezó hace tan solo cinco mil años, y los primeros vestigios de civilización en el área de la India y el actual Pakistán se remontan a hace cuatro mil quinientos. Sin embargo, el 2500 a. de C. es cinco mil años posterior a las fechas datadas con carbono 14 que se atribuyeron a los objetos encontrados en el yacimiento del golfo de Khambhat.

Más adelante, refiriéndose a este hallazgo, Morris comentaba que la datación con carbono 14 tiene un margen de error: «Sería necesario hacer nuevos estudios antes de poder asegurar categóricamente que el asentamiento pertenece a una civilización que existió hace nueve mil años».[17]

Morris tiene razón en ambos casos. El proceso de datación con carbono 14 ciertamente ha dado lugar a controversias en el pasado, y sin duda hay condiciones que pueden distorsionar la exactitud de los resultados. Precisamente por esta razón las fechas obtenidas por este proceso suelen darse con un margen de error.

Los estudios que se mencionan en los informes iniciales, por lo que yo he visto, no incluyen ese margen, luego en el momento de escribir esto no puedo concretar con exactitud a cuánto tiempo nos estaríamos refiriendo; sin embargo, indudablemente es un factor de decenas o cientos de años, como veíamos anteriormente en las dataciones de Göbekli Tepe, no de *miles* de años, un período de tiempo equivalente al que abarca la civilización entera tal como se ha creído hasta el momento. Y por eso el segundo comentario de Morris es tan importante.

Si bien es cierto que los métodos de datación con carbono 14 cuentan con la aceptación de la comunidad científica y son de uso común, tanto los científicos como los historiadores han puesto en tela de juicio las técnicas empleadas para sacar a la superficie los primeros objetos del golfo de Khambhat para su datación. De forma muy poco convencional, los objetos se extrajeron del asentamiento con máquinas, en lugar de mediante una laboriosa excavación utilizando cuadrículas precisas que se exploran sistemáticamente. Esto, por supuesto, hace que sea muy difícil determinar con exactitud de qué lugar del yacimiento procedían los objetos, y si los huesos y dientes, por ejemplo, son de la misma época y lugar que los pedazos de madera.

Indudablemente, la profundidad a la que se halla el yacimiento y la escasa visibilidad que hay a esa profundidad explican en parte por qué inicialmente se extrajeron los restos del modo en que se hizo. En respuesta a sus críticos, los investigadores han afirmado que esta fase de la recogida de pruebas tenía la intención de ser una simple «toma de contacto» para, en primer lugar, determinar que el asentamiento existía realmente y, en segundo lugar, dar a los científicos una idea de lo que podrían tener ante ellos.

Basándome en los hallazgos preliminares, no tengo duda de que en el golfo de Khambhat se llevará a cabo una excavación arqueológica en regla —completa, haciendo uso de todos los medios fiables tradicionalmente empleados en la arqueología submarina— en un futuro no muy lejano. Ahora bien, mientras eso no suceda, no podemos asegurar con certeza científica si los objetos que ya se han datado se crearon realmente en la misma época que las estructuras en sí o si fueron las corrientes marinas las que los transportaron y depositaron en el yacimiento. Hasta que la siguiente fase de la excavación responda a algunas de estas preguntas que han quedado en el aire, tenemos que entender este yacimiento por lo que es: una prueba más de una civilización cercana a la era glacial que quedó olvidada en cierto momento de la historia y que en la actualidad está sumergida a 36 metros de profundidad, una ciudad cuyos secretos tal vez nos ayuden a comprender mejor nuestro pasado remoto.

Si de verdad se confirmara lo que las pruebas iniciales dan a entender, y eso apoyara las restantes pruebas de que existieron civilizaciones avanzadas durante la última era glacial, tendríamos que reconsiderar nuestras actuales convicciones sobre la historia. En una entrevista de la BBC sobre las implicaciones de este yacimiento, el investigador independiente y experto en la materia Graham Hancock dio una explicación muy clara del problema: «Significa que el modelo entero de los orígenes de la civilización con el que hasta ahora han trabajado los arqueólogos tendrá que volverse a hacer desde cero».[18]

DESCUBRIMIENTO 4

¿Dónde?: Caral, Perú.

¿Qué?: restos arqueológicos de una civilización «perdida» en el norte de Perú, cuya datación científica les atribuye una antigüedad de entre cinco mil y seis mil novecientos años.

Implicaciones: el descubrimiento de una civilización avanzada cuyo derrumbe tuvo lugar en la época en que tradicionalmente se habían situado los comienzos de la civilización está obligando a los historiadores a reescribir la historia de América. Los restos arqueológicos de Caral la convierten en la más antigua civilización conocida que haya existido en cualquiera de las dos Américas.

❖❖❖ ❖❖❖

Lo primero que noté al ir aproximándome a las afiladas peñas de la cumbre fue la falta de color. Hasta donde me alcanzaba la vista, no había en el valle ancestral que se extendía ante mí ni un solo árbol, ni un campo de maíz, ni ninguna de las imponentes formaciones rocosas que estábamos acostumbrados a encontrar en otros sitios de Perú. Desde los cielos grises, que parecían suspendidos y a punto de rozar las montañas que nos rodeaban, hasta los tonos apagados de la tierra, todo parecía igual en cualquier dirección que se mirara: llano, monótono y yermo.

Había esperado seis años para estar donde ahora me hallaba, pero no era la monotonía de la tierra lo que había venido a ver. En el valle, justo debajo de donde me encontraba, continuaban las excavaciones de algo que los arqueólogos tradicionales decían que no debería existir y que los historiadores tradicionales sabían que los obligaría a reescribir los libros de texto y a cambiar lo que se enseñaba en las clases de historia de los institutos de secundaria de América.

Justo delante de donde me encontraba, acompañado de mi guía, su amigo y mi novia, se extendía a lo largo y ancho de 60 hectáreas el yacimiento de la antigua ciudad de Caral, al norte de la región central de Perú. Y habíamos llegado en un momento muy propicio: precisamente el día en que se obtendrían los resultados finales del análisis de múltiples objetos con carbono 14 y se sabría la edad del asentamiento.

EL LUGAR QUE EL TIEMPO OLVIDÓ

Caminamos juntos aproximadamente un kilómetro más hasta llegar a las excavaciones principales, donde mi guía había concertado que nos encontraríamos con uno de los investigadores que trabajaban en el yacimiento. Me di cuenta al instante de que teníamos ideas muy diferentes sobre los asuntos que trataríamos.

El arqueólogo, un muchacho joven, quería centrarse en los hallazgos que se habían logrado durante los últimos seis años de excavaciones intensivas. Curiosamente, no se había encontrado ningún resto de cerámica (la explicación oficial es que todavía no se había inventado), pero se habían descubierto treinta y dos flautas hechas de huesos de ave y otros animales, y una observación más minuciosa permitía ver que esos instrumentos milenarios tenían grabadas imágenes de aves y monos. Lo que confería un interés tan especial a este hallazgo era que los animales que estaban representados en ellas solo se encuentran en la región amazónica de Perú, que se halla a horas de distancia en automóvil del lugar donde estábamos.

Aunque, por supuesto, me interesaba lo que nuestro amigo arqueólogo nos estaba contando, era todo aquello que no nos decía lo que despertaba en mí la habitual serie de preguntas: ¿quién había construido el asentamiento? ¿De dónde provenían sus habitantes? ¿Pertenecían al linaje inca, o representaban un pueblo y una forma de vida completamente separada de las culturas andinas conocidas? ¿Qué les ocurrió, y adónde fueron?

La respuesta oficial a cada una de estas preguntas siempre era la misma: «No lo sabemos». Pese a que eran preguntas que el arqueólogo sabía que surgirían, era obvio que a nuestro nuevo amigo no le resultaba nada fácil admitir que era tanto lo que se desconocía sobre el yacimiento en el que estaba excavando. Se mire como se mire, el misterioso asentamiento de Caral es una anomalía por muchas razones.

Aunque los habitantes de la región conocían ya el lugar en 1905, hasta 1994 no resurgió el interés que puso en marcha una nueva tentativa de excavar el asentamiento, y esperemos que de explicar el misterio que sigue a la intemperie en el desierto peruano. En 1996, bajo la dirección y guía de Ruth Shady Solís –directora del Museo de Arqueología y Antropología de la Universidad Nacional de San Marcos, de Lima, Perú–, en colaboración con Jonathan Haas –nombrado por la Fundación MacArthur conservador del departamento de antropología del Field Museum de Chicago, Illinois–, se excavaron y restauraron las cinco pirámides y dos plazas circulares que constituyen el grueso del asentamiento principal, y empezaron en serio las tareas de datación.

Los resultados de su trabajo conjunto fueron ni más ni menos que sorprendentes. Antes de que la datación con carbono retrasara la edad del asentamiento hasta una época en la que durante mucho tiempo los arqueólogos habían pensado que era imposible que hubiera ninguna civilización en esa parte de Perú, los historiadores creían que la historia de toda América era un caso cerrado a cal y canto, como me explicó uno de ellos. Tenían una relación de datos bien ordenada, en la que estaban incluidas las culturas olmeca, maya, azteca y anasazi, por ejemplo, cada una de las cuales ocupaba su lugar preciso en la historia y había hecho una serie de contribuciones a la civilización. Es el relato que se ha contado una y otra vez en las aulas de todo el mundo.

Pero la reciente datación del material encontrado dentro de los muros que se hallaban bajo tierra en Caral lo ha cambiado todo.

Figura 4.6. *Arriba:* el autor en las excavaciones de Caral, Perú, en 2010, ante una de las dos plazas circulares descubiertas en el complejo de 60 hectáreas (© Martha Reich). *Abajo:* primer plano de una de las cinco pirámides que aún se están excavando (© Gregg Braden).

Como dije anteriormente, el mismo día que llegamos, iban a obtenerse finalmente los resultados de varios análisis de datación con carbono 14. Entre los materiales analizados había fibras vegetales encontradas en las partes huecas de los propios muros que se habían desenterrado, así como un raro sistema de almacenamiento de información a base de nudos de fibra tejida, conocidos como *quipus*. Pese a lo remoto del lugar, las torres de telefonía móvil estaban aquel día plenamente operativas, y el teléfono de nuestro guía sonó cuando nos acercábamos al final de la exploración.

Al principio, su rostro se quedó helado por la aprensión al oír la voz que le hablaba desde el otro extremo. Sabía que estaba a punto de oír algo importante, algo que nos diría bien que estábamos en otra ciudad inca, hasta entonces desconocida, lo cual encajaría en el marco cronológico convencional de la civilización..., o bien que la historia del mundo acababa de cambiar.

Una sonrisa ancha le iluminó el rostro al oír los resultados, y luego nos lo contó de inmediato. La datación científica del yacimiento se había confirmado. Los datos que habían enviado los distintos laboratorios independientes estaban dentro de una misma franja cronológica, franja que inmediatamente catapultaría el remoto asentamiento de Caral al escenario global: la ciudad se remonta a una época entre el 4900 y el 3000 a. de C, es decir, tiene una antigüedad de entre cinco mil y seis mil novecientos años. Esto la hacía oficialmente la civilización avanzada (en términos de arquitectura, astronomía, agricultura, arte y matemáticas) más antigua que se sepa que ha existido en ningún lugar de América.[19]

Cómo una civilización avanzada, tan cercana a algunos asentamientos del Imperio inca bien conocidos, ha pasado desapercibida durante tanto tiempo es para mí un misterio. La lista de lo que desconocemos es bastante larga, y, por las implicaciones que cada una de las cuestiones pudiera tener, no es exactamente motivo de tranquilidad para los historiadores.

Quizá no sea una coincidencia que Caral tenga tantos misterios en común con el Cañón del Chaco, o Chaco Canyon, nombrado Patrimonio de la Humanidad por la UNESCO, situado en el desierto del suroeste de Estados Unidos. En ninguno de los dos casos hay documentación escrita, o al menos no se ha encontrado hasta el momento. Ambos lugares parecen haber dado cabida a un gran número de habitantes y, sin embargo, no se han hallado en ninguno de los dos salvo unos pocos cuerpos, pertenecientes a fechas mucho más recientes. En ambos se utilizó al parecer una avanzada forma de arquitectura para construir edificios de varias plantas, que han sobrevivido a la acción de los elementos (y, en el caso de Caral, han perdurado miles de años), y aunque hay teorías que explican por qué abandonaron los constructores de estas ciudades los frutos de su trabajo, la realidad es que nadie sabe a ciencia cierta cuáles fueron las razones.

❖❖❖ ❖❖❖

A pesar de que Caral sea cinco mil años más antigua que la civilización maya, indígena de la región mexicana de Yucatán, podríamos descubrir que la clave del misterio tanto de Caral como del Cañón del Chaco reside en el legado que nos dejaron los mayas: los calendarios que describen inmensos ciclos cronológicos. La era actual, que los calendarios mayas identificaron con exactitud, empezó aproximadamente cuando Caral fue abandonada, hace cinco mil años, y termina en nuestra época, en diciembre de 2012, cuando la *siguiente* era comienza. Tal vez descubramos que el conocimiento andino de los ciclos cósmicos conservado en Caral forma parte en realidad de una gran sabiduría que se ha conservado, aunque oculta, *por toda* América a través de los siglos..., y que quizá lleve directamente a poder entender las crisis de nuestro mundo actual.

EL TIEMPO MAYA

Cualquier debate sobre los logros de los mayas ha de admitir indiscutiblemente el más sofisticado de todos ellos: su inigualable cálculo del tiempo y de los ciclos cósmicos por medio de sus calendarios. Pero los calendarios mayas representan mucho más que un simple cómputo de días entre la luna llena y la luna nueva. Estos antiguos habitantes del planeta llevaban cuenta de los *ciclos* de tiempo y de los sucesos celestes que tienen lugar durante esos ciclos.

Se cree que el calendario maya es el método más sofisticado para la medición del tiempo galáctico que haya existido antes del siglo xx. Incluso hoy día, los descendientes modernos de los antiguos mayas llevan cuenta del tiempo galáctico, además del local, utilizando este sistema que expertos como Michael D. Coe, autor de *The Maya*, nos cuentan que «no se ha saltado un solo día en más de veinticinco siglos».[20]

La clave del «temporizador» maya era un cómputo de 260 días llamado *Tzolkin*, o Calendario Sagrado, entremezclado con otro calendario de trescientos sesenta y cinco días conocido como *año vago*. Estos dos ciclos de tiempo progresaban como los engranajes de dos ruedas, que seguían su recorrido hasta la rara ocasión en que un día del Calendario Sagrado coincidía con el mismo día del año vago. Ese poderoso acontecimiento marcaba el final de un ciclo de cincuenta y dos años y formaba parte de un espacio de tiempo aún mayor, llamado el *gran ciclo*.

En la actualidad, no existe ningún instrumento que represente por sí solo el calendario en su totalidad. Si bien los estudiosos modernos son capaces de interpretar el sistema maya del cómputo del tiempo basándose en inscripciones y códices, existe otro objeto antiguo que ha preservado la concepción maya del tiempo en un solo calendario que está todavía en uso. Se trata de la Piedra del Sol azteca, el disco de piedra representado en la figura 4.7.

El disco original, del que es una copia el que aparece en la figura 4.7, se descubrió durante las excavaciones realizadas en la plaza principal de la Ciudad de México en 1970. En *El tiempo fractal*, hago una descripción detallada de cómo se han interpretado las inscripciones que aparecen en él y lo que se cree que revelan. Para no repetir aquí esa descripción, diré que la clave es que las imágenes del disco azteca están intactas, son legibles, y que siguen utilizándolas los pueblos indígenas de América Central. Para quienes conocen el lenguaje del disco, es un bello mapa que representa nuestra relación con el tiempo y cubre todos los instantes desde hace miles de años hasta el momento presente.

Lectura del mapa del tiempo

Los mayas utilizaban los cálculos que hacían sobre la Piedra del Sol para predecir cómo afectarían los movimientos de los cielos a

Figura 4.7. No existe ningún objeto que por sí solo represente el sistema de calendarios maya en su totalidad. Se cree que el antiguo calendario azteca que aparece en esta ilustración se deriva de los cálculos de tiempo mayas. Los temas de las cuatro eras anteriores del mundo se ven claramente en los cuatro cuadrados que rodean a la deidad central del disco, que representa la actual era del mundo (Fotosearch Lushpix Value/Unlisted Images, Inc.).

nuestro mundo y a la vida humana durante largos períodos de tiempo, que ellos describían como una serie de ciclos más cortos. El último de la actual serie de estos ciclos acaba en el solsticio de invierno, el 21 de diciembre, de 2012. En esta fecha, termina el gran ciclo de la actual era maya del mundo, y se reinicia el calendario para que comience el nuevo ciclo de la próxima era.

De forma parecida a como el cuentakilómetros de algunos automóviles se pone de nuevo a cero tras alcanzar el tope de 100.000 kilómetros, el calendario maya «se reinicia» y vuelve a empezar de cero cuando un nuevo ciclo comienza. Los cronometradores mayas codificaron la fecha final, y el sistema que lleva la cuenta de ella, en las colosales tablas y templos que construyeron por todo el territorio de lo que es actualmente México y Guatemala.

Aunque los sacerdotes mayas marcaron las fechas clave de estos ciclos en sus monumentos hace más de dos mil años, hasta principios del siglo XX su significado no tuvo sentido dentro del marco de nuestro calendario gregoriano, y solo entonces se aclaró el mensaje de los ciclos de las eras del mundo. El original trabajo del estudioso de la cultura maya Joseph T. Goodman, confirmado por los arqueólogos J. Eric S. Thompson (1927) y Juan Martínez Hernández (1928), consiguió averiguar la fecha que generalmente se acepta como principio del gran ciclo maya, y que se conoce como la *correlación GMT* en reconocimiento a la contribución de cada uno de estos investigadores (pese a que todavía hay cierta controversia en torno a la correlación). Basándose en estos conocimientos y en las tradiciones de los sacerdotes mayas en sí, los calendarios arcaicos indicaban que el último gran ciclo empezó en la fecha maya de 0.0.0.0.0., que se traduciría como 11 de agosto del 3114 a. de C.[21]

Cada vez que leo sobre una fecha tan lejana, me ayuda a captar su significado pensar en algo que estuviera sucediendo al mismo tiempo. Por tanto, como punto de referencia para situar el comienzo del gran ciclo maya, he tomado la fecha a la que corresponden los primeros jeroglíficos del Antiguo Egipto, ya que es casi la misma que el antiguo calendario maya asigna al punto de partida del ciclo. Desde esa fecha en adelante, y hasta el día de hoy, el equilibrio del gran ciclo acompaña a todo el período de tiempo que habitualmente consideramos la historia humana documentada.

No obstante, el misterio maya tiene poco sentido si no lo situamos en el contexto de las civilizaciones avanzadas que lo precedieron. Cuando pensamos en los antiguos mayas como parte de una cadena de conocimiento que continúa hasta perderse en la niebla de nuestro pasado, empieza a aflorar una continuidad de la experiencia humana que parece centrarse en la repetición de un suceso remodelador del paisaje y las vidas de quienes lo experimentan. Es un suceso tan insólito que nadie que viva en una era en la que ocurra podrá seguir vivo en la era siguiente en que vuelva a ocurrir. Sabiendo esto, nuestros antepasados hicieron en su tiempo exactamente lo mismo que nosotros hacemos en el nuestro: dejar constancia de sus experiencias. Las conservaron en múltiples medios: inscripciones en los muros de piedra de los templos, códices de papel arcaico y relatos que se transmitieron de generación en generación. Nosotros, por nuestra parte, conservamos las nuestras en grabaciones de audio, películas y los relatos de nuestros tiempo.

Haremos cuanto podamos por conservar para el futuro todo lo que aprendamos en los años venideros..., para la siguiente generación que pase por el calentamiento global, el enfriamiento global, las super-tormentas y los disturbios sociales que nazcan del no saber qué hacer cuando la forma de vida que ha funcionado durante siglos de repente deja de ser válida. La diferencia entre lo que escribieron nuestros antepasados y lo que nosotros dejemos cuando nos vayamos dependerá de si aprendemos o no del pasado y tomamos las decisiones que nos permitan sobrevivir. Literalmente, estamos escribiendo el último capítulo del ciclo de nuestra era según lees estas páginas. Se va revelando mientras nuestras elecciones individuales se unen para ser la respuesta colectiva a nuestro momento histórico.

EL RESTO DEL RELATO

Cuando pienso en la historia de las civilizaciones que se enseña hoy día, me doy cuenta de que hay partes que están claras y otras que no tienen sentido. No tiene sentido, por ejemplo, que las pirámides más antiguas que se han encontrado en Egipto, tales como la Gran Pirámide y otras de la meseta de Giza, sean de construcción más sofisticada que las que se construyeron en épocas más recientes, hace entre dos mil y tres mil años. (Incluso a finales de la década de 1980 se intentó construir una réplica de la Gran Pirámide justo al lado de la original. Después de un año de percances y problemas técnicos, el proyecto acabó en fracaso.)

Que existen pruebas científicas de civilizaciones avanzadas en nuestro pasado remoto –desde la Gran Esfinge egipcia de la meseta de Giza hasta el complejo religioso de Göbekli Tepe que las excavaciones revelaron en Turquía– es innegable. La cuestión que debemos resolver ahora no es si esas civilizaciones pudieron existir, sino lo que significa su existencia; y ese significado incluye preguntas más profundas: ¿quiénes?, ¿por qué? y ¿qué? ¿Quiénes vivieron en la Tierra y construyeron esos asentamientos? ¿Por qué desaparecieron? ¿Qué sabían los constructores que nosotros hemos olvidado? Puede que la respuesta a estas preguntas sea la clave más importante para evitar cometer en nuestro tiempo los mismos errores que llevaron a nuestros predecesores a perder *sus* civilizaciones.

Hasta la fecha, la escala cronológica de la historia del mundo no ha respondido a ninguna de estas preguntas; pero ¿cómo podría haberlo hecho, si está incompleta? La historia que les enseñamos hoy a nuestros hijos sencillamente no revela la verdadera magnitud del tiempo que llevamos viviendo aquí en la Tierra, ni nuestros logros pasados, ni las lecciones que nos han legado las civilizaciones anteriores y que podríamos aplicar a la resolución de los desafíos a los que hoy nos enfrentamos. En resumidas cuentas, la forma tradicional de concebir la historia no honra plenamente nuestra herencia ancestral y global.

Durante el tiempo que trabajé en la industria de sistemas de defensa en los años de la guerra fría, aprendí una lección muy valiosa que me ha ayudado a buscar un contexto para todas aquellas situaciones de la vida que parecen no tener sentido: cuando me encuentro ante algo que no tiene sentido, generalmente es porque no dispongo de toda la información.

Por ejemplo, mi trabajo en aquel tiempo consistía en tomar los resultados de un programa informático que había creado otra persona, y del que yo no tenía ningún conocimiento previo, y ejecutarlos mediante un proceso lógico, que yo había desarrollado, antes de entregarle los resultados finales a otra persona que, a su vez, no sabía nada sobre lo que acababa de hacer yo. Era una forma de pensar llamada «conocimiento compartimentado», más comúnmente conocida como «saber estrictamente lo que se necesita saber».

Solo se ponía en mi conocimiento aquello que me era imprescindible para hacer mi trabajo; eso y solamente eso. La idea de base era que, si únicamente alguien que ocupara un puesto más alto en la organización tenía una visión de conjunto de nuestro *software* y de lo que el programa estaba haciendo, el sistema era más seguro. Hay trabajos en los que «saber estrictamente lo que se necesita saber» puede funcionar, como es el caso de un formidable proyecto de defensa clasificado en tiempo de guerra. Ahora bien, cuando se trata de la historia de nuestro mundo, no funciona.

LA HISTORIA EMERGENTE

No tengo la menor duda de que se seguirán descubriendo asentamientos y objetos de la antigüedad, ya que la necesidad de alojar y alimentar a siete mil millones de personas hace que cada vez se excaven más tierras que antes se empleaban para la agricultura; y con cada nuevo descubrimiento, indudablemente añadiremos conocimientos a lo que ya sabemos de nuestro pasado. Las exploraciones que se describen en este capítulo, y otras semejantes, son las claves para crear el marco que necesitamos a fin de darles significado a los descubrimientos siguientes. Sin ese marco, nos arriesgamos a colocar los nuevos descubrimientos en la categoría de «anomalías» y a perder, así, la oportunidad de penetrar por la valiosísima ventana al pasado que nos ofrecen.

Los impactantes descubrimientos, demoledores de paradigmas, descritos en este capítulo, junto con algunos otros, están cambiando por completo la idea que teníamos del pasado en dos sentidos: en primer lugar, han empezado a expandir los límites de tiempo dentro de los cuales se creía que la historia había tenido lugar; y en segundo, están cambiando lo que pensábamos sobre las habilidades de nuestros antepasados. Una comparación entre la visión revisada y la visión tradicional de la historia nos ayudará a entender lo radical que es la nueva manera de pensar.

Si nos fijamos en la comparación que aparece en la figura 4.8, está claro que lo que durante mucho tiempo hemos considerado que era la historia de la civilización mundial no es la historia entera, sino tan solo una parte de una imagen mucho mayor. Lo que generalmente aceptamos como el comienzo de la civilización coincide precisamente con el final de un ciclo que nuestros antepasados sabían que se aproximaba, y marca el inicio del ciclo en el que hoy vivimos. Sabían que la transición entre un ciclo y el siguiente estaba a punto de suceder, porque siempre es así.

Cada cinco mil ciento veinticinco años, los cambios naturales de la posición de la Tierra en el espacio crean un alineamiento celeste que señala el fin de un ciclo y el comienzo del siguiente. Las tradiciones antiguas e indígenas llaman al tiempo que media entre estos alineamientos *soles*, *mundos* o *eras del mundo*. Los cambios de clima, del nivel del mar, de la civilización y de la vida que han acompañado a las eras

FORMA DE PENSAR TRADICIONAL SOBRE NUESTRO PASADO	FORMA DE PENSAR REVISADA SOBRE NUESTRO PASADO
1. La civilización ha evolucionado una vez en la historia humana. 2. La civilización se ha desarrollado de manera lineal, de menos a más evolucionada. 3. La historia de la civilización mundial tiene una antigüedad de aproximadamente cinco mil años. 4. La civilización más antigua del mundo es la sumeria, que se remonta al año 3500 a. de C. 5. Vivimos en la civilización más avanzada de la historia del mundo.	1. La civilización se ha desarrollado múltiples veces en la historia humana. 2. La civilización ha progresado de manera cíclica, y cada ciclo generalmente se ha desarrollado pasando de estar menos a más evolucionado. 3. Las civilizaciones del ciclo del mundo más reciente tienen cinco mil años de antigüedad. 4. La civilización conocida más antigua del mundo es Göbekli Tepe, datada actualmente en el año 9500 a. de C. 5. Hubo civilizaciones en el pasado capaces de proezas tecnológicas que no hemos logrado reproducir actualmente.

Figura 4.8. Comparación de la forma tradicional de considerar nuestro pasado y la nueva interpretación basada en los descubrimientos recientes. El contraste entre ambas visiones del mundo es impactante y sugiere que somos la última iteración de una sucesión de civilizaciones y que las experiencias de nuestros días son similares a las de épocas pasadas.

del mundo en el pasado han sido tan colosales que, cuando ocurren, se dice que el mundo existente toca a su fin. El conocimiento de que esos ciclos ocurren, así como lo que sucede cuando ocurren, se conoce hoy día como la *doctrina de las eras del mundo*.

Actualmente, encontramos un magnífico ejemplo de este tipo de conocimiento entre los hopi, indígenas de la región desértica del suroeste de Estados Unidos. Sus tradiciones hablan de tres grandes ciclos de tiempo —tres mundos anteriores— que precedieron al cuarto, en el que hoy vivimos. Explican con detalle cómo cada uno de los mundos terminó en un gran cataclismo: el primero, con terremotos y el hundimiento de los continentes; el segundo, con el mundo cubierto de hielo, y el tercero, con una gran inundación. La profecía dice que el cuarto mundo, *nuestro mundo*, está terminando en nuestros días, y que pronto viviremos en el quinto. Aunque expresada en términos no científicos, la descripción que hacen los hopi de los acontecimientos que pusieron fin a cada era es misteriosamente similar a la historia de la Tierra que se conserva en los registros geológicos.

Sabemos, por ejemplo, que hubo un período de terribles terremotos y erupciones volcánicas que hicieron estragos en el planeta hace alrededor de veinte mil años. Sabemos que la era glacial terminó hace dice mil años, y que le siguió un período en que el hielo se fundió y las lluvias torrenciales duraron casi cuatro mil años. Es este último período el que suele asociarse con el diluvio bíblico.

Según los hopi, los mismos ciclos cronológicos y naturales que anunciaron cambios en el pasado están llevando al mundo actual a su fin, al tiempo que el siguiente mundo comienza. Lo que hace que las tradiciones hopi nos resulten tan convincente hoy día es su exactitud. Lo fascinante es que este pueblo sabía de estos ciclos antes de que el mundo moderno pudiera confirmarlos científicamente. Y si su conocimiento de los ciclos *pasados* es tan exacto, ¿qué quiere eso decir con respecto a su predicción de lo que nos sucederá en el *futuro*?

LA HISTORIA DEL MUNDO: REVISADA

Cuando conocemos la existencia de las tradiciones hopi, maya y otras, resulta obvio que contemplar nuestro pasado con la mirada tradicional que solo ve los últimos cinco mil años, más o menos, de la historia es como oír en la radio las últimas notas de una canción preciosa. Aunque tal vez sea una canción que nos encanta, si llegamos demasiado tarde, únicamente nos dará tiempo a escuchar el final del estribillo..., los últimos segundos.

Desde las excavaciones que se hicieron en Egipto en tiempos de Napoleón, a finales del siglo XVIII y principios del XIX, todas nuestras ideas sobre los auges, declives, guerras y conquistas de la civilización se han basado especialmente en la interpretación que han hecho los historiadores de tan solo cinco mil años de nuestro pasado: la instantánea de un segundo del tiempo. Pero, como ahora sabemos, este período es de hecho igual que un breve fragmento de la gran canción de nuestro pasado, y solo cuando abarquemos el tiempo *anterior* al punto en que la historia tradicional empieza –los sucesos que tuvieron lugar hace más de cinco mil años–, podremos oír la composición entera.

Sin escuchar la totalidad de la canción, sin contemplar la imagen entera de nuestro pasado, el tiempo al que llamamos «la historia de la civilización» no podrá ayudarnos a resolver los misterios de cómo hemos llegado a ser como somos ni de cómo podemos aprender –y, a ser posible, evitar repetir– los errores de nuestros antepasados.

Afortunadamente, cuando casamos el hecho de que existieron civilizaciones avanzadas próximas a la era glacial con la historia que comúnmente aceptamos hoy día, empieza a aparecer un nuevo marco cronológico de la humanidad que da continuidad a la experiencia humana y nos ofrece una forma nueva de considerarnos a nosotros mismos.

❖❖❖ ❖❖❖

La figura 4.9 es una línea cronológica revisada de la historia del mundo que toma en consideración las pruebas más antiguas de la civilización científicamente confirmadas que se conocen hasta la fecha. No me sorprendería, sin embargo, que se descubrieran pruebas adicionales en partes del mundo que han estado «ocultas» durante buena parte de los últimos cinco mil años. La Antártida, por ejemplo, podría ser uno de esos sitios.

El hielo que cubre alrededor del 98% de ese misterioso continente tiene un grosor de 1,6 kilómetros de media, y existe desde hace quince millones de años. Ahora que el calentamiento global ha reducido ese grosor en algunos lugares y ha derretido completamente el hielo en otros, es de esperar que pronto encontremos vestigios de civilizaciones antiguas que se hayan conservado debajo de él durante mucho tiempo, lo cual significaría que probablemente existían ya cuando el grosor del hielo era mínimo, es decir, durante las eras interglaciales del pasado de la Tierra.

Asentamientos que les doblan la edad a las civilizaciones conocidas –tales como la romana, la griega y la egipcia– podrían ayudarnos a

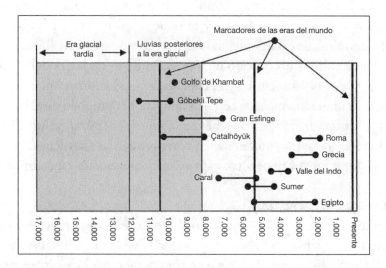

Figura 4.9. Marco cronológico revisado de las civilizaciones del mundo basado en los nuevos descubrimientos arqueológicos. Incluye un asentamiento adicional, Çatalhöyük, en Turquía (que no está descrito en este libro), datado científicamente en este momento con una antigüedad de entre ocho mil y diez mil años. Véase la relación entre las civilizaciones conocidas y los ciclos de las eras del mundo (las líneas verticales gruesas), separadas en períodos de cinco mil ciento veinticinco años.

explicar la «súbita» aparición de civilizaciones altamente dotadas que al parecer contaban con conocimientos de lo más sofisticado desde el primer instante de su existencia. Podríamos descubrir, por ejemplo, que los conocimientos necesarios para la construcción egipcia de pirámides, la astronomía de Stonehenge o el cómputo del tiempo maya son una sabiduría que originariamente desarrollaron, y luego conservaron y transmitieron, civilizaciones aún más antiguas.

Uno de los patrones más sorprendentes que vemos en el marco cronológico revisado es la agrupación de civilizaciones en torno a las líneas verticales más gruesas que marcan los ciclos de las eras del mundo. Todo lo que tradicionalmente considerábamos que era la historia de la antigüedad ocurrió en los últimos cinco mil años del gran ciclo actual. Con la perspectiva más amplia que nos ofrece el nuevo marco cronológico se diría que las civilizaciones conocidas —desde la Roma y la Grecia clásicas hasta Egipto y las culturas maya, azteca e inca—, aparecen en una época relativamente reciente, a la luz de la escala expandida de la historia.

Cada una de estas civilizaciones demostró dominar sofisticados sistemas artísticos, científicos, matemáticos y arquitectónicos que desarrollaron misteriosamente. Tal vez descubramos que su alto nivel de conocimientos es un residuo de logros similares de la era del mundo previa, y que el conocimiento de sus antepasados provenía, a su vez, de una civilización avanzada aún más antigua. El tiempo lo dirá. La clave para averiguar de dónde proviene esa sabiduría ancestral, y quién fue el primero en poseerla, quizá esté en comprender las transiciones de las eras del mundo que tienen lugar aproximadamente cada cinco mil años.

Lecciones del pasado

Albert Einstein dijo una vez: «Vamos a tener que pensar de una manera esencialmente nueva si queremos que la humanidad sobreviva».[22] Como suele suceder con este tipo de percepciones intemporales, sus palabras tienen tanto sentido hoy como cuando las pronunció a mediados del siglo XX.

El mensaje que se abre ante nuestros ojos a medida que desvelamos la verdad profunda de nuestro pasado es que la historia de las civilizaciones que impartimos en nuestras aulas y ponemos a buen recaudo en nuestros libros de texto no es *la* historia del mundo, sino una simple parte de una mucho más extensa –la historia de un gran ciclo–; es la historia de una era que empezó hace cinco mil ciento veinticinco años. Por muy precisa que sea nuestra crónica del ciclo, está incompleta, pues no cuenta nada sobre la era del mundo que precedió a la nuestra, ni sobre la que precedió a aquella.

Podemos examinar los ciclos de cambio climático, por ejemplo, y cómo alteraron en el pasado nuestra forma de vivir. Podemos examinar los períodos de guerra y los interludios de paz para averiguar qué modos de afrontar el cambio les resultaron eficaces a nuestros antepasados. Es comprender este tipo de cuestiones lo que nos da razones para hacer lo que Einstein sugirió: pensar de manera muy distinta en nosotros mismos, en quiénes somos, en qué relación tenemos con el mundo y en cuáles son los patrones de guerra y odio que han marcado nuestro pasado.

H. G. Wells afirmó en una ocasión que la historia humana «es cada vez más una carrera entre el conocimiento y la catástrofe».[23]

Probablemente, hay mucho más de verdad en esta frase de Wells de lo que nos gustaría admitir. Al reflexionar sobre sus palabras y las crisis que amenazan a nuestra civilización en este preciso momento, no puedo evitar pensar en nuestros antepasados y en cómo resolvieron sus crisis.

Las pruebas nos dicen que vivieron terribles cambios climáticos al final de la era glacial. Tuvieron que enfrentarse a retos formidables y hacer grandes cambios. Si nosotros nos vemos obligados a tomar decisiones adecuadas a los desafíos actuales antes de disponer de todas las respuestas, ellos tuvieron que hacer lo mismo, pues en su época, como en la nuestra, subieron las temperaturas, el hielo empezó a derretirse, se elevó el nivel del mar y las costas quedaron sumergidas. Sin entender por qué su mundo cambiaba tanto y a tal velocidad, dependían de sus elecciones para la pura supervivencia.

El paralelismo que existe entre nuestros antepasados en su tiempo y nosotros en el nuestro es innegable, y, aunque los detalles tecnológicos y demográficos sean distintos, muchos de los factores generales que intervienen en este momento son asombrosamente parecidos. Cuando contemplamos de esta manera los enormes cambios que arrasan nuestro mundo, cada gran ciclo se convierte en una oportunidad para aprender de los errores cometidos en el pasado y hacer nuevas elecciones al encontrarnos en circunstancias que se repiten.

Como un *Atrapado en el tiempo (el día de la marmota)* (la película en la que Bill Murray hace el papel de un hombre atrapado en un solo día de su vida que se repite decenas de veces, hasta que reconoce el momento en que su elección puede romper el ciclo y cambiar el resultado), entender cómo respondieron nuestros antecesores a los ciclos de crisis en el pasado tal vez nos dé la oportunidad de elegir con sensatez antes de cometer el mismo tipo de errores que llevaron a grandes civilizaciones al derrumbe total.

Pensar de esta manera nos conduce a nuevas preguntas que tenemos el deber de respondernos a nosotros mismos:

> ➤ ¿Qué podemos aprender de las civilizaciones destruidas en el pasado que pueda ayudarnos a evitar en nuestro tiempo los errores que ellas cometieron?

> ¿En qué punto de la «carrera» que menciona H. G. Wells, entre aprender del pasado y la catástrofe, nos encontramos?

> ¿Cómo encajan en el relato del pasado que nos han contado los descubrimientos de civilizaciones avanzadas pertenecientes a una época anterior a la fecha en que nuestra historia tradicional comienza?

> ¿Es una casualidad que el principio de la historia documentada coincida con el final de la última era del mundo y el comienzo de la era actual?

Es algo natural en nosotros contar historias. Todos los días de nuestras vidas, continuamos haciendo lo que la gente de este mundo siempre ha hecho: hablar de nosotros mismos. Damos testimonio de nuestros descubrimientos y describimos nuestras experiencias; compartimos nuestro dolor y nuestra alegría, nuestras sorpresas y desengaños. Hacemos que quede constancia de aquellas experiencias que nos han dejado una huella profunda e imborrable para que sepan de ellas personas a las que nunca conoceremos, que vivirán en tiempos que no llegaremos a ver.

Cuando unimos los miles de años de tradición oral que describen nuestro pasado con los vestigios materiales que se van encontrando precisamente en aquellos lugares que los relatos describen, debemos admitir lo que para algunos es una verdad incómoda, que se traduce en dos conclusiones inevitables:

1. Que hemos vivido en este mundo desde hace mucho más tiempo del que admite la historia tradicional.
2. Que algo le sucedió a nuestro mundo en el pasado que puso fin a todo lo que nuestros antecesores habían construido y reverenciado. Y tenemos relatos que nos lo recuerdan: desde el diluvio universal bíblico y las tradiciones de la sabiduría indígena hasta el poema épico de Gilgamesh y el Mahabharata.

Aunque lo que nos han legado fuera solo parcialmente cierto, es importante que reconozcamos y acojamos actualmente estos relatos de nuestro pasado. Nuestros ancestros trataron desesperadamente de transmitirnos sus narraciones, y lo hicieron porque creían que todo aquello que experimentaban en su época ocurriría de nuevo en la nuestra. Ahora está claro que es así, y su mensaje empieza a cobrar sentido.

Desde Göbekli Tepe y la Gran Esfinge hasta la ancestral ciudad de Caral y la cultura maya, hay un relato que une el mundo actual con nuestro pasado: el relato sobre nosotros, sobre quiénes somos, de dónde venimos y desde cuándo estamos aquí. Los mitos y leyendas de la antigüedad contienen la historia de nuestra especie. Igual que el huérfano que ansía saber quiénes fueron su padre y su madre, anhelamos conocer la verdad sobre nuestros orígenes. Y cuando admitimos la evidencia de nuestra verdadera antigüedad, empezamos a entender que podemos utilizar la experiencia de nuestro pasado colectivo para que nos dirija en la actualidad hacia aquellas elecciones que, en su día, tal vez hubieran ayudado a nuestros antepasados. Por eso precisamente es tan vital poner en conocimiento de la humanidad la verdad profunda de nuestra historia.

Si en el pasado aparecieron grandes civilizaciones, que duraron miles de años más que la nuestra, y luego desaparecieron tan de repente que su recuerdo ha quedado reducido a un cuento de hadas perdido en nuestra memoria, debemos preguntarnos: ¿podría volver a ocurrir? ¿Es eso lo que está sucediendo *ahora*?

Es posible que en los descubrimientos mismos encontremos las pistas para resolver los misterios de nuestro pasado, así como la respuesta a estas dos preguntas.

CUARTA VERDAD PROFUNDA

Los recientes descubrimientos de civilizaciones avanzadas que se remontan a casi el final de la última glaciación nos ofrecen ideas sobre cómo resolver en *nuestro* tiempo las crisis a las que nuestros antepasados se enfrentaron también en el suyo.

Capítulo 5

❖❖❖ ❖❖❖ ❖❖❖ ❖❖❖ ❖❖❖ ❖❖❖

¿Por casualidad o por diseño? Nuevos vestigios de los orígenes humanos

El misterio de la vida no es un problema a resolver,
sino una realidad que experimentar.

FRANK HERBERT (1920-1986), novelista

Imagina que vas paseando por campo abierto con un amigo y, de repente, los dos miráis al suelo en el mismo instante; y cuando lo hacéis, tú ves un reloj a tus pies y tu amigo ve delante de los suyos una roca. Si os miráis y os preguntáis uno a otro cómo ha ido a parar allí ese reloj, lo más probable es que la respuesta sea muy distinta de la que daríais si os preguntarais lo mismo sobre la roca. Por lo que los dos sabéis, los procesos naturales han depositado la roca en el lugar donde la habéis encontrado, y es posible que lleve en ese mismo lugar, intacta, desde hace miles de años. Pero los dos sabéis que no ha podido suceder lo mismo con el reloj. Está hecho de mecanismos muy precisos que es imposible que los procesos naturales depositaran sobre el terreno; alguien, o algo, diseñó, fabricó y montó cada una de las piezas del reloj en una época mucho más reciente (sin duda, mucho más reciente que la de la roca). Con esta simple analogía (que he parafraseado) el teólogo de principios del siglo XIX William Paley iniciaba en su libro

Natural Theology el argumento con el que defendía la existencia de una inteligencia subyacente a los patrones de la naturaleza.[1]

Paley sacaba dos conclusiones de esta analogía:

La *primera* es que, del mismo modo que la existencia del reloj implicaba que había un diseñador que lo creó y lo puso en marcha, la existencia de seres vivos y complejos sistemas que actúan en la naturaleza implica que existe un «relojero» cósmico: una fuerza inteligente que guió la información del universo y puso en marcha la secuencia de la vida.

La *segunda* conclusión de Paley guarda relación con la improbabilidad de que esos complejos sistemas, y los seres vivos que dependen unos de otros para existir, «ocurran» simplemente por casualidad. En el ejemplo del reloj, solo cuando cada pieza se ha creado, ajustado y montado exactamente de la manera en que lo está, puede cumplir la función para la que está diseñado, que es medir el tiempo. La clave, aquí, es que si hay alguna pieza que no estaba ya hecha cuando se montó el reloj, o si cualquiera de las piezas se desprendiera y se perdiera más adelante, el reloj no podría hacer aquello para lo que está pensado.

«Si a las distintas piezas se les hubiera dado una forma diferente de la que tienen —decía el teólogo—, o un tamaño diferente, o se hubieran colocado de cualquier otro modo o en otro orden que no fuera este, no se habría producido ningún movimiento en la maquinaria, o no se habría producido ningún movimiento que cumpliera las funciones que cumple actualmente.»[2]

Paley estudió el universo y el mundo que lo rodeaba en su época y llegó a la conclusión de que su funcionamiento era muy parecido al del reloj: «Cada indicio de ingeniería, cada manifestación de diseño que existía en el reloj existe en las obras de la naturaleza, con la diferencia de que, en la naturaleza, es más excelente o imponente, y existe en un grado que supera cualquier cálculo».[3]

Ciento ochenta y dos años después de que Paley hiciera esta analogía, el biólogo evolutivo Richard Dawkins desechaba la posibilidad de semejante inteligencia en su libro *El relojero ciego*:

El único relojero que existe en la naturaleza es la fuerza ciega de la física, aunque desplegada de manera especial. Un verdadero relojero tiene una previsión: diseña sus engranajes y muelles, y planifica las conexiones entre sí, con una finalidad en mente. La selección natural, el proceso automático, ciego e inconsciente que descubrió Darwin, y que ahora sabemos que es la explicación de la existencia y forma de todo tipo de vida con un propósito aparente, no tiene ninguna finalidad en mente. No tiene mente ni imaginación. No planifica el futuro. No tiene ninguna visión, ni previsión, ni vista. Si puede decirse que cumple una función de relojero en la naturaleza, esta es la de relojero ciego.[4]

Aunque la idea de la que nace la tesis del relojero es muy simple, ¡sus implicaciones resultan ni más ni menos que demoledoras! He aquí por qué: la manera en que concebimos nuestros comienzos en la Tierra constituye la base de todo lo que pensamos sobre nosotros mismos. Una de dos, o hay un diseño intencionado en los cimientos de la vida o no; o somos producto de una serie de sucesos naturales fortuitos o somos el resultado de un diseño deliberado e inteligente. No parece haber mucha cabida para un término medio. Saber la verdad nunca ha sido más importante; nunca ha habido tanto en juego.

Nuestros antepasados resolvieron esta cuestión satisfactoriamente para su época de la historia. Hoy, es una creencia con la que *nosotros* batallamos y que debemos resolver en *nuestro tiempo*; y hemos de hacerlo en el lenguaje en el que confiamos y del que dependemos para describir nuestra relación con el mundo: el lenguaje de la ciencia. La creencia tiene que ver nada menos que con la vida humana: ¿cuándo comienza exactamente? ¿Cuándo termina? ¿Quién tiene derecho a ponerle fin?

Una cuestión muy distinta —y quizá la más trascendental de todas, la que tiene mayores implicaciones— es: ¿de dónde vino la vida humana? ¿Cuáles son nuestros orígenes?

> La manera en que concebimos nuestros orígenes es la base de la manera en que nos concebimos a nosotros mismos y concebimos nuestra relación con la Tierra, con los demás seres humanos, con nuestras capacidades y nuestro destino.

Son preguntas tremendas, y la respuesta a cada una de ellas tiene una cantidad enorme de ramificaciones. Cuando combinamos las respuestas, tienen un poder que raramente se encuentra en la respuesta a cualquiera de las dos preguntas aisladas: el poder de unirnos como amigos, familias y sociedades..., o de hacer justo lo contrario. Cualquier respuesta que no apoye lo que se nos ha hecho creer tiene el potencial de hacernos pedazos, al poner en duda la esencia misma de las convicciones en las que basamos nuestra sociedad actual.

La controversia surgida en torno a la práctica del aborto ha provocado el bombardeo de clínicas, amenazas contra mujeres que tenían la intención de interrumpir su embarazo, el asesinato de médicos que lo practicaban, y es un punto crucial en los programas electorales de los políticos más poderosos de todo Estados Unidos año tras año. Teniendo esto en cuenta, así como la multitud de protestas que han estallado en diferentes estados debido a la normativa legal sobre lo que está permitido enseñar a los escolares en las aulas y en los libros de texto acerca de nuestros orígenes, está muy claro que necesitamos conciliarnos con los hechos de nuestra existencia de un modo que se adecue a las necesidades de nuestro mundo del siglo XXI. Y cuanto antes lo hagamos, antes empezarán a sanar el odio y el sufrimiento que han desgarrado el entramado de nuestra sociedad durante los últimos cien años.

Todo depende de nuestra manera de pensar, de lo que creamos y de cómo respondamos a las preguntas más importantes de la vida.

DEBEMOS HACER LAS PREGUNTAS ADECUADAS

Cuando John Ciardi, el aclamado traductor de la *Divina comedia* de Dante, escribió: «Una buena pregunta nunca obtiene respuesta»,[5] no sé si estaría pensando en la cuestión de los orígenes del ser humano. Ciardi explicó a continuación lo que quería decir: «No es una tuerca que se haya de colocar en su sitio y apretar, sino una semilla que ha de ser plantada para que produzca más semillas, con la esperanza de que llene de verdor el paisaje de las ideas».[6] ¿Es posible que se hubiera estado haciendo la misma pregunta que es actualmente la esencia del más acalorado debate legal, político y científico de la historia humana, ees decir, *de dónde venimos*?

El filósofo danés Søren Kierkegaard aseguró que la vida humana es «un misterio que se ha de vivir, no un problema que se haya de resolver».[7] Sin embargo, por mucho que nos guste la sensibilidad poética de las palabras de Kierkegaard, este es sin duda un misterio que *sí* necesitamos resolver, puesto que, además de sus implicaciones religiosas/espirituales, desempeña un papel en nuestras creencias más básicas, que son la clave para crear una civilización duradera. Está claro que, si queremos avanzar como sociedad pacífica, cooperativa y compasiva, tenemos que reconciliarnos con los orígenes de la vida.

Pero esto significa que hemos de hacer las preguntas adecuadas, y de tal forma que se les pueda dar respuesta. La clave reside en desentrañar dos misterios aparentemente intemporales:

1. ¿Cómo empezó la vida humana en la Tierra?
2. ¿Cuándo empieza una vida humana en el vientre materno?

Lo primero es lo primero. Antes de que podamos pensar siquiera en empezar a sondear estos misterios, surge otra pregunta, todavía más básica, a la que debemos responder.

En los primeros años del siglo XXI, en los que disponemos de microscopios tan sensibles que podemos presenciar el instante en que un espermatozoide penetra en un óvulo y el «maridaje» de ADN da comienzo a una nueva vida, aún no existe consenso sobre *qué* es exactamente lo que acabamos de presenciar.

Por muy obvio que suene, y por mucho que se dé por sentado que es algo ya resuelto, la comunidad científica todavía no se ha puesto de acuerdo sobre cuál sería una clara definición de la vida; simplemente, de lo que es.

¿QUÉ ES LA VIDA?

El 20 de agosto de 1975 marcó un punto decisivo en la comprensión de en qué lugar y cómo encajamos en el contexto general del cosmos. A las 17:22 de ese día, tuvo lugar el lanzamiento de un potente cohete *Titán Centauro III* desde el complejo 41 de Cabo Cañaveral, Florida, que transportaba una carga sin precedentes: la nave espacial

Viking I, el primer artefacto hecho por el ser humano que aterrizaría en la superficie de Marte, nuestro planeta vecino.

Un mes más tarde le siguió la nave *Viking II*, que inició el mismo viaje, de casi 800 millones de kilómetros, que su gemelo. Salió del mismo sitio de Cabo Cañaveral y se utilizó el mismo cohete propulsor para lanzarlo en dirección al mismo destino que el *Viking I*. En las dos sondas *Viking* habíamos puesto todas nuestras esperanzas de captar las primeras fotografías y obtener las primeras muestras físicas del misterioso planeta rojo. Al finalizar su viaje, pasarían a la historia como las exploraciones espaciales de mayor éxito de todos los tiempos. Aunque las últimas señales de los *Viking* se recibieron en noviembre de 1982, el éxito de ambas misiones sigue siendo el gran «subidón» de la comunidad científica hasta el día de hoy.

A mediados de la década de los ochenta, empecé a trabajar en Denver, Colorado, para la corporación Martin Marietta, que había construido las dos naves espaciales *Viking*. Aunque se me había contratado como programador de *software* para el departamento de defensa de la compañía, de repente me encontré colaborando con el equipo de científicos, ingenieros y jefes de proyectos del departamento aeroespacial que habían hecho posibles las misiones a Marte.

En el curso de nuestras conversaciones, y aprovechando la oportunidad de hojear cantidades ingentes de hojas de datos que describían el ambicioso programa Marte, descubrí algo en concreto sobre las misiones *Viking* que las hacía destacar por encima de cualquier otra misión de la NASA. Se trataba del objetivo único que, para mí personalmente, hacía que hubieran valido la pena el riesgo y el coste de todo el proyecto.

Enterrada en una carpeta del proyecto, al final de una lista de apartados rutinarios que sintetizaban todos los objetivos del programa *Viking*, había una frase breve. Después de párrafos de jerga técnica sobre el clima de Marte y las características superficiales y la composición de su tierra, encontré unas palabras relacionadas con la pregunta que me rondaba desde el día en que había visto el primer vuelo espacial tripulado en la pequeña pantalla del televisor en blanco y negro de casa de mis padres, en la década de los sesenta. El punto número 5 enunciaba sencillamente que el objetivo de la misión era determinar «si hay, o ha habido alguna vez, vida [en Marte]».[8]

En 1976, los científicos se sorprendieron al principio de que no se encontrara ningún tipo de materia orgánica en las muestras de tierra marciana recogidas por las dos naves *Viking*. En aquel tiempo, existía la esperanza generalizada de que se descubriría alguna forma de vida simple en aquella tierra que se suponía sería rica en hierro. Durante treinta años, los datos del *Viking I* y *II* han sido objeto de controversia, interrogación, análisis y reanálisis, hasta que un artículo publicado en *Science Daily* el 5 de septiembre de 2010 explicó cómo una nueva teoría podría desvelar al fin por qué no se encontró ninguna señal de vida en Marte hace treinta años. Sugiere que tal vez el proceso de detección en sí pudo haber matado cualquier microbio existente, y que quizá lo que se habría considerado prueba irrefutable de la existencia de vida en Marte estuviera de hecho presente desde el principio.[9]

La búsqueda de vida en Marte —o en cualquier otro lugar del universo— es un magnífico ejemplo del dilema al que los científicos se enfrentan actualmente en el nivel profesional, y al que nosotros mismos nos enfrentamos como sociedad. Si llegaremos o no a encontrar vida en otro lugar depende de la definición que demos de lo que buscamos. *Para empezar, ¿qué es vida exactamente?*

Mientras trabajaba en la industria de sistemas de defensa en la década de los ochenta, descubrí un hecho asombroso que sigue siendo verdad hoy día, tres décadas después: los distintos científicos, de distintas disciplinas, responden a la pregunta de maneras distintas; lo hacen empleando términos específicos que reflejan su área especializada de conocimiento, y, por lo tanto, ni siquiera los expertos se han puesto de acuerdo en una definición universal de nuestra simple existencia.

En el manual universitario *Chemistry, Matter, and the Universe* [Química, materia y el universo], por ejemplo, la definición de vida suena más bien árida: «Vida es un patrón de comportamiento que manifiestan los sistemas químicos cuando alcanzan cierto tipo y nivel de complejidad».[10] Parece una definición bastante concluyente, ¿verdad? ¿O tal vez no? La transcribo porque proviene directamente de un libro que se publicó el mismo año en que las dos naves espaciales *Viking* aterrizaron en Marte, y refleja lo que entonces se consideraba que era el pensamiento más vanguardista.

En 1944, Erwin Schrödinger, biólogo teórico y físico de renombre (creador del famoso experimento de pensamiento conocido como «el gato de Schrödinger»), propuso que algo está vivo si «evita decaer en el equilibrio».[11] Aunque sin duda utiliza menos palabras para hacer su definición, probablemente no sea esta la manera de que la persona media que busca signos de vida sepa si los ha encontrado. Su definición es una referencia a la ley de la física que establece que la materia fluctúa continuamente, de un estado de caos a un estado de equilibrio. Mientras cualquier ser esté vivo y haga todo aquello que hacen los seres vivos –metabolizarse, restablecerse y reproducirse–, permanece en el caos; y cuando los seres vivos ya no son capaces de realizar tales acciones, decaen en el equilibrio propio de los elementos simples a través de un proceso de descomposición. En otras palabras, se mueren.

En la edición de la revista *Science* del 22 de marzo de 2002, el biólogo molecular Daniel E. Koshland, hijo, hablaba sobre una posible definición de la vida,[12] para la cual identificaba siete condiciones que pueden utilizarse como criterios para determinar si algo está vivo o no. En resumen, los seres vivos:

1. Deben tener un programa que les permita hacer copias de sí mismos.
2. Se adaptan y evolucionan para reflejar los cambios de su medio ambiente.
3. Tienden a ser complejos, altamente organizados y a tener estructuras compartimentadas.
4. Poseen un metabolismo que les permite convertir una forma de energía en otra.
5. Pueden regenerar partes de sí mismos, o su forma entera.
6. Pueden responder a su medio ambiente sirviéndose de mecanismos de retroalimentación.
7. Son capaces de desempeñar múltiples reacciones metabólicas al mismo tiempo.[13]

Si bien todas estas definiciones son indudablemente precisas desde la perspectiva de los científicos que las idearon, cuando las leo me siento un poco vacío; es como si les faltara algo. ¿Somos simplemente el producto de «sistemas químicos» que han alcanzado cierto grado de complejidad, o de sistemas que cambian del caos al equilibrio? ¿Pueden la belleza y la simetría de la vida reducirse realmente a algo que suena tan rutinario y, sobre todo, *falto de vida*, o somos algo más que eso? ¿Es posible que forme parte sustancial de la vida un elemento místico que la ciencia tiene todavía que calibrar, o incluso admitir?

Si la vida es algo más que lo que dan a entender las definiciones anteriores, quizá sea esa la razón de que todavía no se haya llegado a un consenso sobre si las sondas *Viking* encontraron prueba de ella en la tierra de nuestro vecino planetario. Podría ser que estuviéramos buscando en los lugares acertados, y examinando el material acertado, pero de una *manera* equivocada. Y aunque se ha intentado dar nuevas definiciones que vuelvan a darle *vida* a la «vida», siguen sonando a ecos lejanos de la forma de pensar de 1976.

Uno de los motivos por los que sigue resultando tan difícil hacer una definición clara de la vida es que, para hacerlo, es necesario tener una comprensión aún más profunda de cómo se originó en un primer momento. Qué es la vida y cómo empezó son dos cuestiones tan interrelacionadas que cuesta responder a una sin tener en cuenta la otra. Dicho de otro modo, tenemos que saber lo que es la vida para saber cuándo empezó, pues ¿cómo podríamos conocer cuándo empieza si ni siquiera sabemos lo que *es*? Cabe la posibilidad, sin embargo, de que esta aparente paradoja no sea algo tan malo, después de todo, ya que implica que, si logramos responder una de las dos preguntas, posiblemente vayamos bien encaminados para responder la otra.

El tema de nuestros orígenes ha sido un interrogante desde que el ser humano existe en este planeta. El arte rupestre que se ha conservado en las paredes de las cuevas de Australia y el norte de Europa, y que tiene una antigüedad de entre veinte mil y treinta y cinco mil años, confirma que nos hemos preguntado de dónde venimos y cómo llegamos aquí desde hace mucho tiempo. Y, por supuesto, seguimos haciéndonos la misma pregunta, porque no se le ha dado una respuesta que tenga sentido en el mundo moderno.

Por tanto, vamos a examinarlo con más detalle. ¿Cuál *es* exactamente la verdad profunda de la vida, y de la *vida humana* en concreto? ¿Cuándo empieza? ¿Dónde encajamos nosotros?

¿CUÁNDO EMPIEZA UNA VIDA HUMANA?

Se ha dicho que es mejor evitar tres temas de conversación con personas a las que no conocemos, en el trabajo, y en celebraciones familiares y fechas señaladas: *la política*, *la religión y el aborto*. Pero aunque tal vez no esté bien visto sacar estos temas en las reuniones sociales, la cuestión del aborto es cada vez más difícil de eludir. Tanto los artículos destacados entre las relucientes cubiertas de las revistas como los debates televisivos entre hombres y mujeres que compiten por dirigir las naciones más poderosas del mundo, o las directrices dictadas por el Vaticano, han hecho que el aborto se convierta en parte indisoluble de esos temas sobre los que, precisamente, se nos ha sugerido que evitemos hablar: política y religión.

Las historia nos muestra con claridad que las cuestiones morales sobre si es aceptable interrumpir un embarazo, y cuándo y cómo hacerlo, se han resuelto obedeciendo a los valores y creencias de las distintas sociedades en cada época. Las creencias son algo profundamente personal, y están determinadas por la cultura, el condicionamiento, la religión y la familia. Por eso, cuando consideramos el tema del aborto desde estas perspectivas, probablemente no debería sorprendernos que, en nuestra actual sociedad multicultural, sea desde hace tanto tiempo un asunto tan difícil de resolver.

La máxima autoridad del poder judicial de Estados Unidos intentó darle solución desde una perspectiva legal en 1973. El 22 de enero de ese mismo año, en el caso de *Roe contra Wade*, el Tribunal Supremo emitió un fallo histórico sobre el derecho que tiene la mujer a poner fin a su embarazo. Por una mayoría de siete contra dos a favor de Roe, el tribunal resolvió que el derecho a la privacidad implícito en la decimocuarta enmienda a la Constitución de Estados Unidos incluye la decisión de una mujer, tomada junto a su médico, de llevar a cabo un aborto: «El derecho a la privacidad personal incluye la decisión de abortar, pero no es este un derecho sin restricciones, y deben tenerse en cuenta para su regulación aquellos intereses del estado que revistan importancia».[14] El tribunal añadió una anotación preventiva en cuanto a la manera de llevar a cabo la elección, estableciendo que el derecho de una mujer a poner fin a su embarazo debe considerarse conjuntamente con las leyes del estado particular en el que viva la mujer, puesto que se trata de una decisión de vida o muerte.

Las leyes varían en los cincuenta estados. Así, aunque los tribunales promulgaron un decreto tomando en consideración las opiniones tanto de científicos como de defensores de la elección personal, la decisión final se dejó a discreción de los gobiernos locales, lo cual significaba que la legalidad o ilegalidad del aborto seguiría dependiendo principalmente de los valores y creencias de las comunidades individuales.

Diecinueve años después, en 1992, la decisión original del Tribunal Supremo quedó modificada como resultado de una recusación al tribunal a fin de reflejar un cambio del lenguaje que describía las diferentes etapas del embarazo. Antes del decreto de 1992, los documentos legales describían los nueve meses de duración media de un embarazo a término dividiéndolo en trimestres, mientras que el lenguaje legal utilizado tras la revisión concede menos importancia a la etapa concreta de la gestación, y más al estado de desarrollo del feto. Se fija específicamente en si el feto es «viable», es decir, en si podría sobrevivir en caso de extraerse del vientre materno.

Más que ayudar a resolver la confusión, las pautas revisadas solo parecen haber provocado un resentimiento aún más profundo en torno a la cuestión básica. Mucha gente de todo el mundo opina que, viable o no, un feto es una vida humana en cualquier momento después de la concepción, y por lo tanto merece tener los derechos y la protección que corresponden al ser humano.

Sin lugar a dudas, el aborto sigue siendo uno de los temas más controvertidos y objeto de los más acalorados debates de nuestra sociedad. Cuando las elecciones locales y nacionales de Estados Unidos están a la vuelta de la esquina, el punto de vista de cada candidato sobre esta cuestión influirá con toda seguridad en que la balanza de votos se incline en uno u otro sentido. Según Kenneth T. Walsh, corresponsal de la revista *U.S. News & World Report* en la Casa Blanca: «Los «asuntos divisorios» han vuelto [...] Son las mismas cuestiones sociales que han dividido a los norteamericanos durante muchos años, tales como los derechos de los homosexuales, los valores familiares y el aborto».[15]

Aunque la ciencia va haciendo avances que pueden ayudarnos a entender el proceso y los orígenes de la vida, hay quienes creen que estos descubrimientos apuntan en una dirección totalmente equivocada. Tienen sentimientos y convicciones firmemente arraigados sobre lo que es la vida y cuándo empieza, al margen de lo que la ciencia pueda revelar. Por otra parte, hay quienes consideran que la discusión al respecto no tiene fin ni solución posible. De todos modos, la esencia de la cuestión gira en ambos casos en torno al mismo tema, el factor desconocido sobre el que trata este capítulo: ¿cuándo empieza realmente la vida humana individual?

A pesar de que quizá nunca sepamos exactamente de dónde venimos o cómo es que estamos aquí en la Tierra, sí conocemos con cierto grado de certeza cuándo tienen lugar en el vientre materno los sucesivos estados de la vida. Puede que estéis pensando: «Si sabemos que existen esas etapas y cuándo empiezan, ¿cuál es entonces el problema?». Y aquí es donde surge la controversia. Precisamente *porque* hay distintas etapas de vida, existen distintas definiciones de la vida que corresponden a cada una de ellas. Este hecho nos obliga a ser muy precisos cada vez que preguntamos cuándo comienza la vida exactamente; debemos tener conocimientos suficientes como para saber con seguridad a qué etapa nos referimos. Si doy aquí esta información es porque se ha hecho un nuevo descubrimiento que quizá nos sea de ayuda.

Los científicos han identificado un punto misterioso en el desarrollo de un embrión en el cual las características que nos hacen ser quienes somos (el ADN que define nuestras peculiaridades humanas) se despiertan y «entran en escena». Y aunque este descubrimiento no puede decirnos lo que está bien y lo que está mal con respecto a las elecciones que hacemos sobre la vida y la muerte, al menos nos ayuda a saber de qué tipo de vida estamos hablando y por qué tipo de elección nos decidimos.

DE LA CONCEPCIÓN AL NACIMIENTO, TODO ES VIDA

A lo largo de la historia, la rama de la ciencia que estudia la vida en sí –la biología– se ha basado generalmente en cuatro criterios para definir la vida: *metabolismo, crecimiento, reacción al estímulo y reproducción*,[16] y cuando algo manifiesta estas cuatro características, los biólogos lo consideran un ser vivo.

> Los biólogos generalmente definen la vida como algo que cumple cuatro criterios: *metabolismo, crecimiento, reacción al estímulo, y reproducción.*

Vamos a utilizar esta definición comúnmente aceptada de la vida como punto de partida, y a continuar explorando para ver si logramos averiguar algo más sobre cuándo empieza en el vientre materno una vida humana, tal como la concebimos.

En última instancia, independientemente de cómo la definamos, está claro que, para los seres humanos, la vida empieza por la unión de dos células: un espermatozoide y un óvulo, y en el caso de la mayoría de la gente de este mundo, esa unión ocurre en el vientre. El estudio de la vida en el claustro materno se ha convertido en una de las áreas más fascinantes y misteriosas de la ciencia actual, pues, aunque hoy día dispongamos de la tecnología que nos permite presenciar el instante en que un espermatozoide y un óvulo se unen y se casa el «material» genético del ADN que nos hará lo que somos, y aunque podamos documentar detalladamente los mecanismos que hacen posible la vida humana, hay cosas que suceden antes del nacimiento que la ciencia todavía no es capaz de explicar.

Contar con un índice de las etapas del desarrollo humano en el vientre nos proporcionará un marco en el que situar nuestras reflexiones; además, nos permitirá determinar con gran precisión los lugares concretos en los que tienen lugar, durante el desarrollo, los diversos cambios que nos definen a cada uno como lo que somos y de dónde afloran las etapas que se suceden desde la concepción hasta el nacimiento. Y dado que casi todos los que estáis leyendo este libro habréis pasado por el mismo proceso, haré que esta síntesis sea algo personal: tú y yo vamos a ser los protagonistas. Esto es lo que *nos* sucedió dentro del vientre de *nuestras* madres, para hacernos tal y como *somos* en este momento. Así que vamos a empezar.

NUESTRO COMIENZO. Más adelante, examinaremos en este capítulo el tema de los orígenes de la vida desde la perspectiva de la teoría de la evolución de Charles Darwin y su rival, la teoría del diseño inteligente. A la hora de encontrar pruebas científicas de cómo empieza la vida, algo sabemos con certeza absoluta: que la materia de la vida empieza por materia viva –aunque se han hecho experimentos para investigar otras maneras en que pueda surgir la vida, no hay en la literatura revisada por pares ningún caso científicamente documentado de que pueda originarse a partir de algo que no esté vivo.

> Los experimentos han demostrado que la vida en general, y la humana en particular, solo puede provenir de materia biológica viva.

Por consiguiente, con respecto a lo que sucedió en el vientre de nuestras madres, es importante que tengamos presente un hecho: *la vida empieza por la vida*. Provenimos de esencia viva. El espermatozoide y el óvulo que se fusionan y son nuestro «principio» están vivos, y hacen el papel de conductos *vivos* de la esencia *viva* de la que procedemos.

LA FECUNDACIÓN. Aunque al momento en el que se unen un espermatozoide y un óvulo humanos suele llamársele «instante de la concepción», es más exacto decir que es el momento en que el *proceso* de la concepción empieza, ya que, de hecho, han de pasar alrededor de veinticuatro horas para que el núcleo del espermatozoide y el óvulo se fusionen, compartan la información genética de cada uno de los progenitores y la fecundación se produzca.

NUESTRO CIGOTO. Me parece fascinante que, aunque el espermatozoide y el óvulo que se fusionan y constituyen nuestro principio más temprano sean ya dos células vivas completas y separadas –y que ya cumplen todos los requisitos biológicos para la vida–, cuando se unen para formar una nueva entidad, lo que constituyen es una sola célula nueva. En otras palabras, las matemáticas biológicas en este caso nos dirían que 1 célula $+$ 1 célula $=$ 1 célula, y no que $1 + 1 = 2$.

No obstante, aunque estemos hablando de un organismo unicelular, la nueva célula es *más* que cualquiera de la dos que se han unido para crearla; está henchida de un potencial mucho mayor que el que habrían podido tener el espermatozoide y el óvulo individualmente. Y esta unión de mayor potencial es «nosotros» en la primera etapa de nuestras vidas; desde esta etapa en adelante, es nuestra primera célula, que contiene las posibilidades de todo lo que llegaremos a ser.

Hay una importante distinción que me gustaría matizar en este momento, y es que el código genético que contiene el *potencial* de determinar qué y quién seremos existe en esta etapa exactamente como eso: potencial solo. *La información genética, que es el proyecto de vida, no está plenamente activa en esta etapa.* También me gustaría destacar que la nueva ciencia de la epigenética ha descubierto que el potencial que heredamos de nuestros progenitores no está «grabado a cal y canto», como se creía anteriormente, y puede modificarse en nuestros cuerpos por la influencia del entorno físico, químico y emocional.[17]

El término científico que corresponde a esta etapa de desarrollo es «cigoto». El cigoto empieza después de la fecundación, cuando el espermatozoide y el óvulo se han fusionado creando una sola célula, y dura hasta la primera división celular, cuando nuestra única célula se divide en dos células idénticas (véase la figura 5.1). El lapso de tiempo que un cigoto existe como célula única antes de dividirse en dos no parece formar parte del meticuloso reloj del universo.

La división celular inicial no sucede dentro del mismo plazo en todas las concepciones, sino que parece que la naturaleza permitiera cierta flexibilidad en cuanto al momento en que se pone en marcha este proceso, que continuará hasta que tomemos nuestro último aliento en este mundo. Se puede decir, por tanto, que nuestra primera división celular empieza generalmente entre doce y veinte horas después de que se forme el cigoto.

LA ETAPA DE DOS CÉLULAS. En esta etapa, nuestras células comienzan a responder al reloj invisible de la naturaleza y a dividirse a paso rítmico. Cada división celular ocurre en un plazo que podemos predecir y calcular basándonos en el anterior. Este proceso —llamado *división celular binaria*— prosigue continuamente con una frecuencia de

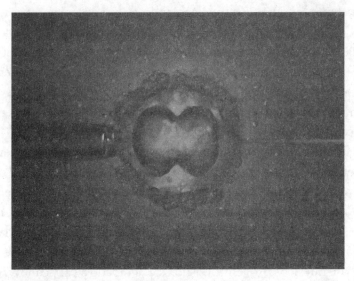

Figura 5.1. El lapso de tiempo que transcurre desde la fecundación hasta la primera división celular varía de unos individuos a otros. En la imagen superior, el proceso de división ha comenzado, y se ve cómo la célula única del cigoto empieza a dividirse en dos células idénticas. La concavidad que se aprecia en cada una de las células es el núcleo que contiene la información genética (iStockphoto: © Pete Draper).

entre doce y veinte horas. Por consiguiente, y resumiendo, desde el momento de la fecundación nuestra primera división de una célula en dos tiene lugar generalmente al cabo de entre cuarenta y siete y cincuenta y cinco horas; la siguiente división, de dos células en cuatro, se produce entre doce y veinte horas más tarde, y la tercera división, en la que cada una de las cuatro células se divide, y constamos entonces de ocho células, ocurre entre doce y veinte horas después.

Y en esa etapa de nuestras vidas en que somos ocho células, aproximadamente noventa y cinco horas (3,9 días) después de la fecundación, sucede algo misterioso y extraordinario que desempeña un papel crucial en el desarrollo de la persona en la que nos convertiremos y añade por consiguiente una nueva dimensión a las difíciles decisiones que a veces tenemos que tomar con respecto a las etapas de la vida humana.

EL ESTADIO DE OCHO CÉLULAS. Esta etapa, que constituye un momento fundamental de nuestras vidas, inicia un misterioso proceso en el interior de las células más tempranas, proceso que los científicos están empezando a entender y no pueden, por tanto, explicar plenamente. En la etapa de ocho células, el mapa genético de nuestro ADN «entra en escena», y las características que nos hacen ser quienes somos se activan.[18]

Un estudio publicado en la revista *Nature* en 2010 decía: «Después de la fecundación, el genoma embrionario está inactivo hasta que se produce la transición del control materno de la transcripción al control cigótico».[19] Si bien los científicos son actualmente capaces de documentar que este cambio, llamado *activación del genoma embrionario*, realmente ha ocurrido, los métodos de investigación tradicionales no pueden explicar aún *por qué* ocurre.

> **En la etapa de la vida en que constamos de ocho células, un misterioso proceso, que todavía no se comprende plenamente, despierta el código de la vida. El ADN, con las características que nos harán ser quienes somos y como somos, se activa.**

Dicho de otro modo, es en esta etapa cuando las características que consideramos humanas empiezan a trabajar para hacernos... *a nosotros*. Como se ha mencionado anteriormente, se puede considerar que el código genético son las instrucciones llegadas de la fábrica cósmica de la vida que inician nuestra andadura por este mundo. Forman parte de nosotros cuando nacemos, pero no son inamovibles y pueden cambiar, con tiempo suficiente y las condiciones apropiadas.

LA MÓRULA. Entre doce y veinte horas después de que haya comenzado la etapa de ocho células, cada una de ellas vuelve a dividirse, creando las dieciséis células que forman la etapa siguiente de nuestro desarrollo, y cuya disposición recuerda a una mora (de ahí su nombre, *morula*, que significa «mora» en latín). Hasta este momento, las células se habían dividido como unidades idénticas *dentro de la membrana* que les impedía crecer hacia fuera, la *zona pelúcida*, pero en la etapa de dieciséis células, estas empiezan a cambiar de forma y se aglutinan muy juntas, en un proceso que recibe el nombre de *compactación*.

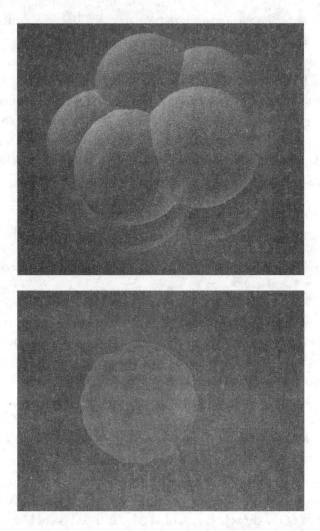

Figura 5.2. *Arriba:* embrión en la etapa de ocho células, que tiene lugar aproximadamente noventa y cinco horas después de la fecundación. En ese momento empieza un misterioso proceso, y la información genética de nuestro desarrollo temprano «entra en escena» (iSockphoto: © alxpin). *Abajo:* etapa del blastocisto, cuando nuestras células comienzan a adoptar distintos papeles. Algunas avanzan hacia el interior para constituir el feto, y otras migran hacia fuera para crear lo que será la placenta. Es en esta etapa cuando se forman nuestras primeras células madre (iSockphoto: © geopaul).

EL BLASTOCISTO. A continuación de la etapa de la mórula, que tiene lugar alrededor de cinco días después de la fecundación, comienza la etapa del *blastocisto*. En este momento, el embrión es una diminuta bola hueca del tamaño aproximado de un ojo del presidente Roosevelt en la moneda estadounidense de diez centavos. Por primera vez, empiezan a producirse diferencias en las células que se dividen; así, las interiores se convierten en la masa interna que forma el feto —y que contiene nuestras primeras células madre—, mientras que las exteriores se aplanan para formar la fina superficie exterior que crea una cavidad llena de fluido, y que se convertirá en la placenta. El blastocisto es el «vehículo» que viaja por las trompas de Falopio, entra en el útero y se implanta dentro de su revestimiento para desarrollarse como feto.

EL FETO. Generalmente durante la octava semana después de la fecundación, nuestro tiempo como embrión termina, y nos convertimos en *feto*. En este momento, los órganos están físicamente presentes, pero se hallan solo en las etapas iniciales de su funcionamiento. Aunque podemos percibir cambios en nuestro entorno, por razones que detallaré más adelante, en este mismo capítulo, se cree que no podemos tener la sensación de dolor. Esta es la última etapa de desarrollo hasta que hacemos nuestra entrada en este mundo como recién nacidos.

LA VERDAD PROFUNDA DE LA VIDA HUMANA

Cuando hablamos sobre el comienzo de la vida humana, la etapas de desarrollo que se acaban de describir ayudan a entender por qué hay tantas opiniones y perspectivas distintas. *La verdad profunda es que el comienzo de la vida humana es un proceso, y no un suceso.* La vida empieza siendo vida —como explicaré más adelante, la humanidad todavía no ha creado materia viva de algo que no esté ya vivo—, y una vez que entendemos lo que sucede en el vientre, queda claro que, en cada etapa de desarrollo, nuestras células están «vivas» de manera diferente.

La esencia viva tanto del espermatozoide paterno como del óvulo materno contiene la mitad del material necesario para formar un nuevo ser. Cuando el espermatozoide y el óvulo se fusionan para formar a uno de nosotros, la primera célula que se crea como resultado de su unión se atiene ya a la definición biológica general de vida. Esto quiere decir que definitivamente estamos vivos desde la primera célula de nuestra existencia. Pero la raíz de la controversia guarda menos relación con las células vivas que con cuál es el momento en el que adquirimos las cualidades que consideramos humanas; y para esto puede resultar útil entender claramente qué sucede en el vientre y cuándo sucede.

Aunque los científicos trabajan con ahínco para desvelar el misterio de qué es lo que pone en marcha nuestro código genético, no hay duda de que el ADN se activa en la etapa de ocho células. Como antes se ha mencionado, durante esta fase de desarrollo (la etapa de la activación del genoma embrionario) adquirimos las características que hemos heredado de nuestro padre y de nuestra madre, las particularidades que encierran el potencial de lo que pueden llegar a ser nuestras vidas. Este es uno de esos casos en los que una manera unificada de pensar en nuestro mundo podría ofrecernos una comprensión que un punto de vista aislado, desde un solo campo de la ciencia, no nos puede brindar. Es uno de esos casos, también, en los que solo puede suponer un beneficio traspasar los límites tradicionales que en el pasado han mantenido las ciencias separadas unas de otras.

Los descubrimientos más recientes en el estudio de la física cuántica han demostrado, más allá de toda duda razonable, que estamos rodeados por un mar de energía viva, lo cual significa que no podemos separar la vida de la energía que la rodea. Existen juntas, en interacción constante, y es esta interacción la que nos permite experimentar la vida como lo hacemos. Adoptar una manera de pensar holística puede ser la clave para entender qué es lo que activa el mapa genético de nuestro ADN en la etapa de la activación del genoma embrionario, y a continuación se expone el porqué:

El campo en el que estamos inmersos —al que se le dan nombres tan diversos como Matriz Divina y Mente de Dios, o simplemente el Campo— es lo que llena el «espacio vacío» que hay entre todo lo que existe. La biología moderna considera asimismo que este campo forma parte del «medio ambiente» que rodea a los seres vivos, y este es un concepto importante cuando intentamos averiguar dónde empieza la vida humana y qué sucede en la etapa de ocho células. El estudio de la epigenética ha demostrado que, si bien el código de ADN conteni-do en nuestras células le dice al cuerpo cómo ha de funcionar, la señal que activa el código parece provenir del exterior de la célula,[20] es decir, ¡procede del propio campo!

Sabemos esto por el proceso de rechazo celular que es común tras el trasplante de órganos. Cuando un órgano de una persona se coloca dentro del cuerpo de otra, el organismo del receptor no reconoce el nuevo tejido como parte de «sí mismo», y, debido a ello, lo trata como un objeto extraño y lo rechaza. Fue todo un avance que los científi-cos lograran descubrir cómo reprimir ese mecanismo de rechazo, de modo que los órganos trasplantados pudieran desarrollarse y prospe-rar en los nuevos cuerpos.

Con frecuencia, presento seminarios junto con el biólogo celular Bruce Lipton (a quien ya mencioné en el capítulo anterior); durante uno de ellos, tuve la oportunidad de deslizarme hasta el fondo de la sala y escuchar la conferencia desde allí. Como todos sabemos, en el mundo nada ocurre por accidente, así que no es una sorpresa que en-trara en la sala justo en el momento en que había empezado a describir un fenómeno que a mí me costaba mucho entender. Tenía que ver con el trasplante de órganos y con los problemas sobre los que había oído hablar a amigos míos que se habían sometido a uno.

Observé cómo mi amigo Bruce explicaba detalladamente sobre una pantalla que, cuando se extrae el interior de una célula (el núcleo que contiene su ADN) de su membrana original y se introduce en la membrana de una célula distinta que tiene receptores distintos (an-tenas) en su superficie, se activan diferentes secciones del ADN tras-plantado. La clave de esto es que, aun siendo el mismo ADN el que hay en el interior de ambas células, los diferentes receptores recogen distinto tipo de información del campo que los rodea. Dicho de otro modo, el mapa genético es el mismo en las dos células, pero las an-tenas que están sintonizadas con el campo del entorno no lo son. De repente, la cuestión del rechazo de órganos, junto con toda otra serie de misterios, se volvió menos misteriosa.

La razón por la que hablo de esto es que, por lo que se sabe, la activación del genoma no se produce hasta la etapa de ocho células, y esto implica que solo en esta etapa —la de activación del genoma

embrionario, aproximadamente cuatro días después de la fecundación– «despiertan» nuestros receptores celulares y captan la señal del
campo que los pone a punto para producir las características que nos
hacen humanos, y únicos.

❖❖❖ ❖❖❖

En la figura 5.3 muestro un esquema detallado de las características esenciales que van apareciendo hasta el momento de nacer y de la
etapa en que generalmente desarrollamos tales características dentro
del claustro materno en condiciones normales. El hecho de exponerlas aquí tiene el único propósito de establecer un punto de referencia científico, a fin de que contemos con algo más que una reacción
emocional en lo que basar nuestras opiniones sobre la vida y sus comienzos; algo que nos sirva de fundamento cuando no tenemos una
opinión fundada.

Durante el tiempo que indagué en busca de las últimas investigaciones que describieran las etapas de la vida humana, entendí claramente que las diferencias existentes en cada individuo hacen que sea
difícil precisar lo que ocurre en cada etapa. Por esta razón, la información que sigue pretende ser simplemente una síntesis de la opinión
general, y no una tabla que refleje la cronometría absoluta de los acontecimientos que tienen lugar en el vientre.

¿QUÉ SIGNIFICA ESTO?

Supongo que resultará ya evidente que, si queremos responder a
la pregunta de cuándo empieza la vida humana, debemos tener claro a
qué forma de vida humana nos referimos.

> ➤ Si definimos la vida humana como la sola célula nueva creada en
> la etapa de la concepción, debemos considerar que su comien-
> zo está comprendido en las primeras veinticuatro horas de la
> fecundación, cuando el óvulo y el espermatozoide se unen.
> ➤ Si creemos que comienza en la etapa en que el ADN despier-
> ta para conferirnos las características humanas heredadas de
> nuestros progenitores, consideraremos entonces que se inicia

ETAPA	NÚMERO DE CÉLULAS	TIEMPO TRANSCURRIDO	CARACTERÍSTICAS
Fecundación: comienza la etapa del embrión	2 células se convierten en 1	Alrededor de 24 horas después de que la célula del espermatozoide y la célula del óvulo se unan	23 cromosomas de la madre y 23 del padre se fusionan, dando lugar a los 46 cromosomas que definen al ser humano
Cigoto	1 célula	Alrededor de 11 horas después de terminada la fecundación	Empieza la división (escisión) celular, y cada célula se divide cada 12-20 horas
	2 células	Entre 12 y 20 horas después de la última división celular	
	4 células	Entre 12 y 20 horas después de la última división celular	
	8 células	Entre 12 y 20 horas después de la última división celular	Los genes se activan. Empieza a actuar el diseño de características humanas entre 51 y 95 horas, o entre 2,9 y 3,9 días, después de iniciada la fecundación
Mórula	10-30 células	Alrededor de 4 días	Última etapa antes de que se forme la cavidad, llena de fluido, del blastocisto
Blastocisto	40-150 células	Alrededor de 5 días	Las células comienzan a diferenciarse
		Día 18	Se detecta el primer latido del corazón
		Día 22	El corazón funciona y bombea sangre
Feto		6 semanas	Se detectan ondas cerebrales
		8 semanas	Termina la fase de embrión y empieza la etapa fetal. Todos los órganos ocupan su lugar y existe audición
		10 semanas	Todos los órganos funcionan; hay nervios, estructura ósea y función circulatoria
		12 semanas	Se desarrollan los reflejos. Termina el primer trimestre del embarazo

Figura 5.3. Etapas de la vida humana durante las doce semanas que siguen a la fecundación, período habitualmente llamado «primer trimestre».

en la etapa de ocho células, entre 2,9 y 3,9 días después de la fecundación.

➤ Si, como algunas culturas indígenas, creemos que es la presencia de los latidos del corazón lo que define la vida, el momento en que el corazón humano se hace viable y empieza a bombear sangre tiene lugar alrededor de veintidós días después de la fecundación.

Hay quienes piensan que la presencia de ondas cerebrales, que se presenta al cabo de unas seis semanas, es una clara señal de vida humana, aunque los estudios han descubierto que la conciencia no está presente hasta mucho después, alrededor de la vigésimo octava semana.

Tras la decisión del Tribunal Supremo de Estados Unidos de dar autoridad a los estados sobre cuándo y cómo se puede practicar un aborto, se exigió a algunos médicos que informaran a cualquier mujer que quisiera abortar de que un feto de veinte semanas tiene la capacidad de sentir dolor. Este es uno de los casos en los que la nueva tecnología ha cambiado esta opinión. Un estudio publicado en la revista de ciencia para profanos *Discover* el 1 de diciembre de 2005 indica que el sistema nervioso que es necesario para experimentar cualquier sensación se activa alrededor de la vigésimo octava semana.

Mark Rosen, anestesista obstétrico de la Universidad de California, en San Francisco, y sus colegas han descubierto que «las conexiones del lugar donde se produce el dolor, por ejemplo la piel, no llegan a la parte emocional en la que se siente el dolor, situada en el cerebro» hasta aproximadamente veinte semanas más tarde de lo que se creía en 1973, cuando el Tribunal Supremo dictaminó sobre el caso *Roe contra Wade*.[21] Este sistema interconectado de los nervios y la función cerebral al que se refiere Rosen debe estar activo para que podamos experimentar el «viaje mágico de la conciencia», como se lo ha llamado.

Un artículo, publicado en septiembre de 2009 en la revista *Scientific American*, que indagaba en la cuestión de si nuestra experiencia consciente empieza o no dentro del vientre materno, durante el nacimiento o después de nacer, afirma que el «sustrato físico» de tejido que es necesario para transmitir e interpretar señales eléctricas en el cuerpo, el «sistema tálamo-cortical que nos provee de conciencia con su contenido altamente complejo, empieza a estar activo entre la vigésimo cuarta y vigésimo octava semana de gestación».[22] Este es un ejemplo de cómo la tecnología ha esclarecido cuándo y cómo nos desarrollamos en las diferentes etapas de nuestra vida.

Los avances tecnológicos de los años venideros nos darán una idea más cabal de lo que significa exactamente estar vivo. Y del mismo modo que la ciencia de principios del siglo XXI nos ofrece información de la que sencillamente no disponíamos hace cuarenta años, cuando se falló el caso *Roe contra Wade*, es indudable que dentro de cuarenta años tendremos conocimientos que nos ayudarán a afinar nuestras elecciones.

Lo que sí podemos asegurar con certeza es esto: la verdad profunda de nuestra existencia es que la vida en sí comienza siempre que dos células vivas, un espermatozoide y un óvulo, se unen para crear el material del que está hecha la *vida*. Y que hasta después de que se hayan formado las primeras ocho células, no se activa en nosotros el ADN que nos confiere las características que pueden considerarse *humanas*.

Las investigaciones dirigidas a comprender cuándo empieza la vida en el vientre nos llevarán sin duda a saber más sobre la que, para algunos, es una pregunta aún más trascendente: cómo empezó la vida *en sí*, y cómo empezó aquí en la Tierra.

LA CONCLUSIÓN DE DARWIN: LA EVOLUCIÓN

En una de las series de televisión más populares, *Más allá del límite*, cada episodio parecía reproducir algún aspecto del mundo tal como lo conocíamos en la época en que se emitía el programa, entre 1963 y 1965. Y este era especialmente el caso del episodio final de la serie, titulado «El origen de las especies».[23]

Vivíamos en un mundo muy diferente al de hoy, en 1963. Acabábamos de salir de la crisis de los misiles instalados en Cuba, y las imágenes del noticiario nocturno recordaban a los norteamericanos lo indefensos que se encontraban ante la posibilidad de un ataque atómico, y lo que debían hacer si llegaba a producirse. (Sinceramente, creo que colocar los pupitres de lado y esconderse detrás de ellos, como mostraban los anuncios, probablemente sería muy poco efectivo para proteger a los alumnos si tuviera lugar una explosión atómica en las inmediaciones.) Y fue también durante esa época cuando se descubrieron en la garganta de Olduvai, en Tanzania, algunos de los restos fósiles más antiguos pertenecientes, supuestamente, a nuestros ancestros humanos.

Desde mediados del siglo XIX, los científicos han buscado con ahínco vestigios fósiles de la sucesión de ancestros humanos que puedan conectarnos con nuestros comienzos más tempranos, sucesión que se daba por hecho que debía existir, basándose en la «teoría de la evolución». A causa de las ideas que propuso Charles Darwin un siglo antes, se entendía que todos los fósiles de arcaicas criaturas humanoides encontrados en África o en cualquier otra parte del mundo tenían un vínculo con *nosotros*. Aunque ya se mencionaron las teorías de Darwin en un capítulo anterior, prometí que haría una descripción más detallada de sus ideas y lo que estas implican, lo cual me alegra hacer ahora.

A partir de 1859, el debate científico sobre los orígenes humanos ha girado en torno al concepto más conocido como la *teoría de la evolución biológica*. Si bien se han dado incontables versiones de la teoría de la evolución en incontables aulas, revistas y libros de texto a lo largo de los últimos ciento cincuenta años, la idea general de la evolución se ha conservado esencialmente idéntica. En pocas palabras, la teoría propone que toda vida, incluida la humana, está relacionada, empezó por un ancestro común y, desde ese ancestro, las formas de vida han cambiado a lo largo de períodos de tiempo muy prolongados hasta llegar a ser lo que son actualmente. Aunque las teorías de Darwin no describen con precisión cómo llegó a existir ese antepasado común de toda vida, las presunciones derivadas de sus teorías contienen la respuesta implícita.

Darwin puso por primera vez sus ideas en conocimiento del público a través de su libro, conocido sobre todo por su famoso título, *El origen de las especies por medio de la selección natural*. Sin embargo, una mirada más atenta a la edición de 1859 evidencia que el libro se publicó inicialmente con un título más largo, dividido en dos partes, que da una sensación muy diferente de cuál era su intención y de los temas que podría abordar. Antes de abreviarse al título que a todos nos resulta familiar hoy día, el título original era *El origen de las especies por medio de la selección natural, o la preservación de las razas favorecidas en la lucha por la vida.*[24]

Con este libro, Darwin plantó en su época las semillas de la encarnizada controversia que sigue en pie en el mundo moderno de nuestros días. Es la profunda respuesta emocional que provoca lo que dan a entender sus palabras, y la forma en que se interpretan sus ideas, lo que constituye la raíz de algunas de las creencias más divisivas entre los pueblos y la justificación de algunos de los más atroces sufrimientos infligidos a la humanidad en toda la historia documentada.

Darwin elaboró su teoría de la evolución basándose en lo que vio personalmente en el curso de su ya famoso viaje oceánico que comenzó en 1835. Durante esa travesía, observó una cantidad de plantas y animales mucho mayor de lo que había hecho ningún científico europeo de su tiempo. Un extracto de su introducción al libro nos da una idea de lo que el viaje significó para él:

> Cuando estaba como naturalista a bordo del *Beagle*, buque de la marina real, me impresionaron mucho ciertos hechos que se presentan en la distribución geográfica de los seres orgánicos que viven en América del Sur y en las relaciones geológicas entre los habitantes actuales y los pasados de aquel continente. Estos hechos parecían dar alguna luz acerca del origen de las especies, este misterio de los misterios, como lo ha llamado uno de nuestros mayores filósofos.[25]

Gran parte de la teoría de Darwin se basa en lo que observó mientras estudiaba los fósiles y la vida salvaje, sobre todo especies de aves, de las islas Galápagos. Pero hasta su regreso a Londres, no se dio cuenta de que lo que había recogido, pensando originariamente que eran especímenes de *distintas* familias de pinzones, por ejemplo, se trataba en realidad de variaciones de la *misma* familia.

La cuestión a la que Darwin se enfrentaba era cómo explicar las diferencias, tales como el tamaño y la forma del pico, entre pinzones que se habían desarrollado aislados unos de otros en islas separadas. El descubrimiento adicional de restos fósiles de criaturas que guardaban semejanza con animales de los tiempos modernos, aunque de mucho mayor tamaño, aumentaba la magnitud del misterio ante el que Darwin se encontraba.

Darwin aplicó los métodos científicos de observación, hipótesis, experimentación y análisis más avanzados y fiables de su época para explicar lo que había descubierto durante su histórico viaje, y el resultado de su trabajo le llevó a esbozar su teoría de la evolución por medio de la selección natural.

ESENCIALMENTE, LA TEORÍA DE LA EVOLUCIÓN DE DARWIN POR MEDIO DE LA SELECCIÓN NATURAL ESTABLECE LO SIGUIENTE:

- En una especie se producen cambios (mutaciones aleatorias provocadas por el medio ambiente o errores de reproducción). Los miembros de una población que han experimentado cambios que favorecen la vida, como picos más fuertes para romper frutos de cáscara más dura o colorido mimetizante para su protección, tienen una ventaja sobre los demás miembros de la misma especie que no comparten esas características. Esta parte de la teoría se denomina *microevolución*.
- Con el tiempo, y bajo condiciones cambiantes, aquellas características de los individuos que aseguran su supervivencia vencerán a aquellas otras de miembros de la misma especie que no aseguren su supervivencia. Dado que sobrevivirán más tiempo, los individuos que poseen las características beneficiosas tendrán mayor descendencia, que también las poseerán. Esta parte de la teoría de Darwin se define como *selección natural*.
- En un momento dado, los miembros de una especie que posean los nuevos cambios mutan hasta el punto de que ya no pueden procrear con miembros del grupo original. Estos miembros forman entonces una nueva especie separada de sus antepasados originales. A este proceso se lo llama *especialización*.

Cuando estudio la esencia del argumento que Darwin publicó hace más de siglo y medio, así como los datos que él y otros han recopilado desde entonces, veo que las observaciones en sí tienen sentido. Cualquiera que sea honesto y tenga una mente abierta admitirá que el proceso de la evolución en sí deja muy poco lugar a dudas. Es muy real. Es un hecho que vemos confirmado en los restos fósiles de especies que vivieron en el pasado. Es algo que vemos a diario en la naturaleza.

Pero mientras el proceso evolutivo es un hecho en el reino vegetal y animal, la gran pregunta es: ¿qué significa en nuestro caso? Es decir, ¿es aplicable a la vida humana también la evolución que vemos a nuestro alrededor? ¿Explica esa evolución cómo hemos llegado a «ser» lo que «somos» hoy día? ¿Es esa «lucha por la vida», que Darwin observó en el mundo natural, la raíz de la lucha humana que vemos en nuestro mundo actual? Este tipo de preguntas van directamente a la raíz del gran debate existente en torno el desarrollo humano y cuyas semillas se plantaron hace siglo y medio.

OBJECIONES A LAS IDEAS DE DARWIN

Muchas de las objeciones que se hacen al trabajo de Darwin parecen tener menos que ver con la evolución en sí que con lo que la teoría implica y las presunciones que se derivan de ella. Dicho de otro modo, Darwin especulaba sobre procesos de la vida que ni él ni nadie había presenciado. Disipó cualquier duda sobre si personalmente creía que sus teorías eran aplicables a la vida que existía más allá del reino vegetal y animal en general, y a nosotros concretamente.

En *El origen de las especies*, describe su sensación de que nosotros, al igual que otras formas de vida de la Tierra, somos el resultado de una selección evolutiva que se produce a lo largo de prolongados períodos de tiempo. En una sola frase de la conclusión del libro, sintetiza claramente sus ideas sobre cómo habría ocurrido: «Debemos admitir asimismo que todos los seres orgánicos que hayan vivido en esta tierra han descendido de una forma primordial».[26]

Algunas de las objeciones que se hacen a las teorías de Darwin se basan en una aversión puramente emocional a la idea de que pudiéramos haber evolucionado a partir de formas de vida menos sofisticadas. Otras se basan en doctrinas religiosas que aseguran que la humanidad es especial, creada directamente por la mano de Dios. Y aunque la teoría de la evolución goza de aceptación generalizada en la comunidad científica de hoy día, el emerger de la nueva tecnología ha hecho posibles descubrimientos, en áreas que se extienden desde la biología hasta la genética, que han hecho que un número de científicos cada vez mayor cuestione si la teoría de Darwin es la explicación completa de por qué la vida —y más concretamente la humana— es como es.

Los principales motivos de inquietud en cuanto al tema de la evolución provienen de tres presunciones que son fundamentales para la teoría:

> *Primera presunción sobre la evolución:* la vida puede surgir espontáneamente de materia no viva.
> *Segunda presunción sobre la evolución:* la naturaleza no dota a una especie con más de lo que necesita para vivir.
> *Tercera presunción sobre la evolución:* las especies existentes pueden evolucionar y dar lugar lentamente a especies nuevas por completo a lo largo de prolongados períodos de tiempo.

Si nos fijamos bien en estas presunciones, vemos que, basándonos en lo que actualmente sabemos y ha quedado verificado como hecho científico, aceptarlas en su totalidad plantea serios problemas. Vamos a estudiarlas de una en una.

PRIMERA PRESUNCIÓN SOBRE LA EVOLUCIÓN:
LA VIDA PUEDE SURGIR ESPONTÁNEAMENTE DE MATERIA NO VIVA

La primera presunción es la clave del título de este capítulo, «¿por casualidad o por diseño?». Rara vez me ha sido posible emplear la palabra «nunca» al hablar de una teoría científica, pero esta es una de esas ocasiones. Es un hecho científico que *nunca* se ha demostrado que la vida se forme a partir de una combinación de materia que no esté ya viva. Por razones misteriosas que los científicos se han esforzado por entender durante al menos trescientos años, sencillamente no ha ocurrido.

Para resolver esta contradicción, los evolucionistas suelen proponer que, aunque *hoy día* no veamos ninguna creación espontánea de vida, es posible que en algún momento del pasado existieran las condiciones idóneas para que tuvieran lugar tales procesos, condiciones que después se habrían destruido a causa del desarrollo de la vida en sí. El hecho es que no saben con certeza que haya sido así jamás, y este es el problema que plantea esta presunción.

Las tentativas científicas de crear materia orgánica partiendo de un «potaje» de materia inorgánica en nuestros tiempos hacen que pensemos inevitablemente en el revolucionario experimento que llevaron a cabo el químico y biólogo Stanley Miller y el químico físico y ganador del Premio Nobel Harold Urey en la Universidad de Chicago en 1952.[27] El experimento inicial se realizó empleando los elementos y compuestos que los científicos de mediados del siglo xx creían que componían la primera atmósfera de la Tierra (vapor de agua, amoníaco, hidrógeno y metano) así como varios tipos de catalizadores, tales como un rayo simulado, para provocar los comienzos de vida más simples.

Aunque no se obtuvo ningún tipo de materia viva, el estudio informó de que, al final, estaban presentes cinco aminoácidos. Sin embargo, cuando en 2008 los científicos evaluaron los experimentos anteriores, vieron que en realidad se habían producido veintidós aminoácidos. En principio, esto parece respaldar las ideas de Darwin, si no fuera porque en el análisis se descubrió asimismo que los modelos tempranos de la atmósfera del planeta habían sido poco acertados.

Se han hecho nuevos experimentos en los que se han revisado las presunciones científicas sobre la composición de la primera atmósfera terrestre. Cuando se repitió el experimento de Miller y Urey empleando una composición química diferente (vapor de agua, dióxido de carbono y nitrógeno), no se produjo *ninguno* de los pilares de la vida, y la ausencia incluso de un solo aminoácido ha supuesto el fin de esta línea de pensamiento.

Por lo que han demostrado este experimento y otros realizados desde entonces, parece ser que hay algo sobre lo que la ciencia todavía ha de dar cuenta..., la falta de cierto ingrediente en la receta de la vida, un ingrediente que nunca ha estado presente en los experimentos de laboratorio. Incluso cuando las condiciones de temperatura, humedad y composición química parecen favorables a la génesis espontánea de la vida, se diría que se necesita *cierta fuerza que trasciende las propiedades de la química* para insuflar vida a los elementos de la creación.

Y esta fuerza no es algo de lo que den cuenta las teorías de Darwin y sus discípulos, ni los conocimientos convencionales de los científicos modernos. De las tres presunciones de la teoría evolutiva, esta parece ser la menos convincente, y no me sorprendería que esta parte del argumento desapareciera del discurso científico en el siglo XXI.

SEGUNDA PRESUNCIÓN SOBRE LA EVOLUCIÓN:

LA NATURALEZA NO DOTA A UNA ESPECIE CON

MÁS DE LO QUE NECESITA PARA VIVIR

En esencia, esta presunción viene a decir que los seres vivos solo desarrollan aquellas características que les dan una ventaja en la vida cuando de verdad las necesitan, y no antes. Estas características nuevas ofrecen a los individuos una mayor oportunidad de sobrevivir y de tener una vida más larga, y se transmitirán lentamente, a lo largo de extensos períodos de tiempo, a las generaciones siguientes mediante un proceso de selección natural. La frase que justifica esta presunción es que «la naturaleza nunca dota a una especie con más cualidades de las necesarias para la existencia cotidiana».

Si bien se trata de una presunción basada en las observaciones de Darwin y tal vez explique el cambio de tamaño del pico de los pinzones, que les permite cascar más fácilmente los frutos (lo cual incrementa su provisión de alimentos), o del color de las polillas, que las asemeja a la corteza del árbol y les sirve de camuflaje (protegiéndolas de los depredadores), la presunción se desbarata cuando intentamos aplicarla a los seres humanos, y concretamente al tamaño de nuestros cerebros. He aquí por qué.

El incremento de la capacidad cerebral de los seres humanos modernos es una de las anomalías que no encajan en el modelo de la teoría de la evolución. En pocas palabras, nuestros cerebros se hicieron más grandes de lo que era realmente necesario. El aumento de tamaño les dio a los seres humanos capacidades superiores a las que se cree que habrían requerido los primeros representantes de nuestra especie (*Homo sapiens*), que vivieron en la Tierra hace alrededor de doscientos mil años.

Creo que una sencilla tabla que muestre el linaje de los seres humanos modernos propuesto actualmente ayudará a entender esto. Dado que esta muestra de nuestros supuestos antecesores se basa en el árbol de relaciones generalmente aceptado por los evolucionistas, lo utilizaré para mostrar por qué la teoría evolutiva no parece muy apropiada en lo que respecta al tamaño de nuestro cerebro.

La lista que presento a continuación muestra las ramas más recientes del árbol evolutivo que se cree que conducen hasta nosotros, así como la capacidad cerebral, medida en centímetros cúbicos (cm^3), que ha correspondido a cada antecesor a lo largo del camino.[28]

NOMBRE	EDAD APROXIMADA	CAPACIDAD CEREBRAL APROXIMADA
Homo sapiens (ser humano moderno)	200.000 AAP*	1.450 cm^3
Homo heidelbergensis	600.000 AAP	1.348 cm^3
Homo habilis	2.500.000 AAP	700 cm^3
* AAP = años antes del presente		

Figura 5.4. La capacidad cerebral de los miembros más recientes del linaje humano comúnmente aceptado. Los seres humanos modernos aparecieron hace alrededor de veinte mil años, y su capacidad cerebral era aproximadamente 100 cm^3 mayor que la que tenían sus antepasados cuatrocientos mil años antes. En contra de lo que propone la teoría evolutiva, se cree que dicha capacidad es superior a la que habría sido necesaria en aquel tiempo, y no ha cambiado desde entonces.

Aunque el tamaño de los cerebros es aproximado, lo que nos cuenta guarda relación directa con una de las presunciones básicas de la teoría evolutiva. Hicieron falta casi dos millones de años (aproximadamente 1,9 millones) para que la capacidad cerebral aumentara de 700 a 1.348 cm^3 (entre el *Homo habilis* y el *Homo heidelbergensis*), un incremento de 648 cm^3. Sin embargo, solo se necesitaron cuatrocientos mil años para que se produjera el incremento siguiente, de 102 cm^3 (entre nuestro antepasado conocido más próximo, el *Homo heidelbergensis* y el ser humano moderno). En términos evolutivos, este aumento reciente se produjo en un abrir y cerrar de ojos y, lo que quizá sea todavía más importante, antes de que, según se cree, fuera necesario.

El mismo cerebro que nos capacita para el pensamiento abstracto —que nos hace capaces de formular complejas ecuaciones matemáticas y simular en nuestras mentes posibilidades antes de hacer una elección, así como de establecer los valores y creencias que actualmente dirigen a la civilización más avanzada de la historia del mundo–, ese cerebro tiene capacidades que exceden con mucho a lo que los primeros representantes de nuestra especie necesitaban para sobrevivir día a día cuando aparecieron hace doscientos mil años. Atendiendo a las ideas de la teoría evolutiva, no debería haber sido así. Como el propio Darwin aseguraba, «la selección natural actúa solo aprovechando ligeras variaciones sucesivas; nunca puede dar un gran salto súbito, sino que debe avanzar poco a poco y con cautela, a pequeños pasos».[29]

No obstante, aunque el tamaño de nuestro cerebro es un hecho de la existencia humana que les plantea un gran problema a los teóricos evolutivos, este es solo un aspecto de un problema mayor: la forma anatómica en sí del ser humano moderno. Nuestro cerebro no ha cambiado mucho en los últimos doscientos mil años, y nuestro cuerpo tampoco; en lo fundamental, poseemos el mismo cuerpo que, por lo que muestran los fósiles, tenían nuestros ancestros hace doscientos milenios. La pregunta es: ¿por qué? Si la evolución fuera igual de aplicable a nuestro caso que a otras formas de vida, ¿por qué no hemos cambiado durante todo este tiempo?

Cuando pensamos en el enigma de cómo se desarrollaron nuestros cerebros, adquiere mayor fuerza la impactante observación que hizo el biólogo evolutivo Stephen Jay Gould en cuanto a los restos fósiles de los registros geológicos y la «enorme improbabilidad de que haya habido una evolución humana».[30]

TERCERA PRESUNCIÓN SOBRE LA EVOLUCIÓN:
LAS ESPECIES EXISTENTES PUEDEN EVOLUCIONAR Y DAR LUGAR LENTAMENTE A ESPECIES NUEVAS POR COMPLETO A LO LARGO DE PROLONGADOS PERÍODOS DE TIEMPO

La tercera presunción de la teoría evolutiva establece que las mutaciones que se producen dentro de un grupo pueden ser tales que lleguen a crear una especie totalmente nueva: una forma de vida cuyo ADN sea tan diferente que ya no pueda aparearse con la población original. El mayor inconveniente de esta teoría es que está basada en la especulación, y no en los hechos. Por lo que yo sé, no hay pruebas documentadas de que haya aparecido ninguna especie nueva derivada de otra ya existente. En lo que respecta a los seres humanos, quizá sea más una capacidad de *adaptación* lo que se ha observado, posiblemente confundida con evolución, que un proceso de evolución en sí.

Las tribus indígenas del Ártico y de Siberia, por ejemplo, han desarrollado una mayor carnosidad alrededor de los ojos, que los protege del perpetuo resplandor del sol reflejado en la nieve y el hielo que les esperan a diario cada vez que salen de casa. A pesar de que esta característica se considere una respuesta directa a su medio ambiente, *es solo un cambio de apariencia.*

Los miembros de estas tribus han vivido en las inclementes regiones polares durante al menos diez mil años, y se han adaptado a ellas; ahora bien, durante ese tiempo no han evolucionado y dado lugar a una especie nueva de seres humanos, ni existe la más mínima prueba de que vayan a hacerlo. Genéticamente, estos individuos siguen perteneciendo a la especie *Homo sapiens.* Lo único que ha ocurrido es que sus cuerpos se han amoldado a las condiciones del medio ambiente que su mundo les presenta.

Si es de verdad cierto que las especies *evolucionan* y generan un ADN nuevo, en lugar de decir que se adaptan con el tiempo, lo lógico habría sido que, en la continua búsqueda de formas transitorias iniciada en 1859, que aún continúa, se hubiera encontrado al menos una prueba de ellas entre los restos fósiles descubiertos en algún lugar. La realidad, en cambio —como ilustra el caso de los seres humanos modernos y los neandertales—, es que las especies que se pensaba que, por su evolución, se habían derivado unas de otras a lo largo del tiempo en verdad convivieron y murieron, como se ha descubierto, en un mismo momento de la historia. El hecho de que el ADN de los neandertales sea tan diferente del nuestro los ha colocado en una rama del árbol evolutivo humano distinta de la nuestra, y a nosotros nos ha dejado allí donde estábamos en un principio. Hasta la fecha, no hay ningún vestigio material de especies transitorias que apoye esta presunción de la evolución, lo cual hace imposible, por ejemplo, que descendamos del *Homo neanderthalensis.*

Hablando en términos técnicos específicos, el paleontólogo y biólogo evolutivo Steven M. Stanley no deja lugar a dudas sobre la inexistencia de pruebas de esa transición en los restos fósiles: «Los restos fósiles encontrados –dice– no han logrado documentar ni un solo ejemplo de evolución filética que haya supuesto una transición morfológica notable, y por lo tanto no ofrecen ninguna prueba de que pueda ser válido el modelo gradual».[31] Y pese a que Stanley y otros biólogos evolutivos, como Gould, ofrecen nuevas ideas sobre a qué puede ser debida, el hecho es que la falta de pruebas es una realidad.

Los datos geológicos demuestran por sí solos que la mayoría de las especies que han vivido en la Tierra aparecieron durante la *explosión cámbrica*, período que representa para la biología lo que el *Big Bang* para la astrofísica. Fue durante la explosión cámbrica, hace unos quinientos cuarenta millones de años, cuando aparecieron «los ocho principales modelos corporales del reino animal que existen hoy día, junto con otros veintisiete secundarios. Y no se ha desarrollado ningún nuevo modelo corporal desde entonces».[32] Lo que esto significa fundamentalmente es que los elementos esenciales de la vida en la Tierra surgieron, al parecer, en un plazo de tiempo relativamente breve, y no como resultado de un lento proceso de evolución a lo largo de un período prolongado.

LA EVOLUCIÓN: ¿SE CORRESPONDE LA TEORÍA CON LA EVIDENCIA?

Vistos los problemas que plantean las tres presunciones básicas de las teorías de Darwin, ¿dónde nos deja esto? En *El origen de las especies*, el propio Darwin admite la falta de pruebas que demuestren que una especie experimente una transición y dé lugar a otra distinta:

> [...] el número de variedades intermedias que han existido en otro tiempo tiene que ser verdaderamente enorme [...] ¿Por qué, pues, las formaciones geológicas y los estratos no están repletos de estos eslabones intermedios? La geología, ciertamente, no revela la existencia de tal serie orgánica delicadamente gradual, y es esta, quizá, la objeción más grave y clara que puede presentarse en contra de mi teoría.[33]

Está claro que la teoría de la evolución de Darwin tiene lagunas considerables, especialmente cuando se aplica a los seres humanos, lagunas que, tras ciento cincuenta años de cuestionamiento directo por parte de algunas de las mentes más lúcidas de cada época, y de investigaciones serias realizadas bajo la supervisión de las más prestigiosas universidades del mundo, aún no se han resuelto. De ahí que un número cada vez mayor de científicos hayan empezado a abordar la cuestión de los orígenes de la vida desde un lugar diferente.

Lo que proponen en la actualidad ofrece una perspectiva completamente nueva, basada en la pregunta científica que aborda directamente el meollo de nuestra existencia: ¿existimos a causa de un plan cósmico que constituye los cimientos de la complejidad de la vida? Es decir, ¿estamos aquí *obedeciendo a un plan*? Si es así –si la vida es de verdad reflejo de un diseño previo, del mismo modo que un reloj implica la existencia del relojero que lo creó–, entonces ¿quién, o qué, es el diseñador?

Algunas de las mentes más brillantes de nuestro tiempo sospechan hoy día que, además del proceso de la naturaleza generalmente admitido, la vida parece haber sido diseñada de antemano. Este libro empezó por la pregunta ¿quiénes somos? Por ahora, podemos decir con bastante certeza que somos más de lo que jamás nos habíamos atrevido a imaginar, y quizá capaces de lograr todo lo que jamás hayamos soñado. Incluso el científico más escéptico ha de admitir que cada vez son más los datos que sugieren que, detrás de nuestra existencia, se esconde la fuerza de algún tipo de patrón –un diseño de origen desconocido–, lo cual implica la presencia de una inteligencia aún mayor.

LA VIDA: ¿POR DISEÑO?

De la misma manera que la teoría de Darwin está representada por un término que sintetiza su contenido –*evolución por medio de la selección natural*–, la explicación alternativa de un prototipo reflejado en la vida tiene también su nombre: la teoría del *diseño inteligente*, a menudo abreviado a *DI*.

Atendiendo al Centro para la Ciencia y la Cultura, que fomenta el trabajo de científicos y estudiosos que exploran las pruebas de diseño inteligente, la teoría «sostiene que ciertas características del universo y de los seres vivos pueden explicarse de modo más convincente por la existencia de una causa inteligente que de un proceso sin dirección como es la selección natural».[34] Aunque el nombre en sí se utilizaba ya, de hecho, incluso antes de que viese la luz el primer libro de Darwin en 1859 –en publicaciones tales como *Scientif American*, en 1847, por ejemplo–, su uso se ha generalizado a finales del siglo XX, y actualmente, en el XXI.

Pese a que algunos miembros de la comunidad científica continúan cuestionando si el nuevo enfoque y los estudios relacionados con él son auténticamente científicos, el hecho es que las investigaciones están dirigidas por profesionales de las disciplinas científicas aceptadas y utilizan métodos aprobados para responder a las cuestiones que los científicos convencionales no han sido capaces de contestar satisfactoriamente.

Antes de que la denominación *diseño inteligente* se hiciera popular en 1989, existía como movimiento otra teoría alternativa a la de la evolución de Darwin: el *creacionismo*; y así como a los defensores de Darwin se les llama darwinistas, a quienes defienden el creacionismo se los conoce como creacionistas. Aunque hay varios puntos de vista dentro del campo del creacionismo (el de la Tierra antigua, el de la Tierra joven y el progresista), todos ellos se basan en el mismo principio: uno o más seres sobrenaturales –un dios, o dioses– crearon la vida, a los seres humanos y el mundo natural. Menciono aquí esta teoría para establecer una distinción entre ella y el diseño inteligente.

A pesar de que el diseño inteligente se suele asociar con la teoría de la creación, en su forma más pura no está vinculado con ella. El diseño inteligente no intenta identificar una inteligencia que sea responsable de los patrones de la naturaleza y de la vida. Ni siquiera afirma que tal inteligencia exista, sino que simplemente propone que la vida, y más concretamente la humana, es el resultado de un diseño basado en procesos complejos que no evolucionaron de manera natural. Si bien es posible que algunos de sus defensores tengan arraigadas creencias de que Dios es, de hecho, el diseñador, la verdadera ciencia del diseño inteligente no va tan lejos.

Así como en la sección anterior he resumido las presunciones fundamentales de la teoría evolutiva, me gustaría hacer lo mismo con la del diseño inteligente, y luego estudiar cada una de ellas con más detalle. El diseño inteligente se basa en dos presunciones clave:

> *Primera presunción del diseño inteligente:* existe un orden en el universo.

> *Segunda presunción del diseño inteligente:* las complejidades de los organismos vivos pueden explicarse de modo más satisfactorio por medio de procesos con una dirección clara que por medio de procesos aleatorios.

En términos que todos entendamos, la esencia del diseño inteligente es que los intrincados y enredados sistemas que forman la base del universo se encuentran tan primorosamente «armonizados» para la vida que no es posible que aparecieran por casualidad. La teoría dice, en esta misma línea, que las complejidades de la vida en general, y de la humana en particular, no pueden ser un accidente biológico resultante de mutaciones aleatorias ocurridas a lo largo de dilatados períodos de tiempo.

¿SIGUE UN RELOJ SIENDO UN RELOJ SI LE FALTAN LAS PIEZAS?

Uno de los argumentos fundamentales de la teoría del diseño inteligente cita la complejidad de la vida en sí, y las escasísimas probabilidades que hay de que la meticulosa maquinaria de la célula o el sistema de información de la molécula de ADN se hayan formado espontáneamente como resultado de un proceso carente de dirección a lo largo de un tiempo prolongado. En *El origen de las especies*, incluso el propio Darwin comentaba lo improbable que era que la selección natural fuera por sí sola la responsable del grado de especialización que vemos en los órganos y en los tejidos. Como ejemplo, elegía la complejidad del ojo, y afirmaba: «Parece absurdo de todo punto —lo confieso espontáneamente— suponer que el ojo, con todas sus inimitables disposiciones para acomodar el foco a diferentes distancias [...] pudo haberse formado por selección natural».[35] Y tras esta y otras observaciones similares, nos dejaba que sacáramos nuestras propias conclusiones con respecto a qué fuerza o fuerzas exactas podían ser las responsables de la compleja naturaleza de la vida.

Algo similar hizo Francis Crick, ganador del Premio Nobel y codescubridor de la molécula de ADN. Cuando se le preguntó sobre la posibilidad de que la vida hubiera surgido de una serie aleatoria de acontecimientos, dijo: «Un hombre honesto, armado de todo el conocimiento disponible actualmente, solo podría afirmar que, en algún sentido, el origen de la vida parece por el momento ser casi un milagro, ya que son tantas las condiciones que deberían haberse satisfecho para iniciarla».[36]

Charles Darwin hizo sus observaciones en 1859. Casi cien años más tarde, con el beneficio de contar con los fabulosos avances de la ciencia y de los métodos experimentales, Crick llegó a conclusiones parecidas. La esencia de las afirmaciones de Darwin, Crick y los actuales defensores del diseño inteligente es la compleja naturaleza de la vida en sí. Darwin no tenía forma de saber lo que nosotros conocemos hoy día sobre las células y el ADN. Reconociendo esto, I. L. Cohen, matemático y miembro de la Academia de Ciencias de Nueva York, lo resumió mucho mejor de lo que yo podría hacerlo: «En el preciso momento en que se entendió el sistema del ADN/ARN, el debate entre evolucionistas y creacionistas hubiera debido pararse en seco [...] Las implicaciones del ADN/ARN eran obvias y claras».[37]

COMPLEJIDAD IRREDUCIBLE

La declaración de Cohen identifica una de las claves del papel que desempeña la teoría de la evolución en nuestra actual perspectiva del mundo. Cuando creó su teoría, Darwin no tenía forma de saber que incluso la más simple de las bacterias, la bacteria unicelular *E. coli*, necesita dos mil proteínas distintas para existir, y que cada una de esas proteínas tiene un promedio de trescientos aminoácidos que la hacen ser lo que es. Sencillamente, no podía saber lo complejas que son en realidad las unidades básicas de la vida. Y uno de los argumentos en defensa del diseño inteligente es precisamente esta complejidad, y el hecho de que muchos de los sistemas de vida manifiesten lo que se llama *complejidad irreducible*.

Complejidad irreducible es el nombre técnico de algo que es en realidad una idea muy sencilla. Esencialmente, significa que si cualquier parte de un sistema deja de funcionar, deja de funcionar el sistema entero. Muchas veces se utiliza el ejemplo del reloj, como antes se ha hecho, para ilustrar la idea, y también el de una ratonera común. Cuando todas las partes de una ratonera están en su sitio, el artilugio hace aquello para lo que está diseñado, que es atrapar al ratón, o cualquier otro animal de pequeño tamaño, que, al morder el cebo de queso o mantequilla de cacahuete, haya activado un resorte que le asestará el golpe mortal.

Para que funcione debidamente, la trampa está basada en un sistema compuesto de varias partes, cada una de las cuales desempeña una tarea determinada para conseguir el objetivo final. Hay, por ejemplo, una delicada palanca que sostiene el cebo y, en cuanto se toca el cebo, una barra de muelle muy potente que baja con fuerza letal, tan veloz que el ratón ni siquiera sabe de dónde le ha venido el golpe. Aunque parece un artefacto muy simple, y lo es, bastará que falte una sola de sus partes para que no funcione: sin el muelle, la barra no va a dispararse; sin la palanca, el muelle no tendrá nada que lo haga saltar. Y puesto que son necesarias todas las piezas de la ratonera para que el sistema funcione, podemos decir que esta no puede reducirse, quitándole ninguna de sus piezas, y seguir siendo funcional. Este es un ejemplo de complejidad irreducible.

La avanzada tecnología de nuestro tiempo nos ha mostrado numerosos ejemplos de la complejidad irreducible de la vida. Todos sabemos que cuando nos hacemos un corte en un dedo o un rasponazo en la rodilla, el cuerpo sangra unos momentos, y luego deja de sangrar. Esto es así porque la sangre se coagula en el lugar de la lesión; y esa coagulación, que damos por hecho, es sin embargo un perfecto ejemplo de complejidad irreducible.

Para que la sangre se coagule y se detenga la hemorragia, han de estar presentes veinte proteínas distintas. Y lo que hace que este ejemplo sea tan interesante es que, si falta incluso una sola de esas proteínas, el mecanismo de la coagulación no funcionará y, por tanto, la hemorragia continuará hasta que no nos quede ya más sangre en el cuerpo. Las veinte proteínas han de trabajar juntas al mismo tiempo para que su acción sea la que es.

Referido a la evolución, esto significa que esas veinte proteínas necesarias tenían que haberse formado ya, y todas en el mismo lugar, antes de que pudiera constituirse la sangre que da vida a nuestros cuerpos. Este es el ejemplo de una función vital que no pudo haber sucedido por la evolución. Y es solo un ejemplo. Los cilios, pequeños filamentos ondeantes que permiten el movimiento de las células en un medio líquido, tienen más de cuarenta partes móviles que deben estar todas presentes para que la célula se desplace. Si falta cualquiera de ellas, la célula no se puede mover.

Se ha dicho que la célula humana es la maquinaria unitaria más compleja que, por lo que sabemos, haya existido jamás. Aproximadamente hasta mediados del siglo xx se pensaba que las células eran fundamentalmente pequeñas bolsas de sustancias químicas. Ahora sabemos que nada puede estar más lejos de la realidad. De hecho, si pudiéramos aumentar una sola célula hasta el tamaño de una pequeña ciudad, su complejidad superaría la infraestructura que mantiene al municipio en marcha. Entre las estructuras fundamentales de la célula están:

> ➤ Los ribosomas, que fabrican las proteínas.
> ➤ Un retículo endoplasmático, que crea y transporta las importantes sustancias químicas que utiliza la célula.
> ➤ Un núcleo, que le da a la célula las instrucciones para su funcionamiento.
> ➤ Los microtúbulos, que le permiten a la célula moverse y cambiar de forma.
> ➤ Los cilios (pequeños brazos ondeantes), que permiten a algunas células moverse en un medio líquido.
> ➤ Las mitocondrias, que generan energía para la célula.
> ➤ Una membrana que comunica con el entorno y determina qué entra en la célula y qué sale de ella.

Esto es solo una muestra de algunas de las partes funcionales que intervienen en los procesos que están en marcha en cualquier momento dado —por ejemplo ahora mismo, mientras lees estas palabras— en cada uno de los cincuenta mil billones de células que tiene aproximadamente nuestro cuerpo. Al descubrir lo que crea cada proceso, se hace obvio que la totalidad de la maquinaria celular tenía que estar ya formada y dispuesta para que nuestras primeras células hicieran lo que hacen. Lo mismo la coagulación de la sangre que el movimiento natatorio de los cilios son magníficos ejemplos de complejidad irreducible.

¿POR ELECCIÓN O POR CASUALIDAD?

En el libro de texto ya clásico titulado *Biología molecular del gen*, el ganador del Premio Nobel y codescubridor de la molécula de ADN James D. Watson describe la singularidad y el misterio de las células vivas:

> Debemos admitir inmediatamente que la estructura de una célula nunca se entenderá de la misma manera que entendemos la del agua o las moléculas de glucosa. No solo se quedarán por resolver las estructuras exactas de la mayoría de las proteínas celulares, sino que su situación relativa dentro de las células permanecerá a menudo imprecisamente definida.[38]

Al parecer, el proceso que se desarrolla dentro de la fábrica de milagros de las células de nuestro cuerpo tiene *algo* que escapa a cualquier explicación basada en los conocimientos convencionales y la manera de pensar tradicional. Observaciones como estas nos hacen ver hasta qué punto es improbable que seamos resultado de un «accidente» de la creación. Así pues, el mensaje que hay codificado dentro de cada una de nuestras células adquiere un significado aún mayor.

En la naturaleza, el *orden* suele entenderse como señal de inteligencia. La existencia de patrones predecibles y repetibles que pueden describirse con fórmulas universales es un ejemplo de lo que significa esta palabra. En las entrevistas que se le hicieron a Albert Einstein en los últimos años de su vida, habló con candor de su creencia en que tal orden subyacente existe en el universo, así como de su intuición sobre de dónde provenía ese orden. Durante una de estas conversaciones, afirmó en confianza: «Veo un patrón, pero mi imaginación no es capaz de concebir al hacedor del patrón [...] Todos bailamos al son de una melodía misteriosa, que entona a lo lejos un flautista invisible».[39] En la búsqueda del significado de la vida, la presencia misma del orden se considera a menudo señal de que el «flautista invisible» al que se refería Einstein existe.

Incluso para los científicos más escépticos, es obvio que el ADN de la vida recuerda a una compleja e intrincada secuencia de información, un programa que les dice a nuestras células lo que han de hacer y cuándo han de hacerlo. Aunque tanto la teoría del diseño inteligente como la evolutiva nos ofrecen pistas útiles sobre la naturaleza de nuestros orígenes, *tal vez descubramos que aunar los conceptos fundamentales de ambas teorías* brinda la mejor explicación de la evidencia observada hasta el momento.

Esa *teoría híbrida de la creación* tomaría en cuenta las observaciones de la evolución, afirmando que nuestro mundo es muy antiguo y que, de hecho, ciertos procesos ocurren durante períodos de tiempo muy largos; y por otra parte, incorporaría el punto de vista del diseño inteligente y su creencia en que una fuerza particular, que trasciende lo que hasta el momento conocen o admiten los científicos convencionales, es la responsable de haber activado las condiciones de las que surgió la vida en la Tierra, en primer lugar, así como el código genético que entra en escena exactamente tres divisiones celulares después de la fecundación, cuando somos criaturas de ocho células.

La clave para dejar atrás la controversia, desde hace tiempo estancada, entre la evolución y el diseño inteligente reside en definir lo que buscamos. ¿Buscamos vestigios o pruebas?

> **En lo referente a la disyuntiva entre evolución y diseño inteligente, ¿buscamos vestigios, o pruebas?**

Si buscamos pruebas para dar por definitiva cualquiera de las dos teorías, debemos ser sinceros con nosotros mismos: probablemente no las encontraremos jamás. La única manera de poder *demostrar* realmente cualquiera de las dos sería presenciar el proceso directamente; y, salvo que se produjera un avance cuántico en la tecnología de los viajes a través del tiempo, lisa y llanamente... eso no va a ocurrir. No puede ocurrir. Lo que fuere que sucedió para que empezara la vida en general, y la humana en particular, sucedió hace muchísimo tiempo, y no estábamos allí para presenciarlo. Por tanto, está claro que a lo más que podemos aspirar es a encontrar *vestigios*, pruebas indirectas. Entonces, los testimonios que hallemos de ambas teorías, y nuestra buena disposición a aceptar lo que sea que descubramos, nos conducirán finalmente a la verdad sobre nuestros orígenes.

Ya lo hemos hecho antes, cuando las ideas imperantes no concordaban con lo que se acababa de descubrir, y esto dio lugar a algunas de las mayores revoluciones de la historia de la comprensión humana. Cuando el concepto propuesto por Newton de que el átomo era una «cosa» fue desbancado por los descubrimientos cuánticos que demostraron que el átomo es energía, el mundo de la física cambió para siempre. Las ideas de Newton tuvieron suficiente validez como para permitir que la ciencia progresara y llegara a un estadio en el que los nuevos avances abrieron las puertas a una comprensión más profunda. Y de eso mismo precisamente, aplicado a la comprensión de nuestros orígenes, estamos siendo testigos en la actualidad.

Por ahora, una teoría combinada, que incluya elementos del diseño inteligente y de la evolución, parece ofrecernos la mejor explicación del misterio y el milagro de la vida, pues, por un lado, reconocería las pruebas físicas indirectas que se han descubierto hasta la fecha y, por otro, daría cabida a la sensación intuitiva, que tiene la mayoría de la gente de nuestro mundo, de que formamos parte de algo más trascendente.

Es obvio que la cuestión de los orígenes de la vida tiene grandes consecuencias. Para algunos, explorar estos temas comporta hacerse vulnerable a posibilidades incómodas. Penetrar en algunos de los más antiguos y permanentes misterios significa que debemos pensar de forma muy diferente respecto a nosotros mismos, a nuestras relaciones con los demás e incluso a la vida misma; y pensar de forma diferente quiere decir que debemos cambiarlo todo, desde la costumbre de hacer uso de la guerra para resolver nuestros conflictos hasta cuándo y cómo elegimos poner fin a una vida humana en cualquier momento, ya sea mediante un aborto, la eutanasia o el genocidio.

Necesitamos precisamente dar respuesta a estas cuestiones para poder apartarnos de las emociones profundamente arraigadas que impregnan cada área de la sociedad, desde los sistemas educativos hasta los sistemas médicos. Y aunque quizá todavía no estemos todos de acuerdo en qué curso de acción adoptar para tratar con la vida, en este momento, en presencia de los hechos, tenemos algo más que inflamadas emociones en lo que basar nuestras creencias.

No cabe duda de que lo que *no* sabemos, y el significado que le demos a lo que no sabemos, marcará la dirección para la próxima gran era de descubrimientos.

QUINTA VERDAD PROFUNDA

Un número cada vez mayor de datos científicos procedentes de múltiples disciplinas, y recogidos utilizando las nuevas tecnologías, ofrecen pruebas indirectas de que, más allá de toda duda razonable, la humanidad refleja un diseño implantado de una sola vez, y no una forma de vida que fue emergiendo aleatoriamente mediante un proceso evolutivo que se produjo a lo largo de un prolongado período de tiempo.

Capítulo 6

❖❖❖ ❖❖❖ ❖❖❖ ❖❖❖ ❖❖❖ ❖❖❖

La guerra ya no sirve: por qué estamos «programados» para la paz

El nuestro es un mundo de gigantes nucleares e infantes éticos. Sabemos más sobre la guerra que sobre la paz, más sobre morir que sobre vivir.

GENERAL OMAR N. BRADLEY (1893-1981), ex presidente de la Junta de Jefes de Estado Mayor de Estados Unidos

Antes de su muerte en 1984, el director de cine Sam Peckinpah dijo: «Hay una gran veta de violencia en todo ser humano, que si no se canaliza y se entiende, estallará en guerra o en locura».[1]

Las palabras de Peckinpah se hacen eco del pensamiento generalizado en lo referente a los seres humanos y la violencia. En las aulas y en los libros de texto de todo el mundo, se nos ha hecho creer que la guerra entre las personas es tan natural como la noche y el día, y que ha existido entre nosotros desde los tiempos de nuestros primeros antepasados. Ya sea por la representación que se ha hecho de los hombres y mujeres de las cavernas que vivieron hace diez mil años o por la imagen de ficción de científicos que cruzan una *star gate* (puerta estelar) que les permite atravesar el universo y adentrarse cien años en el futuro, estamos tan acostumbrados a considerarnos una especie belicosa que casi esperamos con naturalidad ver escenas de ejércitos y combates en cualquier obra dramática en la que participen los seres humanos.

A esta manera de vernos como seres belicosos ha contribuido la interpretación de los incontables estudios que han realizado expertos tales como el arqueólogo Lawrence H. Keely, de la Universidad de Illinois, autor de *War Before Civilization* [La guerra antes de la civilización]. Basándose en su erudita exploración de nuestro pasado y en su interpretación de los hallazgos que ha hecho, Keeley opina que la guerra es un estado natural de la realidad humana. «La guerra es como el trueque, como el intercambio —asegura—, es algo que hacen todos los seres humanos».[2]

Aunque es fácil dejarse convencer por este tipo de generalizaciones, hay un problema: los hechos sencillamente no la respaldan. A la vista de los últimos descubrimientos, la conclusión que podemos sacar sobre los orígenes de los conflictos bélicos y el papel que desempeñan en nuestras vidas es en verdad sorprendente. En definitiva, los vestigios arqueológicos de las civilizaciones más antiguas de las que tenemos noticia (Göbekli Tepe, el golfo de Khambat y Caral) hacen pensar que la guerra quizá sea en realidad un hábito desarrollado tan solo en el actual ciclo de civilización de cinco mil años, y no una forma de vida natural. Y este es un claro ejemplo de cómo presunciones erróneas, derivadas de una información incompleta, conducen a justificaciones de la violencia, proponiéndola como una opción válida del comportamiento humano.

El descubrimiento de las civilizaciones más antiguas ha hecho que la historia, y también la historia de la guerra y la paz, tenga que remontarse a tiempos próximos a la última glaciación; y, con esa datación tan temprana, la noción sobre nuestros ancestros que ha empezado a emerger nos ofrece una imagen radicalmente nueva de nuestro pasado. Cada vez es mayor la evidencia de que las guerras a gran escala, como las que se han librado en los últimos mil años aproximadamente, no son la práctica común que se nos había hecho creer; por el contrario, la falta de armas y de construcciones defensivas, tales como muros de protección, da a entender que el fundamento de las guerras está vinculado a las circunstancias de condiciones extremas, el cambio climático, por ejemplo, en lugar de ser una forma de vida constante a lo largo de la historia.

R. Brian Ferguson, profesor de antropología en la Universidad Rutgers, de Nueva Jersey, es uno de entre una lista cada vez más larga de científicos que discrepan de la idea convencional sobre el papel de la guerra en la sociedad: «A mi entender, los restos arqueológicos globales contradicen la idea de que la guerra haya sido siempre un rasgo de la existencia humana», asegura. Y a continuación sintetiza la esencia de los vestigios recién descubiertos: «Muy al contrario, los datos muestran que la guerra es en gran medida una tendencia de los últimos diez mil años».[3]

El marco cronológico al que se refiere Ferguson me resulta fascinante, ya que corresponde a dos de los ciclos climáticos de cinco mil años que las tradiciones indígenas han definido como «grandes eras del mundo». En otras palabras, la actual era del mundo que comenzó hace alrededor de cinco mil años –precisamente la longitud que por regla general se le atribuye a la historia de la civilización– es el período en el que tuvieron lugar las guerras que ha investigado Keeley. Y aunque es posible que, durante el actual ciclo de la civilización, la guerra haya sido realmente un lugar común, este hecho no es aplicable a la totalidad de la experiencia humana. En algún momento de la historia aprendimos a resolver nuestros problemas por medio del conflicto armado, pero los últimos hallazgos sugieren que no es esta nuestra tendencia natural.

Tanto en el desierto del suroeste de Estados Unidos como en las montañas de Perú y los desiertos de Turquía, los nuevos descubrimientos que dan testimonio de lo inusitado que fueron en ellos las contiendas corroboran el punto de vista de Ferguson. Los ciclos bélicos parecen experimentar un flujo y reflujo, y tal vez no sea una coincidencia que buena parte de ese flujo y reflujo guarde relación con los grandes cambios del clima de la Tierra, como los que vemos hoy día en el mundo. A la vista de los nuevos descubrimientos, las preguntas sobre nuestro pasado versan menos sobre qué provocó las guerras en la antigüedad que sobre por qué están ausentes de los vestigios más tempranos de la civilización.

Tomando en consideración estos descubrimientos, el profesor de psicología de la Universidad de Harvard Steven Pinker piensa que tal vez no estuviera de más que reconsideráramos las presunciones tradicionales sobre los motivos de la guerra y nos centráramos en el concepto de la paz. En lugar de preguntar: «¿Por qué hay guerra?», dice Pinker que quizá queramos enfocar la pregunta de manera distinta, o incluso formular una pregunta nueva por completo, como por ejemplo: «¿Por qué hay paz?».[4]

Su razonamiento es claro: si logramos aprender qué provoca el flujo y reflujo de la violencia a gran escala, es posible que también encontremos la clave para atajar las terribles amenazas que ponen actualmente en peligro a la humanidad. Tras reconocer la tendencia actual a crear una sociedad menos violenta, lo cual implica que *algo* debemos estar haciendo bien, Pinker añade: «Sería estupendo saber exactamente qué es».

MISTERIO EN EL CAÑÓN DEL CHACO

—Cuando hayas oído el sonido, ya nunca lo olvidarás.

La voz del anciano que me dijo estas palabras resonó en mi mente. Tenía razón. El alto contenido de cuarzo de la arena que crujía bajo mis pies le confería un sonido misterioso..., un crujido agudo que reverberaba en las paredes de arenisca del cañón que se elevaba sobre mí. Con cada paso, la resonancia del último tono se iba desvaneciendo al tiempo que el siguiente me llegaba a los oídos, mezclándose con el viento hasta formar un coro continuo mientras caminaba.

Recuerdo haber pensado en la ironía de que los granos de arena de cuarzo que ahora crujían bajo mis pies hubieran estado en un tiempo aprisionado en la compactada arenisca de los acantilados que flanqueaban el sendero. Tras las incontables tormentas e inundaciones y los miles de años de hielo y deshielo, los pequeños granos de arena se habían desprendido de las paredes, y se convertían en fragmentos aún más diminutos al crujir ahora bajo mi peso.

Era una mañana de finales de agosto, en el desierto del norte de Nuevo México, cerca de la región de las Cuatro Esquinas. Me había encontrado con aquel anciano indígena en el camino unas horas antes. Por razones que ni él ni yo nos preguntamos, los dos nos habíamos sentido atraídos por el mismo centro ceremonial arcaico, el mismo día y a la misma hora. Caminamos juntos por el polvoriento sendero de arena compactada que corría paralelo a los acantilados de color rosa y amarillo que se elevaban desde el suelo del valle. Los dos habíamos ido a aprender del pasado –él, de sus ancestros, de sus voces perpetuadas en las cuevas, y yo de los templos, grabados y pistas que habían dejado tras ellos.

—Aquí no hubo ninguna guerra –me dijo cuando nos paramos en una pequeña cuesta para recuperar el aliento–. La gente que vivía aquí no tenía necesidad de guerras.

—¿De verdad? –le pregunté–. ¿Y cómo lo sabemos?

—Este es uno de los grandes misterios con los que se encuentran los científicos cuando excavan la zona –contestó–. Hoy a nosotros este lugar nos parece inmenso, pero no es más que una pequeña parte de la comunidad que vivió aquí. Habitaban en este lugar, en estas edificaciones, más de cuatro mil personas –continuó, al tiempo que alargaba los brazos para señalar el valle que se extendía a nuestro alrededor–, pero vivían en paz. No se ha encontrado ninguna arma. Ni una sola. No hay ni la menor señal de guerra. No hay fosas comunes, ni cenizas, ni cementerios. –Terminó diciendo–: *Nuestros antecesores no los necesitaban, porque habían aprendido otra manera de vivir.*

Escuché atentamente lo que mi amigo indígena me contaba. Lo que él no sabía, y de ningún modo hubiera podido saber, es que la información que me estaba dando aquella mañana era precisamente el motivo por el que me hallaba allí.

El lugar era el Cañón del Chaco, Nuevo México, un sitio como no hay otro en el mundo. El Cañón del Chaco es un misterio por numerosas razones. Aunque hay multitud de teorías que intentan encontrarle sentido a lo que ha quedado de los chacoanos, la verdad es que nadie sabe mucho sobre esa civilización. Nadie conoce realmente adónde fueron o por qué desaparecieron de allí; ni podremos saberlo nunca a ciencia cierta, puesto que no dejaron ningún documento escrito... o, al menos, ninguno que esté escrito de una forma que podamos reconocer hoy día.

Lo que sí sabemos es que en uno de los lugares más aislados y hostiles de Norteamérica, un pueblo misterioso apareció como de la nada y construyó casas, comunidades y centros ceremoniales a una escala nunca vista antes de esa época –ni después– por razones que hasta la fecha se desconocen. Su tecnología parece que les llegó de golpe; es decir, no empezaron viviendo de manera primitiva y fueron avanzando lentamente en etapas a lo largo del tiempo, hasta alcanzar el grado de sofisticación que sitúa su asentamiento a un nivel con el que no pueden compararse otros asentamientos antiguos de la región. Casi de la noche a la mañana, tenían los conocimientos necesarios para construir edificios de cuatro plantas, así como para crear embalses y canales a fin de recoger el valioso bien que era el agua. Como resultado de ello, contaban con una agricultura capaz de alimentar a grandes poblaciones, que se estima que alcanzaron su punto álgido a principios del siglo XII de nuestra era.

Aunque no parece que utilizaran la rueda, construyeron carreteras absolutamente rectas que se extendían cientos de kilómetros en todas las direcciones —carreteras que no se reconocieron como tales hasta que dispusimos de las imágenes tomadas desde el espacio durante las misiones *Apolo* de la NASA en la década de 1970—. E igual de súbitamente que aparecieron, se desvanecieron. Hay teorías que atribuyen su desaparición a una prolongada sequía y otras condiciones climáticas extremas, pero la verdad es que nadie sabe a ciencia cierta quiénes eran los chacoanos, de dónde vinieron ni por qué se fueron.

El anciano tenía razón: tras un siglo de tediosos sondeos, meticulosas excavaciones e intenso estudio de las tradiciones orales de los propios descendientes de los chacoanos, no se han encontrado vestigios de que hubiera jamás ninguna guerra en el Cañón del Chaco. No hay ninguna de las murallas que habría sido de esperar que protegieran tan enormes complejos urbanísticos, ni señal alguna de armas, fosas comunes o esqueletos mutilados.

Como si me hubiera leído el pensamiento, mi amigo indígena respondió a mi siguiente duda antes de que la formulara. Me preguntaba por qué elegiría alguien aquel lugar para construir un complejo tan colosal. *De entre todos los emplazamientos posibles, ¿por qué aquí?*

—Construyeron en este lugar por lo que hay debajo de él —dijo—. Chaco no es el primer asentamiento que ha existido aquí; es solo el más reciente. Está construido sobre lo que había aquí anteriormente, que a su vez se edificó sobre lo que había antes...

No es que no le creyera, pero tenía que preguntarlo de todos modos:

—¿Cómo podemos estar seguros de que eso es cierto? ¿Cómo sabemos de verdad que había algo aquí antes de que se construyera este antiguo templo?

Para mi amigo, la respuesta era sencilla:

—Los antepasados nos lo dicen.

A través de sus relatos, mantienen viva la memoria de sus ancestros, que les hablan de tiempos inmemorables, cuando vivieron en el Cañón del Chaco antes que los chacoanos.

❖❖❖ ❖❖❖

Hasta 1993, la ciencia moderna no se puso al día con los relatos que los chacoanos habían heredado de sus antepasados más tempranos. En aquel tiempo, iba yo guiando a un grupo por la zona cuando vimos a un equipo universitario de investigación cerca de uno de los asentamientos principales del Cañón del Chaco. Se habían instalado allí con instrumental de teledetección en busca de vestigios de una civilización anterior, de una civilización que hubiera vivido allí *antes* de que los chacoanos edificaran lo que queda en pie hoy día. Haciendo uso de un radar de penetración terrestre, los investigadores lograron «ver» lo que había debajo de los edificios existentes en una de las partes mejor conservadas del asentamiento. Cuando les pregunté si me dejaban ver lo que habían encontrado hasta el momento, el operario del radar me lo mostró encantado.

Aunque es imposible saber exactamente qué era lo que había detectado el radar sin hacer una excavación en regla —proceso que habría significado destruir el templo que se veía en la superficie—, definitivamente había señales de antiguas construcciones en el nivel subsuperficial. Una vez más, mi amigo indígena tenía razón: alguien *había estado* allí antes. Y yo me hallaba de pie sobre los restos de la antigua civilización indocumentada que demostraba que era así.

Cuando los rayos de aquel sol de finales de verano proyectaron largas sombras que atravesaban el valle, la pregunta que se me repetía en la mente era por qué no había ningún vestigio de fosas comunes, armas ni luchas. A excepción de unos pocos esqueletos de una época posterior que se encontraron en salas de almacenamiento, no se hallaron restos de ningún otro cuerpo en aquel valle que en un tiempo había alojado a cuatro mil personas. ¿Es posible que sus habitantes supieran algo que nosotros hoy hemos olvidado? ¿Descubrieron una forma de vivir y trabajar juntos, como al parecer lo hicieron luego los chacoanos posteriores, que hacía innecesaria la guerra que en nuestra civilización simplemente damos por hecho? El tiempo y las excavaciones continuas del Cañón del Chaco lo dirán.

NI MURALLAS NI GUERRAS

Una de las anomalías que caracterizan tanto al antiguo Caral como al Cañón del Chaco es que no haya ningún vestigio, ninguna señal indicadora de guerras, lo cual, en un área tan densamente poblada como lo fue el Cañón del Chaco, es una revelación inusual. En otros asentamientos que acogieron a grandes poblaciones y fueron escenario de guerras, se encontraron, enterrados en fosas comunes, los cuerpos que debieron de pertenecer a grandes ejércitos, con las cabezas y los miembros cercenados, cortes de hacha en los cráneos y otras lesiones que típicamente esperaríamos hallar en un antiguo campo de batalla. Pero no hemos encontrado nada de ello en estos lugares, y tampoco ningún vestigio de que las gentes de aquel tiempo necesitaran protegerse de nada.

Ni en el Cañón del Chaco ni en Caral hay altos muros de defensa ni la menor señal de fosos que rodearan los complejos de edificios, como sería de esperar de un lugar donde la gente sintiera la necesidad de defenderse. De hecho, si miramos más allá de América y pensamos en lugares como Göbekli Tepe, la civilización más antigua de la Tierra que conozcamos hasta el momento, parece que solo en los ejemplos de civilización más «recientes» comprendidos en los últimos cinco mil años aproximadamente, como Egipto, Roma o Grecia, se consideró que la guerra fuera una forma de vida. Está claro que no siempre hemos sido la especie belicosa que hoy parecemos ser. La cuestión es: ¿por qué no?

¿Encontraron nuestros ancestros una forma de resolver sus problemas sin necesidad de guerras que nosotros hemos olvidado? Y si es así, ¿podemos desaprender nuestros hábitos violentos, como hacemos con cualquier hábito perjudicial? Dada la sofisticación del armamento moderno y la magnitud del poder destructivo que entrañan, ahora es más importante que nunca afrontar estas cuestiones que siguen sin respuesta.

GUERRAS POR NECESIDAD

«Las exclamaciones resonaron ayer en el Ayuntamiento de Oslo cuando se anunció que Barack Obama era el galardonado con el Premio Nobel de la Paz de 2009, desatando entre el público manifestaciones de incredulidad y de alabanza a partes iguales.»[5] El tema de estas líneas, con las que empezaba un artículo publicado en la edición del 10 de octubre de 2009 del diario inglés *Sunday Times*, sería noticia en periódicos, debates televisivos y salas de estar de todo el mundo. El hombre recientemente elegido presidente de Estados Unidos ocupaba el cargo desde hacía tan solo once días, y dormía a pierna suelta en la Casa Blanca, cuando al otro lado del mundo se anunciaba la decisión.

Pese a que Obama no es más que el tercer presidente de Estados Unidos que recibe el Premio Nobel de la Paz durante el ejercicio de su cargo (Theodore Roosevelt lo obtuvo en 1906 y Woodrow Wilson, en 1919), no fue su corta estancia en la Casa Blanca lo que desató la controversia; fueron las sensaciones que la gente tenía sobre lo que había logrado y no había logrado durante su breve tiempo en el cargo lo que provocó el debate. El antiguo preso político, ganador del Premio Nobel en 1983 y presidente de Polonia entre 1990 y 1995, Lech Walesa resumió públicamente lo que tanta gente sentía en privado cuando la prensa le pidió que hiciera algún comentario sobre el anuncio: «¿Quién? ¿Qué? ¿Tan rápido? Todavía no se le ha visto ninguna contribución a la paz. Ha hecho algunas propuestas, ha iniciado algunos trámites, pero le falta llevar algo a cabo».[6]

Cuando Obama subió al podio para aceptar el premio, solo nueve meses después de su nombramiento presidencial, la sorpresa de los medios de comunicación que habían acogido con alborozo su victoria dio paso a las exclamaciones del público presente, pero esta vez por una razón muy distinta. El presidente, que acababa de recibir el más alto galardón de la paz concedido en el mundo, empezó su discurso adoptando una postura muy poco popular con respecto a la guerra.

Comenzó diciendo algo que era evidente: «Soy comandante en jefe del ejército de un país que está en medio de dos guerras». Y siguió a continuación: «Soy responsable de desplegar a miles de jóvenes a pelear en un país distante. Algunos matarán; a otros los matarán. Por lo tanto, vengo aquí con un agudo sentimiento del coste del conflicto armado, lleno de difíciles interrogantes sobre la relación entre la guerra y la paz, y nuestro esfuerzo por reemplazar una por la otra».[7]

Aunque mucha gente lo criticó por las palabras de introducción a su aceptación del premio, fue lo que dijo a continuación lo que suscitó la pregunta de si era realmente el mejor nominado para el galardón. Obama abordó la cuestión de la guerra sin rodeos: «Debemos comenzar por reconocer el difícil hecho de que no erradicaremos el conflicto violento en nuestra época».[8] Pero luego no se conformó con describir las condiciones en las que se encuentra el mundo tal como son, sino que fue un paso más lejos.

De repente nos decía que no nos sorprendiéramos de ver más guerra, asegurando que habría condiciones que no solo la harían inevitable, sino que la justificarían: «Habrá ocasiones en que las naciones, actuando individual o conjuntamente, concluirán que el uso de la fuerza no solo es necesario, sino también que está moralmente justificado».[9] Fue este comentario el que provocó la controversia, la indignación y la duda sobre los méritos de Obama para la nominación. ¿Hay en verdad momentos en que la guerra es la única solución? Tan necesaria como tal vez parezca, ¿hay realmente alguna ocasión en que pueda estar «moralmente justificada»?

En la memoria de muchas de las personas que estáis leyendo este libro existe el recuerdo de dos guerras en las que Estados Unidos decidió entrar precisamente por estas ideas:

1. La primera, que según declaró el presidente Woodrow Wilson en 1917 sería «la guerra para acabar con la guerra» (haciendo suyas las palabras que antes empleó el autor británico H. G. Wells cuando el conflicto estalló en Europa en 1914), fue la Primera Guerra Mundial. En su declaración de guerra ante el Congreso, Wilson explicó que el destino de la civilización estaba en juego, y que, sin la ayuda de Estados Unidos, temía que el mundo pudiera perderlo todo.

2. La segunda guerra que en la opinión de muchos estuvo «moralmente justificada» fue la Segunda Guerra Mundial, en la que Estados Unidos entró el 8 de diciembre de 1941, un día después de que fuera atacada la base naval norteamericana de Pearl Harbour. Porque era evidente quién era el enemigo, los objetivos estaban claros y la misión era factible, se ha llamado a la Segunda Guerra Mundial «la Guerra Buena».

GUERRAS PARA PONER FIN A TODAS LAS GUERRAS

Antes de morir, a los noventa y seis años, mi abuelo solía hablarme durante horas de cómo era el mundo en sus «tiempos». Nació en Centroeuropa a principios del siglo pasado, y siempre empezaba sus historias diciéndome que vivimos en un mundo muy diferente al que él había conocido. Aunque yo sabía que lo que decía era indudablemente cierto, cada vez que le escuchaba me daba cuenta todavía más de *a qué se refería*. Mi abuelo me hablaba de un mundo en el que las carretas tiradas por caballos compartían los caminos con los automóviles recién inventados..., en el que muchas casas no tenían luz eléctrica y era raro ver un teléfono. Un mundo en el que no había una red de autopistas y tener un retrete dentro de casa era un lujo.

Cada vez que me hablaba de las personas que había conocido y de los trabajos que había realizado, llegaba un momento en que el tono del relato cambiaba; desaparecía la sonrisa de su rostro y se le transformaba la voz al recordar tres épocas de su vida en las que el mundo y todo lo que formaba parte de él se había modificado: la gran depresión y las dos guerras mundiales. Y aunque definitivamente se trataba de experiencias distintas, también estaban definitivamente relacionadas.

A pesar de que era demasiado joven para combatir en la Primera Guerra Mundial, la magnitud de esta, los estragos que causó entre sus amigos y vecinos, y la realidad de la vida cotidiana europea le dejaron recuerdos que eran ya cicatrices para cuando estalló la siguiente «Gran Guerra». Basándose en la información a la que tenía acceso el ciudadano medio, incluido mi abuelo, la Segunda Guerra Mundial fue un conflicto que tenía sentido; al menos, lo tenía para la gente de la época.

En el transcurso de la guerra, los mayores ejércitos del mundo se enfrentaron unos a otros: Estados Unidos, Gran Bretaña y la Unión

Soviética contra Alemania, Japón y, durante un tiempo, Italia. Oficialmente, duró cuatro años. (Digo «oficialmente» porque cierta escuela de pensamiento sostiene que la Segunda Guerra Mundial nunca terminó en realidad. Si bien se firmaron tratados y las tropas regresaron a casa, la distribución de territorios que se decidió al final de la contienda sigue siendo un factor crucial del antagonismo que ha provocado las guerras de nuestro tiempo.)

La expresión «Guerra Buena» se hizo muy popular en 1984, a raíz de la publicación de un libro con el que su autor, Studs Terkel, había ganado el Premio Pulitzer: *The Good War: An Oral History of World War Two* [La guerra buena: historia oral de la Segunda Guerra Mundial]. Pero ¿cómo de buena puede ser una guerra? Por el libro de Terkel, y los relatos de mi abuelo, el inmenso coste de la Segunda Guerra Mundial, en cuanto a pérdida de vidas humanas y destrucción total de ciudades que llevaban siglos en pie, parece estar igual de justificado que el de cualquier guerra de cualquier tiempo. La mayoría de los historiadores coinciden en que el número de muertos que dejó la Segunda Guerra Mundial asciende a alrededor de cincuenta millones... ¡Estamos hablando de cincuenta millones de vidas humanas!

Cuando consideramos cada vida humana que se perdió desde el punto de vista de lo que nuestra propia vida significa para nosotros, el precio es inimaginable. Poniéndolo en perspectiva, el número de vidas que se había cobrado la Segunda Guerra Mundial para cuando terminó, en 1945, era aproximadamente el 2,5% de la población total del mundo. Son dos las razones por las que esta guerra parecía estar justificada, y pueden resumirse en tres palabras: *Hitler* y *Pearl Harbour*.

Cuando Estados Unidos se unió a la Segunda Guerra Mundial, era obvio por qué lo hacía. Todo individuo que formara parte de las fuerzas aliadas y apoyara la guerra entendía que el país se había visto arrastrado al conflicto y había respondido de forma defensiva. Estaba claro quién era el enemigo, estaba claro cuál era el objetivo y estaría claro cuando se conseguiría. Si se sopesaban todos los factores, parecían quedar pocas dudas sobre las sólidas razones que justificaban la intervención de Estados Unidos en la Segunda Guerra Mundial. Era una guerra defensiva que expresaba la clásica y ancestral lucha entre el bien y el mal, una lucha para poner fin a los horrores de la Alemania de

Hitler y responder al intento japonés de imponer su imperio al mundo entero. Aunque siempre ocurren cosas terribles en una guerra, los aliados consideraban las ideas y métodos de Alemania, y más adelante de Japón, una amenaza inaceptable para los principios de libertad y democracia.

A pesar de que indudablemente el mundo fuera muy distinto a mediados del siglo xx de lo que es hoy, las razones que se utilizaron para justificar la guerra de aquellos tiempos son las mismas que se emplean medio siglo después para defender las actuales. Y si bien es cierto que hay algunas similitudes entre la manera en que empezaron la Segunda Guerra Mundial y la actual guerra contra el terrorismo, por ejemplo, cualquier similitud termina rápidamente y las diferencias se vuelven muy obvias en cuanto se examinan con detalle ambas situaciones.

En la tabla que muestro más adelante (figura 6.1) he destacado algunos de los paralelismos y de las diferencias. En la primera gran guerra del siglo xxi —la guerra contra el terrorismo—, no hay un «enemigo» claramente definido, o al menos no lo hay en el sentido convencional del término. Ya se tratara de los uniformes grises y azules de los ejércitos que se enfrentaban en la Guerra Civil de Estados Unidos a mediados del siglo xix, de la singularidad de los cascos que llevaban los combatientes de la Primera Guerra Mundial o de las insignias con esvásticas, las barras y estrellas y el sol naciente de Japón que ondeaban en las banderas durante la Segunda Guerra Mundial, cada bando ha estado siempre claramente identificado por su vestimenta, sus armas, etc. Pero no hay ningún uniforme ni símbolo de identificación establecidos que muestren quién es quién en la guerra contra el terrorismo.

La convicción general en relación con la Primera y la Segunda Guerra Mundial era que el conflicto era inevitable. En ambos casos, se consideraba imposible eludirlas, y se creía que la causa era «justa». Es verdad que pueden entenderse la razones por las que ocurrieron en su momento histórico. Ahora bien, a la vista de las diferencias entre aquella época y esta, así como del alcance del armamento moderno y la tecnología existente, debemos hacernos la misma pregunta una vez más: ¿sigue siendo la guerra la mejor manera de resolver nuestros problemas en la actualidad?

SEGUNDA GUERRA MUNDIAL	GUERRA CONTRA EL TERRORISMO
1. La intervención de Estados Unidos estuvo provocada por un ataque sorpresa a su territorio y la pérdida de 2.400 vidas.	1. La intervención de Estados Unidos estuvo provocada por un atentado sorpresa a su territorio y la pérdida de 2.752 vidas.
2. La razón para entrar en guerra podía identificarse y establecerse con claridad.	2. La razón para entrar en guerra es diferente para los distintos grupos políticos.
3. El enemigo estaba claramente definido.	3. El enemigo es incierto.
4. Las fronteras del conflicto estaban claramente identificadas como lugares físicos dentro de los países.	4. Las fronteras del conflicto son inciertas y no están limitadas a ningún país.
5. Los enfrentamientos tenían lugar generalmente entre fuerzas militares entrenadas y preparadas para la batalla.	5. Un bando contempla los enfrentamientos como conflictos militares en los que las víctimas civiles son daños colaterales de la guerra; el otro, trata los objetivos militares y civiles de la misma manera y hace poca o ninguna distinción entre ambos.
6. La guerra terminó al cabo de cuatro años y se firmaron acuerdos sobre las condiciones.	6. La guerra contra el terrorismo cumple actualmente su primera década, sin que haya un final a la vista.

Figura 6.1. Comparación entre la anterior guerra internacional, la Segunda Guerra Mundial, y la actual guerra internacional contra el terrorismo.

¿Podemos decir que la muerte de dos mil cuatrocientas personas en el ataque a Pearl Harbour justificó la de algo más de cuatrocientos mil soldados estadounidenses que perdieron sus vidas en el curso de los cuatro años que duró la guerra? No sé cuál es la respuesta a esta pregunta. ¿Justifica la muerte de casi tres mil personas en los atentados al World Trade Center la muerte de muchos miles de soldados estadounidenses, británicos y de otros ciento treinta y nueve países que actualmente participan en la guerra contra el terrorismo que se inició hace ya diez años? ¿Es realmente inevitable la guerra, como afirmó Barack Obama en su discurso de aceptación del Premio Nobel? No sé cuál es la respuesta a estas preguntas, pero me da la sensación de que lo importante no es tanto la respuesta como el sentimiento.

Dependiendo de a quién preguntemos, parece que los sentimientos estén confusos y divididos, por decir algo. Pero este es precisamente el tipo de preguntas que es necesario formular mientras seguimos avanzando, en un momento de la historia en que la guerra define nuestro mundo actual. Y, en definitiva, todo depende de la forma en que consideremos la guerra en sí, en lo que creamos sobre ella.

Como ya he mencionado anteriormente en este capítulo, existe la creencia generalizada de que la guerra, y sus antecedentes de violencia y odio en nuestras sociedades, son una parte natural del hecho de ser humano; y si lo que tomamos como punto de referencia es solo la instantánea de la historia humana cuyo comienzo se sitúa en los últimos cinco mil años, es fácil entender por qué.

LAS PRIMERAS GUERRAS DEL MUNDO

Durante la gira que hice por Francia a finales de la década de los noventa para presentar mi libro, tuve la oportunidad de satisfacer el sueño de toda una vida en una sola tarde. Solo había un día que estuviera anotado como «día libre» en el apretado programa de actividades para la semana siguiente. Tomé un taxi con varios escritores y amigos más para hacer una visita que llevaba esperando casi toda mi vida de adulto. Aquel día me encontré por fin en el museo del Louvre de París.

En las peregrinaciones y expediciones a Egipto de los últimos diez años, una y otra vez me había encontrado con que los objetos que había ido a ver, y por los que había recorrido medio mundo, ya no estaban allí. Algunos de ellos, por ejemplo algunas piezas seleccionadas de la exposición del rey Tut, se habían llevado de gira por ciudades como Londres, San Francisco y Chicago; otros permanecían guardados en dos lugares: el Museo Británico, en Londres, y el Louvre, en París.

Aquel día, iba a ver en persona el verdadero calendario zodiacal del templo de Dendera, los colosales obeliscos que ya no estaban en Karnak. Sin embargo, a pesar de las ganas que tenía de ver esos objetos, existía otro que me había atraído al museo con la misma fuerza... y no procedía de Egipto: era la documentación más antigua de guerra a gran escala de la historia del mundo.

Después de haber trabajado en la industria de sistemas de defensa durante los años de la guerra fría en la década de los ochenta, y tras haber sido testigo presencial de lo cerca que había estado el mundo de iniciar una tercera guerra mundial, quería ver con mis propios ojos cuánto tiempo llevábamos los seres humanos declarándonos la guerra a escala tan épica. Pensé que tal vez los datos de la antigüedad responderían a algunas de nuestras preguntas más ancestrales. Por ejemplo: ¿estamos realmente «programados» para la guerra? ¿Es algo natural en nosotros, como sugiere Lawrence Keeley, o se trata de un hábito hondamente arraigado que podríamos *desaprender* justo igual que lo aprendimos?

Tenía la esperanza de que si lograba entender los orígenes de la guerra, podría comprender con mayor claridad la esencia de los conflictos que hacen peligrar nuestro mundo. ¿Y qué mejor lugar por donde empezar que los datos más antiguos de las primeras guerras de las que tenemos noticia?

Los fragmentos de la losa de piedra colocada en el expositor que tenía ante mí en el museo eran pistas que podían acercarme a la respuesta. Representaban una guerra entre dos ejércitos, librada hace alrededor de cuatro mil setecientos años en la antigua Sumer.

Aquellas porciones de una estela tallada en piedra caliza, descubierta en 1881, recogen los detalles de la guerra que tuvo lugar entre Lagash y Umma, dos países que ya no existen. La pieza, llamada la «Estela de los Buitres», estaba solo a unos centímetros de mí en la sala 1A del Departamento de Antigüedades Mesopotámicas del Louvre (véase la figura 6.2). Aunque únicamente quedan fragmentos de ella, lo que muestran está claro: son imágenes de los propios guerreros, ataviados con armaduras y cascos, con una lanza en la mano y desfilando en formación hacia la guerra. También hay imágenes del grotesco espectáculo que el combate ha dejado tras de sí: buitres comiéndose los cadáveres que alfombran el campo de batalla.

La Estela de los Buitres es una obra singular que muestra lo organizados y versados en las técnicas de la guerra a gran escala que estaban los sumerios ya en tiempos de la transición a la última era del mundo, durante la época bíblica. Si bien se trata de la obra más completa, no es la única que da testimonio del uso de la guerra en Sumer. Fue en esta misma época cuando el rey Mebaragesi, el primer nombre inscrito en la histórica «lista de los reyes» sumeria, declaró la guerra a sus vecinos,

Figura 6.2. Fragmentos de la Estela de los Buitres, conservada en el museo del Louvre, en París. Constituye la documentación más completa de la primera guerra a gran escala mundial, y conmemora la victoria de Lagash sobre Umma. *Arriba:* este fragmento muestra las primeras imágenes conocidas hasta la fecha de tropas marchando en formación (Eric Gaba/GNU Free Documentation License). *Abajo:* esta parte de la estela representa la escena que da título a la obra: los buitres devorando los cadáveres caídos en el campo de batalla tras la carnicería de la guerra (Eric/Gaba/GNU Free Documentation License).

los elamitas, iniciando el que podría considerarse primer conflicto entre Irán e Irak, librado en la región que corresponde a la actual Basora, en Irak, baluarte que ha desempeñado un papel crucial en la guerra de Irak del siglo XXI.

Tal vez no sea una coincidencia que estos testimonios tan antiguos de las primeras guerras se remonten a la misma época de nuestro pasado en la que la historia tradicional sitúa los albores de la civilización y de la escritura. Lo que reflejan es que la evolución de las comunidades y sociedades era de hecho un arma de doble filo. Junto a los beneficios que dicha evolución suponía en cuanto a seguridad y un suministro de alimentos y recursos domésticos garantizado, estaban los inevitables desacuerdos que, más tarde o más temprano, desembocaban en guerra.

Sin embargo, aunque este sea el caso de las civilizaciones que se han sucedido durante los últimos cinco mil años, ¿podemos decir lo mismo sobre las más antiguas? ¿Hay algún indicio de que la guerra formara parte también de las civilizaciones de más de cinco mil años de antigüedad, desde Göbekli Tepe y Çatalhöyük (asentamiento neolítico descubierto en Turquía) hasta quienesquiera que construyesen la Gran Esfinge y Caral? Es imposible responder a esta pregunta sin tener en cuenta otros factores que nos proporcionan un contexto histórico, del que parecen formar parte el cambio climático y la competición por las tierras y los recursos que iban desapareciendo bajo las aguas.

Una necrópolis descubierta en el desierto, cerca del río Nilo a su paso por Sudán, es un ejemplo del comportamiento que pueden provocar los cambios drásticos del medio ambiente. Las primeras excavaciones de este enterramiento, que se conoce por el simple nombre de «yacimiento 117», estuvieron dirigidas por el arqueólogo Fred Wendorf, de la Universidad Metodista del Sur, de Dallas, en la década de 1960. En estos momentos, las técnicas de datación modernas lo han situado en la última era glacial, lo cual supone que tiene una antigüedad de entre doce mil y catorce mil años. No podemos decir a ciencia cierta qué ocurrió en el yacimiento 117, salvo que tuvo lugar algún tipo de guerra, aunque su magnitud no se acerca ni de lejos a las que se librarían posteriormente en Sumer. Pese a no haber ninguna documentación en la que quede constancia del conflicto, este yacimiento podría ser vestigio de la *primera* guerra en la historia de la humanidad.

Se descubrieron en las tumbas del desierto cincuenta y nueve esqueletos humanos, de los cuales veinticuatro parecían haber muerto de formas asociadas con la guerra, pues se encontraron proyectiles de tipo bélico enterrados con ellos. R. Brian Ferguson, el profesor de antropología de la Universidad Rutgers mencionado anteriormente, opina que hay una importante conexión entre los restos hallados en el yacimiento 117 y el abrupto cambio climático que se sabe que esta área sufrió en aquel tiempo.

> Los habitantes del yacimiento 117, particularmente –dice–, vivieron en una época de crisis ecológica. Debido al aumento de las precipitaciones y a la profunda garganta que el Nilo había formado en aquella zona, las tierras adyacentes al río, que antes se inundaban con la crecida, quedaron ahora elevadas sobre el río y sin acceso directo al agua, lo cual privó a los habitantes de los barbos y otros alimentos básicos propios de las zonas pantanosas, que constituían una parte esencial de su dieta.[10]

De todos los esqueletos humanos encontrados con una antigüedad de diez mil años o más, solo unos pocos muestran señales claras de violencia personal, comenta.[11] Esto es importante, pues da a entender que el conflicto del que queda constancia en el yacimiento 117 no constituía necesariamente una forma de vida, sino que posiblemente fue la respuesta a unas condiciones específicas que enfrentaron a la gente entre sí en una lucha por la supervivencia, y que tal vez, en este caso, fueran consecuencia del cambio climático.

La antigüedad de los esqueletos excavados en el yacimiento 117 podría ser una clave para entender las raíces de la guerra en la civilización. En la disertación de un capítulo anterior sobre la datación de la Esfinge, mencionaba que el final de la última glaciación supuso un gran cambio climático en el hemisferio norte, que era, como lo es hoy, la parte donde se halla el grueso de la tierra firme del planeta y donde vivía el mayor número de personas. A esta misma época aproximadamente, hace diez mil años, pertenecen los vestigios de las primeras guerras que debieron de tener lugar en la región correspondiente al actual Irak. Entre los restos de lo que parecen haber sido tres granjas, se han encontrado muros de defensa y armas, tales como mazas y puntas de flecha, junto a los esqueletos humanos. Quizá no sea una coincidencia que, una vez aprendido, el hábito de la guerra haya continuado en ese preciso lugar hasta los tiempos modernos, ironía a la que Ferguson se refiere como «la verdadera madre de todas las batallas».

Antes del «comienzo» tradicional de la historia, que actualmente se sitúa hace alrededor de cinco mil años, los restos arqueológicos sugieren claramente que la guerra no era lo normal. Aparentemente ocurría rara vez, y, cuando así era, los vestigios de batallas parecen coincidir con cambios del clima. Es en la época de la civilización sumeria, al principio de la actual era del mundo, cuando parece que la guerra se convirtió en algo común.

Desde entonces, los seres humanos han tomado parte en uno u otro tipo de conflicto bélico casi continuamente. De modo que la pregunta sería: ¿siguen siendo válidas las razones para entrar en guerra, o hemos alcanzado un momento en nuestro ciclo de la historia en el que el coste es mayor que los beneficios?

La PRIMERA GUERRA DEL MUNDO QUE ES IMPOSIBLE GANAR

Después de la Segunda Guerra Mundial, la Unión Soviética y Estados Unidos tenían dos maneras de concebir el mundo muy distintas. Sus diferencias de puntos de vista y perspectivas políticas provenían de dos filosofías nítidamente definidas, una basada en el comunismo y otra, en el capitalismo. Y aunque estos dos países habían sido aliados durante la guerra y habían luchado juntos contra un enemigo común, una vez firmados los tratados y establecidas las fronteras entre las naciones de toda Europa y Asia, era obvio que dos esferas de influencia muy separadas iban a competir en el escenario mundial.

Fue en este escenario donde las dos superpotencias iniciaron la «guerra fría», como pronto se la empezó a llamar, que duraría cuarenta y cuatro años. Y si bien es cierto que cuando comenzó, en 1947, era la última de la larga lista de guerras que había vivido el mundo, resultaba obvio que no se trataba de una guerra cualquiera; la tecnología que había fabricado las primeras bombas atómicas al final de la Segunda Guerra Mundial era garantía de que no podía serlo.

Esta era la primera guerra de la historia documentada donde el armamento que un país podía utilizar contra otro tenía el poder de devastar el mundo entero. Los efectos atómicos colaterales de la radiación y la lluvia radiactiva, así como la capacidad que tenía cada detonación hecha en tierra de lanzar a la atmósfera toneladas de desechos, nunca había sido en el pasado un factor de ninguna guerra. Por primera vez, la suerte de todas las vidas humanas de la Tierra estaba en manos de un reducido número de individuos que manejaban la máquina de la guerra entre dos superpotencias.

En el punto álgido del conflicto, a mediados de los años ochenta, el número de armas –y de países que las tenían– había alcanzado proporciones que a cualquier persona sensata le resultarían inimaginables.

Una serie de documentos entonces clasificados, y que posteriormente se han hecho públicos, ponen de manifiesto que en 1985 los misiles nucleares, listos para ser utilizados en cualquier momento, solo entre Estados Unidos y la Unión Soviética rondaban la cifra de sesenta y cinco mil.

Hoy día, tras veinte años de negociación y reducción de armamento, quedan al menos veintidós mil de esas armas, ocho mil de las cuales se consideran «activas». Fue el peligro que habría supuesto para el mundo utilizar tan descomunal arsenal de armas nucleares lo que condujo a la estrategia que se cree que impidió su uso durante la guerra fría.

A dicha estrategia se la llamó *destrucción mutua asegurada*, una descripción muy acertada de lo que posiblemente hubiera ocurrido de haber hecho uso de las armas las dos superpotencias del momento. La expresión, ideada por miembros de la administración Kennedy, reconoce que, en caso de una guerra total, tanto el atacante como el atacado se habrían destruido; habrían quedado un pocos supervivientes, y no habría tratados ni armisticios, ni botines para el vencedor...; no existiría más que destrucción total.

Cualquier duda con respecto a los efectos que acarrearía semejante guerra quedaron disipadas en una conferencia sin precedentes que tuvo lugar en Washington, D.C. el día de Todos los Santos de 1983. La Conferencia sobre las Consecuencias Biológicas Mundiales a Largo Plazo de una Guerra Nuclear estuvo presidida por tres personalidades altamente respetadas en sus campos de investigación respectivos. Juntos, Paul Ehrlich –biólogo y autor de *The Population Bomb* (Sierra Club/Ballantine Books, 1980)–, Carl Sagan –cosmólogo y autor de *Cosmos* (Ballantine Books, 1980)– y Donald Kennedy –ex rector de la Universidad de Stanford–, hicieron un impactante alegato sobre la imposibilidad de que hubiera ganador alguno en una guerra nuclear.[12]

Era la primera vez que se hacían públicas de aquella manera las consecuencias que tendría el potencial ataque nuclear recíproco que implicaba la guerra fría; nunca se había expuesto ante el mundo en términos tan claros y gráficos. Un grupo de investigadores, conocido como TTAPS (por las iniciales de sus apellidos: Truco, Toon, Ackerman, Pollack y Sagan) describieron el resultado más probable, un fenómeno llamado *invierno nuclear*. Basándose en modelos computacionales que combinaban los patrones meteorológicos con el humo, el hollín y la lluvia radiactiva que resultarían del incendio de las principales ciudades tras una guerra nuclear, las simulaciones pronosticaban que se reduciría drásticamente la cantidad de luz solar que llegaría a la Tierra. Entre los efectos que mostraban los modelos se encontraba un descenso súbito de las temperaturas globales causado por la falta de luz solar –un *invierno nuclear*– que podría durar desde unos meses hasta varios años, dependiendo de la duración del ataque. Los científicos habían basado sus modelos en datos reales que documentaban efectos similares que habían seguido al impacto de asteroides en el pasado y a la erupción de grandes volcanes en época reciente.

La conferencia hizo hincapié en cuáles serían las diversas situaciones posibles dependiendo de los patrones meteorológicos, de quién atacara primero, de cuáles fueran las ciudades implicadas y del número de armas que utilizara cada uno de los bandos; ninguno de los resultados parecía alentador. Esta no solo fue la primera conferencia de conocimiento público sobre el invierno nuclear, sino que las implicaciones medioambientales que conllevaba cualquier decisión de iniciar una guerra hicieron de ella el primer debate político sobre el clima.

Algo que, a la vista de las simulaciones, se hizo obvio muy pronto fue que el mundo estaba tratando con un tipo de guerra nuevo, cuyo propósito ya no tenía sentido puesto que, según indicaban los resultados de dichas simulaciones, nadie podía ganar. La guerra fría era una proposición de derrota inevitable. Por primera vez, la idea de iniciar un ataque utilizando el armamento más avanzado de la época había hecho que la perspectiva de guerra fuera incompatible con su objetivo.

Poco después de que el grupo TTAPS presentara sus informes de los años de guerra fría, y justo antes de su muerte, en 1883, el futurólogo Buckminster Fuller hizo una profética observación sobre el papel de la guerra en el mundo moderno: «O la guerra es hoy obsoleta —dijo—, o lo son los seres humanos».[13] Einstein debía de estar pensando en algo muy parecido cuando respondió a una pregunta sobre cómo creía que se libraría la próxima guerra mundial: «No sé qué armas se emplearán en la tercera guerra mundial, pero sé que en la cuarta guerra mundial se luchará con piedras y palos».[14]

Einstein y Fuller tenían una misma perspectiva de la situación y aludían al hecho de que, aparentemente de la noche a la mañana, las armas nucleares hubieran anulado por sí mismas la utilidad de la guerra. Antes de 1945, el pensamiento que la había justificado en el pasado se basaba por lo general en dos ideas:

1. Es posible salir victorioso de la guerra en la que se combate.
2. Lo que queda tras la guerra se puede utilizar.

Los desmesurados arsenales nucleares acumulados durante la guerra fría pusieron claramente de manifiesto que los conflictos bélicos al estilo del pasado habían perdido su razón de ser: ya no era posible ganar una guerra, en el sentido tradicional de la palabra. Entre la pura magnitud de la destrucción inicial y la contaminación radiactiva posterior, que dejaría inutilizable durante mucho tiempo cualquier tierra que hubiera permanecido, la utilidad de la guerra por las razones esgrimidas en el pasado quedaba invalidada para siempre. Casi de la noche a la mañana, las ideas sobre la guerra que habíamos mantenido durante los cinco mil años anteriores quedaron obsoletas.

¿Dónde aprendimos la guerra?

La ciencia más avanzada de nuestro tiempo sugiere que las primeras guerras a gran escala tuvieron lugar durante la transición de la última era del mundo al clima de la época moderna. Aunque es cierto que, al hablar de la última era del mundo, parece que nos estemos refiriendo a un tiempo muy lejano, en el esquema general de nuestra historia en este planeta, no es así. Si restamos cinco mil años de los doscientos mil que tiene nuestra existencia, nos quedan ciento noventa y cinco mil años (o un 97,5% del tiempo que hemos vivido en la Tierra) de los que no existe ningún vestigio de guerra a gran escala entre seres humanos.

Esto parece dar a entender que la guerra es un fenómeno relativamente reciente de nuestra experiencia. Hay dos posibles perspectivas sobre el papel que tuvo en nuestro pasado: la primera es que hubiera de hecho guerras a gran escala en tiempos remotos, y que simplemente no hemos encontrado vestigios de ellas todavía, y la segunda es que *sí* hayamos hallado los vestigios de guerra más antiguos, que nos dicen que esta era una anomalía.

Cuando empecé a darme cuenta de que estas eran las posibilidades, se me ocurrió una pregunta aún más trascendente: *independientemente de* CUÁNDO *tuvieran lugar las grandes guerras,* ¿DÓNDE *aprendimos la guerra,* DÓNDE *la vimos por primera vez?* Ya que no existían películas violentas que emular, ni experiencia previa en la que basarse, ni armas ni elementos de defensa que tomar como modelo, ¿a quién se le habría ocurrido hacer las armas que hubo en nuestro pasado? ¿Quién hubiera pensado, por ejemplo, en utilizar una afilada cuchilla de metal, o una pesada bola rodeada de pinchos, para quitarle la vida a otro ser humano?

Aunque tal vez nunca lleguemos a saber la respuesta a esta pregunta, las narraciones más antiguas sobre nuestras experiencias aquí en la Tierra pueden darnos algunas pistas. Y una de esas narraciones, prohibida por la primera Iglesia cristiana en el siglo II d. de C., se ha recuperado recientemente. Se trata del Libro de Enoc, el profeta.

Está claro que los primeros historiadores de la Iglesia tuvieron el Libro de Enoc en gran estima. Se hace referencia a él en los comentarios cristianos que hicieron respetados eruditos, tales como Ireneo de Lyon y Clemente de Alejandría; y Tertuliano, historiador cartaginés del siglo II d. de C., por ejemplo, considera que el libro pertenece a la literatura sagrada, pues reconoce que las palabras de su autor son de inspiración divina y que debería dárseles la misma credibilidad que a

otras escrituras, como los libros de Isaías y los Salmos.[15] Dice exactamente Terturliano: «Ya que Enoc ha hablado en la misma escritura que
el Señor, y "toda escritura que sirva a la edificación es de inspiración
divina", vamos a no rechazar nada que nos pertenezca».[16]

El libro bíblico de Enoc desapareció y no se supo nada de él durante casi mil quinientos años, hasta que se presentó una sola copia a
la biblioteca Bodleian de Oxford, donde lo redescubrió y luego tradujo
Richard Lawrence en 1821.

El Libro de Enoc empieza con un relato del profeta en el que le
dicta la historia secreta de la raza humana a su hijo Matusalén. Matusalén recuerda que su padre «tomó la palabra con los ojos abiertos
mientras presenciaba la visión del Sagrado que está en los cielos».[17] En
aquel estado despierto, aunque de conciencia alterada, Enoc describe
las razones del declive de la humanidad y las fuentes de sufrimiento —entre ellas la guerra—, que presenciaban en sus días; y aquí es donde encontramos algunas de las pistas escritas más antiguas sobre el origen
de la guerra. A diferencia de las referencias vagas y generales que con
frecuencia parecen acompañar a las revelaciones de los profetas de la
antigüedad, las visiones de Enoc están descritas con precisión.

Relata cómo ciertos «ángeles de los cielos» divulgaron los secretos
de la creación a la humanidad hace mucho tiempo, antes de que los
primeros miembros de nuestra especie hubieran vivido en la Tierra lo
bastante como para tener la prudencia de hacer un uso responsable del
poder que esto les confería. Explica con detalle cómo a los primeros
habitantes les fueron revelados los secretos de las plantas y las hierbas,
el lenguaje, la escritura y la alquimia, pero, careciendo de la madurez
necesaria para aplicar sabiamente lo que habían aprendido, hicieron
un uso indebido de ellos. Enoc, en una desesperada búsqueda que le
permita comprender la naturaleza de nuestro mundo, pide que se le
muestre «todo cuanto estaba oculto», y, como respuesta, le dice a su
hijo que se le han dado los nombres de los «ángeles que han caído del
cielo, han revelado los secretos a los hijos de los hombres, y han inci-
tado a los hijos de los hombres a pecar».[18]

Señalando los ángeles concretos y los secretos que revela cada uno
de ellos, Enoc describe en el texto cómo el ángel Azazel, por ejemplo,
«ha enseñado toda clase de iniquidad sobre la Tierra, y ha revelado al

mundo todas las cosas secretas que se hacen en los cielos».[19] La parte de la experiencia de Enoc que alude al origen de la guerra es lo que el ángel Gadrel enseñó a la gente de la Tierra. Es este ángel el que «*descubrió a los hijos de los hombres los instrumentos de la muerte, la cota de malla, el escudo y la espada para matar* [Las cursivas son mías]».[20]

Haciendo una distinción entre el conocimiento, y la sabiduría que nace al aplicarlo en nuestras vidas, Enoc describe cómo los secretos del cielo se perdieron finalmente en el reino del hombre: «La sabiduría quiso morar entre los hijos de los hombres, pero no consiguió alojamiento».[21] Termina esta parte de su visión diciendo: «La sabiduría no halló un lugar en la tierra donde poder morar; por eso su morada está en el cielo».[22]

❖❖❖ ❖❖❖

Si bien el relato de Enoc sobre la procedencia ultraterrena de las herramientas de la guerra se conocía en las primeras tradiciones cristianas, no es el único relato de seres de otro mundo que trajeron a la Tierra ideas de guerra e instrumentos para ponerla en práctica.

En la literatura hay nada menos que treinta y seis tradiciones distintas —que se extienden desde Sumer y el antiguo Egipto hasta los tiempos modernos— que describen más de ochenta «dioses» de la guerra y su relación con los seres humanos. Además de la teología cristiana de ángeles que describe Enoc, que nos resultará la más familiar, hay también ejemplos de dioses de la guerra en la tradición tibetana (*Begtse*), hindú (*Karttikeya*), japonesa (*Bishamon*), celta (*Teutates*), griega (*Ares*), persa (*Dev*), maya (*Buluc Chabtan*), azteca (*Mixcoatl*), polinesia/maorí (*Maru*), babilonia (*Ninurta*), germánica (*Tyr*), hitita (*Wurukatte*), acadia (*Zababa*), finesa (*Turris*) e indígena norteamericana (*Ictinike*).

Cuando tantas tradiciones diversas comparten un relato con un tema tan similar, no es raro descubrir que cada uno de ellos es una versión particular de un suceso real que ocurrió en tiempos pasados. Un ejemplo de esto es la narración casi universal del gran diluvio que inundó la tierra hace muchos años (y que ahora se cree que fue resultado de la fusión del hielo y la subida del nivel del mar al final de la última glaciación) y cómo el hecho de que cada grupo contara su propia versión del suceso desempeñó un importante papel en la repoblación del nuevo mundo. He oído personalmente narrar estos relatos a los pueblos indígenas, desde los quechua de los Andes y los uros, indígenas de la región del lago Titicaca, en Perú, hasta los beduinos del desierto egipcio del Sinaí y los hopi, los navajo y los pueblos de las regiones desérticas del suroeste de Estados Unidos.

Y al igual que el relato del diluvio parece ser casi universal, el hecho de que tantas tradiciones atribuyan el origen de las técnicas de guerra a algo que sucedió en planos de existencia más elevados esclarece de algún modo la fuente ancestral y aparentemente absurda del sufrimiento humano. Aunque libramos con pericia nuestras guerras, aunque creemos apasionadamente en aquello por lo que luchamos y hemos justificado nuestras creencias durante los últimos cinco mil años, ¿es posible que aquello por lo que luchamos no sea en realidad *nuestra* guerra en absoluto? Dicho de otro modo, ¿podría ser que hace mucho tiempo nos convirtiéramos en ingenuos seguidores de una antigua creencia (la guerra) que se originó en otro plano de existencia, y que empezáramos a pensar que la creencia y las guerras que la siguieron eran nuestras?

Aunque en principio esto les parezca a muchos una posibilidad remota, cuando se combinan las pruebas científicas de la falta de guerras en las civilizaciones más antiguas con la explicación casi universal de los orígenes de la guerra que nos han legado tradiciones de lo más diverso, comprendemos algo que puede ayudarnos a encontrarle sentido al sinsentido de la guerra. Esa comprensión abre una nueva perspectiva que nos permite encontrar la salida del hábito de matarnos unos a otros para resolver nuestras diferencias.

Si es cierto que aprendimos de una inteligencia superior «toda clase de iniquidad sobre la Tierra», como indica Enoc, y esa inteligencia «desveló a los hijos de los hombres los instrumentos de la muerte, la cota de malla, el escudo y la espada para matar», ¿qué significaría descubrir que entablamos guerras por las ideas de otros? ¿Es posible que nos despertemos un día, nos miremos unos a otros a los ojos después de cinco mil años de violencia y nos preguntemos a nosotros mismos «¿en qué estábamos pensando?

Propongo esta perspectiva porque es real. Es el secreto que, sentados alrededor del fuego, cuentan los ancianos bajo las estrellas del desierto del Sinaí, en Egipto; es la clave para la compasión, como late en lo más profundo de las conversaciones mantenidas en los monasterios budistas del Himalaya; es la perspectiva andina para una transición pacífica, del sufrimiento actual al nuevo mundo que va cobrando vida a medida que ponemos fin al ciclo más reciente de eras del mundo. Si necesitamos razones para creer que somos algo más que los atroces actos de odio que salpican nuestro pasado, no tenemos más que pensar en los incontables actos de generosidad y benevolencia que se realizan en el mundo a diario, así como en el disfrute que compartimos y que nos recuerda cuál es nuestra verdadera naturaleza.

¡SOMOS BUENOS HASTA LA MÉDULA!

Me da la sensación de que la mayoría de los seres humanos tienen un deseo en lo más profundo de su ser: una intensa aspiración de bondad. Queremos creer que somos buenas personas que viven en un mundo bueno. Sin embargo, nos sentimos extrañamente atraídos hacia libros y argumentos de películas en los que la bondad humana se enfrenta a los aspectos más oscuros de nuestra naturaleza, y nos alegramos cuando la bondad triunfa; nos encanta cuando la ingenuidad de alguien como Forrest Gump (interpretado por Tom Hanks en la película del mismo nombre realizada en 1994) nos recuerda a algo inocente que hay dentro de nosotros.

Esa benevolencia innata quedó expresada con claridad y sencillez en las palabras del estudioso monje del siglo XIII Santo Tomás de Aquino. Con la voz de sabio maestro que esperaríamos nos llegara de la cima de una montaña de algún lugar lejano, dijo: «La bondad de la especie trasciende la bondad del individuo, al igual que la forma trasciende la materia».[23] Casi cuatrocientos años más tarde, el científico y filósofo sir Francis Bacon se hizo eco de ese sentir cuando escribió: «La inclinación a la bondad está profundamente impresa en la naturaleza del hombre [...]».[24] *Es nuestra singularidad como especie, unida a nuestro carácter fundamental de bondad, lo que abre la puerta a cambios sustanciales en nuestras vidas.*

La experiencia de haber viajado a todos los continentes (salvo la Antártida) me ha hecho descubrir un hilo común a todas las personas con las que he tenido el privilegio de compartir comidas, naturaleza y vida cotidiana. Desde los aldeanos y los monjes de las remotas montañas del Tíbet, Bolivia y Perú hasta los vendedores ambulantes de los bazares de Egipto, la India, Nepal y Tailandia, así como en toda Europa y en las poblaciones rurales y cafés de Australia y Norteamérica, la gente parece ser básicamente «buena» por naturaleza.

Si me he perdido, ha habido personas deseosas de ayudar; si he tenido hambre, han compartido gustosamente conmigo lo poco o lo mucho que tuvieran para comer; si he estado herido, me han acogido en sus casas, a pesar de ser un completo desconocido. Y estos no son incidentes aislados ocurridos solo en mi vida. Preguntad a cualquiera que haya viajado por Estados Unidos o que haya traspasado las fronteras de su país natal; por cada persona a la que preguntéis, oiréis otro relato sobre el profundo sentido de bondad que han encontrado en nuestra familia global. Y es precisamente esa bondad lo que nos demuestra que no cabe duda de que estamos «programados» para la paz, y no para el conflicto.

Si examinamos con atención los problemas y asuntos conflictivos más inquietantes de nuestro mundo actual, nos damos cuenta de que, por lo general, el conflicto tiene muy poco que ver con las personas que viven en el campo o en los pueblos; en realidad, es el hecho de que las organizaciones intenten cambiar la vida de la gente —los gobiernos, las corporaciones, los movimientos políticos— lo que provoca tanto dolor y lucha. Como individuos y como familias, parece que siempre hallamos maneras de ser felices en cualquier circunstancia en que nos encontremos.

Desde los mendigos sin techo y la gente sencilla que cultiva la tierra hasta las mentes más brillantes que ocupan los puestos técnicos y del poder político más altos, en general todo el mundo parece buscar lo mismo en su vida: paz, comida, un techo, salud, la oportunidad de ofrecer una buena vida a su familia y entender lo mejor posible cuál es su lugar en la creación.

Abraham Maslow, uno de los grandes psicólogos del siglo xx, se dio a conocer en un principio por su trabajo sobre el comportamiento social de los primates. Posteriormente, sin embargo, se dedicó en exclusiva al estudio de la naturaleza humana, fascinado por «las asombrosas posibilidades y la profundidad inescrutable» de nuestra existencia.

Incluso en presencia de colegas suyos tales como Sigmund Freud, que proponía que la lujuria, el egoísmo y la agresividad constituían nuestra naturaleza esencial, los estudios de Maslow le llevaron a creer que «en el fondo, toda la gente es honrada».[25] Mantuvo una fe inquebrantable en nuestra bondad hasta los últimos días de su vida, cuando escribió que la humanidad «tiene una naturaleza superior» que forma parte de su esencia, y que nuestra especie puede ser «maravillosa por su propia naturaleza humana y biológica».[26]

No es una quimera. Hay innumerables ejemplos que corroboran esa «bondad» fundamental del ser humano y demuestran el poder que tiene esta cualidad en nuestras vidas. Más que un simple fenómeno moderno, lo mismo en el campo de batalla que en las tragedias recientes de inundaciones, huracanes y terrorismo, no es raro ver a un ser humano arriesgar su vida para salvar a otro.

Cuando nos encontramos en circunstancias que ponen en peligro a un miembro de nuestra especie, la mayoría de las veces el instinto básico de preservar la vida en sí demuestra ser más fuerte que los miedos y preocupaciones que tengamos por nosotros mismos; y actuamos. El instinto parece estar tan profundamente arraigado en la esencia de nuestra naturaleza que incluso traspasamos las fronteras de nuestra especie y lo extendemos también al reino animal.

PRUEBA DE NUESTRA BONDAD

En un camino polvoriento al otro lado del mundo, tuvo lugar la más clara expresión posible de compasión humana y de nuestra bondad esencial cuando se salvaron las vidas de cuatro soldados norteamericanos en 2006.

Aquel día, el soldado raso Ross McGinnis estaba a cargo de la ametralladora que asomaba por la trampilla superior del vehículo blindado en el que él y otros cuatro soldados, amigos y compañeros suyos, estaban de servicio. De repente, un combatiente iraquí lanzó una granada de mano por la abertura, que cayó dentro del vehículo donde los militares estaban atrapados.

A McGinnis se le había entrenado para sobrevivir. Habría podido aplicar su adiestramiento, aprovechar la oportunidad de saltar a tierra desde la abertura de la torreta y salvar su vida; y habría tenido sentido que lo hiciera. Pero no lo hizo, y por eso este relato es tan impactante.

En lugar de saltar, se dejó caer al interior del vehículo y utilizó su cuerpo como escudo humano para impedir la explosión que se produciría en apenas unos segundos. Ross McGinnis murió instantáneamente. Su cuerpo absorbió el impacto y la metralla para salvar a sus camaradas. «Si [McGinnis] no la hubiera interceptado con su cuerpo, no hay duda de que nadie habría salido vivo de allí», dijo el conductor del vehículo, que sufrió varias heridas como resultado de la explosión.[27]

En una ceremonia celebrada en la Casa Blanca, Ross McGinnis fue el cuarto soldado de la Guerra de Irak en recibir la medalla al Honor, que les entregó a sus padres el presidente George W. Bush.

«América siempre honrará el nombre de este valiente soldado que lo dio todo por su país, y que falleció a los diecinueve años», dijo Bush. Lo que Ross McGinnis dio por su país nos recuerda a todos la plena expresión de nuestra verdadera naturaleza: nos importan los demás de manera extraordinaria, y ese sentimiento se manifiesta como un reflejo cuando la vida está en juego. Y no es solo una vida humana lo que provoca nuestra respuesta de bondad.

❖❖❖ ❖❖❖

El 8 de noviembre de 2007, a Vern Newell le ocurrió lo impensable. Sin embargo, no fue el hecho de que su casa estuviera en llamas lo que le hizo arriesgar su vida, no una, sino dos veces; fue lo que todavía quedaba dentro de la casa: sus diez perros. Tras salir con vida de la primera incursión para poner a salvo a algunos de sus animales, sabía que los demás morirían sin su ayuda. Los bomberos que acudieron a apagar el incendio lo sabían también, pero intentaron disuadirle de volver a entrar en la casa: «Trató [el bombero] de detenerme —diría luego Newell—. Estaba empeñado en no dejarme entrar. Casi le doy una patada en la barbilla».[28]

Newell salvó a los diez perros, y juntos vieron cómo su casa, que estaba sin asegurar, iba siendo devorada por las llamas, hasta que no quedó nada de ella en pie. Cuando le preguntaron por qué había arriesgado su vida por sus animales, la respuesta fue muy simple: «Son mi familia», dijo.

Cuando la gente reconoce la bondad en los demás, quiere formar parte de ella, y el pueblo donde viven Newell y sus perros no es una excepción. Inmediatamente, sus vecinos empezaron a preparar los planos y a organizar todo lo necesario para hacerles a Newell y a sus perros una casa nueva.

Todos hemos oído contar historias como esta, de gente que arriesga su vida para salvar a otras personas, y de gente que la arriesga para salvar a unos animales. Vern Newell tuvo suerte. Sobrevivió a su arriesgado rescate, y su historia tuvo un final feliz. Pero no siempre es así.

El día de Navidad de 2010, un hombre de sesenta y dos años perdió su vida en Texas al intentar salvar a su familia y, como parte de ella, a su labrador retriever, del incendio que se había declarado en su casa. Aquella madrugada, Frank Kruse sacó a su esposa y a su sobrina de entre el humo y las llamas, pero no conseguía encontrar al viejo labrador, llamado *Sugar*. Volvió a entrar en la casa a buscarlo, y ni a él ni a *Sugar* se los volvió a ver nunca más. Aquel día de Navidad, el incendio del que salvó a su familia se llevó su vida y también la de su perro.[29]

❖❖❖ ❖❖❖

Es en momentos como los que acabo de describir cuando algo «irrumpe» de pronto y nuestra naturaleza más verdadera reluce con brillo deslumbrante. Y es precisamente en momentos como esos cuando vemos con exactitud qué es lo que nos diferencia de muchas otras formas de vida. A los hombres de estos relatos les habría resultado mucho más fácil —y habría sido sin duda aceptable, en vista del peligro que entrañaban las situaciones— haber pensado en salvar sus vidas; sin embargo, cuando tuvieron que elegir, algo dentro de ellos trascendió la lógica de sus mentes, y actuaron en beneficio de otro ser vivo.

E incluso cuando fracasamos, como en el caso de Frank y *Sugar*, lo importante es que lo hemos intentado..., que algo dentro de nosotros ha elegido que arriesguemos nuestra vida e incluso muramos, si es necesario, por salvar a otro ser. En los últimos años, los canales de noticias han transmitido historias similares, historias de caballos atrapados al inundarse un cañón del oeste de Estados Unidos o de perros, gatos e incluso hámsteres salvados de las llamas por personas que arriesgaron sus vidas para ello.

Tras los atentados del 11 de septiembre se inició un proyecto, al que se dio muy poca publicidad, consistente en recorrer puerta por puerta los bloques de apartamentos y hoteles semiderruidos y las casas incendiadas del bajo Manhattan en busca de animales domésticos que hubieran quedado allí abandonados a causa del caos. La recompensa de quienes arriesgaron sus vidas entrando en los edificios inestables y respirando el humo tóxico hizo que se les saltaran las lágrimas a los periodistas que cubrían la noticia.

Se fue rescatando de uno en uno a los animales –hambrientos, deshidratados y *vivos*–, que meneaban la cola o gemían levemente en respuesta a las caricias humanas. Una vez más, en las horas y los días que siguieron al 11 de septiembre, habernos resignado a que la muerte de aquellos animales era una consecuencia inevitable de semejante catástrofe habría estado justificado, sin duda, por la magnitud de la tragedia. La cuestión es que no nos resignamos.

En estos momentos, vislumbramos un ejemplo de lo que a mi entender es la esencia más verdadera de la naturaleza humana. En nuestro estado más elemental –libres de la carga y las presunciones erróneas que nos hacen creer que somos seres menesterosos, codiciosos, ingenuos u ofuscados en la competición por sobrevivir–, somos fundamentalmente una especie amable, compasiva y generosa: *una especie caracterizada por la bondad*. En el nivel más básico de nuestra existencia, en momentos de crisis, nos demostramos a nosotros mismos una y otra vez la verdad de nuestra naturaleza. La historias que he contado en esta sección, y miles de historias más, nos dicen que es así, más allá de toda duda razonable.

Al mismo tiempo, sin embargo, somos también una especie de supervivientes. Cuando nos vemos abocados a circunstancias extremas, la necesidad del momento puede desatar en nosotros el poder y la capacidad de pasar por encima de nuestra naturaleza básica y convertirnos en guerreros. *Podemos* ser violentos cuando lo necesitamos. *Podemos* apalear y matar a otro para protegernos y proteger a nuestras familias. *Podemos* traicionar nuestro instinto verdadero de bondad a fin de sobrevivir; y las situaciones en las que nos encontremos pueden ser el catalizador.

Aquellas circunstancias que consideramos una amenaza para nosotros como individuos, nuestras familias, comunidades o naciones pueden desatar nuestra violencia. Independientemente de que esas circunstancias sean reales o no, la cuestión es que las percibamos como reales y nos sintamos amenazados por ellas. Traicionaremos nuestra naturaleza pacífica cuando, sola o combinada, se da alguna de las siguientes circunstancias:

> Nos sentimos amenazados personalmente.
> Sentimos que algo amenaza a nuestras familias.
> Sentimos que algo amenaza a nuestra forma de vida.

Cuando traicionamos eso a lo que se ha llamado «nuestra bondad fundamental», en esos momentos es cuando somos testigos de los peores y más temibles aspectos de nuestro ser. Tal vez se debiera precisamente a las condiciones que acabo de mencionar que nuestros antepasados remotos optaran por la guerra hace diez mil años. Frente al cambio climático y una provisión limitada de los bienes necesarios para la vida –alimentos, agua, recursos, parejas con las que perpetuar sus familias–, la necesidad de competir que sintieron tuvo más peso que los beneficios de la cooperación. Bien se sintieron amenazados personalmente, bien sintieron que peligraban sus familias, o bien la forma de vida a la que estaban acostumbrados. Y ante la presencia de lo que percibieron como una amenaza, traicionaron su naturaleza más auténtica.

Como ocurre al hacer cualquier generalización, siempre hay excepciones. En todas las sociedades se dan estadísticas que parecen refutar nuestra bondad, pues algunos individuos gravitan hacia los rasgos más oscuros de su personalidad, que la mayoría de nosotros evitamos y aborrecemos. Casi todas las generaciones han vivido sus peores pesadillas hechas realidad al experimentar en algún momento el terror ante lo que podríamos describir como «la encarnación del mal», en asesinos en serie, por ejemplo, como Jack el Destripador o Ted Bundy, que hicieron estragos en comunidades y barrios por lo demás respetuosos con la vida.

En alguna rara ocasión, tales individuos han llegado a posiciones de tremendo poder y, haciendo uso de su carisma para inducir a ejércitos enteros a llevar a cabo sus planes, han cometido atrocidades contra otras razas o naciones, e incluso contra su propio pueblo..., actos que son inconcebibles en una persona cuerda y racional. Esos momentos de oscuridad que experimenta nuestra especie quizá ilustren más, no obstante, lo que *hacemos* en circunstancias extremas que lo que *somos* por naturaleza. Afortunadamente, los Pol Pot (cuyo verdadero nombre era Saloth Sar), los Hitler, los Saddam Hussein y las organizaciones del terror son tan contados que representan la excepción y no la norma.

LA COOPERACIÓN ES LA CLAVE

Los historiadores describen el siglo XX como el más sangriento de toda la historia documentada.[30] La primera vez que lo leí, pensé que debía de haber un error. Seguro que las Cruzadas cristianas, por ejemplo, o las conquistas en Europa y Oriente Medio por parte de los ejércitos de la antigua Roma habrían acabado con muchas más vidas en aquel tiempo que la Primera y la Segunda Guerra Mundial en el nuestro. Pero en cuanto hacemos cálculos, vemos que los historiadores tienen razón. Y las cifras son de verdad abrumadoras.

Solo en la Segunda Guerra Mundial murieron aproximadamente *cincuenta millones* de personas en combate y por atrocidades derivadas de la guerra;[31] y el número de muertes causadas por la barbarie humana continuó incluso después de acabada la guerra, hasta el final del siglo. Para 1999, habían muerto *ochenta millones* de hombres, mujeres y niños a causa de conflictos étnicos, religiosos y filosóficos, cinco veces más que los que fallecieron debido a todos los desastres naturales y a la epidemia del sida *juntos* durante el mismo período. Por esta razón, el siglo pasado se ha ganado el título de «el siglo que asesinó la paz».[32]

Además de las guerras por cuestiones territoriales y fronterizas y por la desaparición de los recursos, un nuevo tipo de monstruosidad experimentó un espectacular ascenso en el último siglo: el empeño en «limpiar» las sociedades basándose en ideas que escapaban a las de la guerra tradicional. En 1948, la Organización de Naciones Unidas adoptó el término «genocidio» para denominar a este tipo de matanza, así como para poder definirlo claramente y proscribirlo empleando la legislación global. La razón por la que refiero estas estadísticas escalofriantes es que el pensamiento que las hizo posibles es un dolorosísimo ejemplo de adónde puede conducir el hecho de perpetuar presunciones científicas erróneas y llevarlas al extremo.

El pensamiento que subyace en la base de todas las formas de genocidio, y al que se alude directamente en algunas de ellas, está relacionado con las observaciones de la naturaleza que hizo Darwin, con la manera en que las expuso en sus escritos y con cómo las han interpretado otros. Dicho pensamiento queda reflejado en las ideas de obras filosóficas tales como el tristemente famoso «Pequeño libro rojo», oficialmente titulado *Citas del presidente Mao Tse-Tung*, y *Mi lucha*, el libro en el que Adolf Hitler detallaba su perspectiva del mundo. Ambos se utilizaron para justificar las brutales matanzas que, juntas, dejaron al menos cuarenta millones de muertos: treinta millones en China, y casi once millones en los genocidios polaco y judío de la Segunda Guerra Mundial.

En *El origen de las especies*, Darwin declaraba abiertamente su creencia de que la «eliminación» de los miembros más débiles de las especies a las que había observado en la naturaleza era igualmente aplicable a los seres humanos:

> Puede no ser una deducción lógica, pero para mi imaginación es muchísimo más satisfactorio considerar instintos tales como el del cuclillo joven, que expulsa a sus hermanos adoptivos, el de las hormigas esclavistas [...] como pequeñas consecuencias de una ley general que conduce al progreso de todos los seres orgánicos; o sea, que multiplica, transforma y deja vivir a los más fuertes y deja morir a los más débiles.[33]

En *Mi lucha*, Hitler parafraseó claramente esta idea:

> En la lucha por el pan cotidiano todos aquellos que son débiles y enfermizos o menos determinados sucumben, mientras que la lucha de los machos por las hembras garantiza el derecho u oportunidad de propagarse solo a los más sanos. Y la lucha es siempre un medio de mejorar la salud y el poder de resistencia de una especie, y en consecuencia una causa de su superior desarrollo.[34]

Si las palabras de Hitler parecían hacerse eco de las de Darwin, las del presidente Mao no dejan lugar a dudas sobre hasta qué punto está inspirado su pensamiento en *El origen de las especies*. Consideraba a sus enemigos «no personas» que no merecían ser tratadas como a seres humanos. Uno de los eslóganes utilizados en su época era: «El socialismo chino está fundamentado en Darwin y la teoría de la evolución».[35]

En una época posterior de su vida, Darwin pareció retractarse de algunas de las rigurosas aseveraciones que había hecho en *El origen de las especies*. Contradiciendo sus primeras conclusiones referentes a la fuerza superior de algunos individuos, sus obras posteriores describían estrategias de la naturaleza basadas en la unidad y la cooperación, y no en la «supervivencia del más apto». En su libro siguiente, *The Descent of Man* [*El origen del hombre*], resumía así sus observaciones: «[...] aquellas comunidades que incluían el mayor número de miembros más compasivos prosperaron más, y produjeron el mayor número de descendientes».[36]

Pese a que tal vez Darwin comprendiera la falsedad de sus presunciones, es posible que fuera demasiado tarde. *El origen de las especies* era ya un clásico, y hoy día sigue siendo el fundamento de una manera de pensar que, claramente, nos desvía de nuestros instintos naturales de cooperación y bondad.

A principios del siglo XX, el naturalista ruso Peter Kropotkin consolidó el trabajo de la última época de Darwin con sus observaciones. Del mismo modo que este último había observado personalmente los efectos de la evolución entre especies de aves en su viaje de descubrimiento de los años 1830, Kropotkin publicó sus propias observaciones basadas en expediciones científicas a uno de los entornos más inclementes del mundo: el norte de Siberia. Y describió cómo había visto que la cooperación y la unidad, y no la supervivencia del más apto, son las claves para la prosperidad de una especie.

En su libro ya clásico *El apoyo mutuo: un factor de la evolución*, publicado originalmente en 1902, Kropotkin ilustra los beneficios de los que goza el reino de los insectos gracias a la instintiva capacidad de las hormigas para vivir en sociedades cooperativas en lugar de competitivas:

Sus sorprendentes hormigueros; sus construcciones, que sobrepasan en altura, en comparación, a las construcciones de los hombres; sus caminos pavimentados y galerías cubiertas entre los hormigueros; sus espaciosas salas y graneros; sus campos de trigo; sus cosechas, los granos «malteados» [...]; sus métodos racionales de cuidado de los huevos y de las larvas, comunes a todas las hormigas, y la construcción de nidos especiales y cercados para la cría de los pulgones, que Linneo llamó tan pintorescamente «vacas de las hormigas», y por último, su bravura, atrevimiento y elevado desarrollo mental; todo esto es la consecuencia natural de la ayuda mutua que practican a cada paso de su vida activa y laboriosa.[37]

John Swomley, profesor emérito de ética social en la Escuela de Teología St. Paul de Kansas City, Missouri, deja pocas dudas sobre que siempre revertirá en nuestro favor encontrar formas pacíficas y cooperativas de construir las sociedades globales de nuestro futuro. Citando la evidencia que presentaron Kropotkin y otros, asegura que la necesidad de cooperación y no de competición se fundamenta en algo más que sus beneficios para lograr una sociedad próspera. De manera sencilla y directa, explica que la cooperación es «la clave de la evolución y la supervivencia».[38] En un artículo publicado en febrero de 2000, Swomley cita a Kropotkin para ratificar que la competición dentro de una especie o entre especies distintas «es siempre perjudicial para ellas. El modo de crear unas condiciones óptimas es eliminar la competición por medio de la ayuda y el apoyo mutuos».[39]

En el discurso inaugural del Simposio sobre los Aspectos Humanísticos del Desarrollo Regional, celebrado en 1933 en Birobidzhan, Rusia, su copresidente, Ronald Logan, expuso un contexto para que los participantes concibieran la naturaleza como modelo para la creación de sociedades prósperas. Haciendo referencia directa a Kropotkin, dijo:

Si preguntamos a la naturaleza: «¿Quiénes son más aptos, aquellos que constantemente luchan entre sí o, por el contrario, aquellos que se apoyan entre sí?», en seguida veremos que los animales que adquirieron las costumbres de ayuda mutua resultan, sin duda alguna, los más aptos. Tienen más posibilidades de sobrevivir como individuos y como especie, y alcanzan en sus correspondientes clases (insectos, aves, mamíferos) el más alto desarrollo mental y organización física.[40]

En otro momento de la misma alocución, Logan citó la obra de Alfie Kohn, autor de *No Contest: The Case Against Competition* (Houghton Mifflin, 1992), describiendo en términos inequívocos lo que su investigación había revelado sobre los posibles beneficios de cierto nivel de competición en los grupos. Tras revisar más de cuatrocientos estudios que documentaban la cooperación y la competición, Kohn había llegado a la conclusión de que «la cantidad ideal de competición [...] en cualquier medio —la clase, la oficina, la familia, el patio de juegos... —es ninguna. La competición es siempre destructiva».[41]

El mundo natural está extensamente reconocido como terreno de pruebas para experimentos sobre la unidad, cooperación y supervivencia entre insectos y otros animales. Y las lecciones de la naturaleza nos enseñan que, incuestionablemente, la unidad y la cooperación son ventajosas para los seres vivos. Dichas estrategias sólidamente establecidas en el mundo que nos rodea bien podrían, en última instancia, servirnos de modelo para nuestra propia supervivencia. Para aplicarlas, sin embargo, debe tenerse en cuenta un factor adicional que no aparece en el reino animal. Como individuos, y como especie, generalmente hemos de saber «hacia dónde vamos» y qué es de esperar que encontremos allí antes de que cambiemos nuestro modo de vida; necesitamos saber que el resultado valdrá la pena para que la idea de conseguirlo nos sirva de aliento e inspiración.

Son cada vez más los datos procedentes de la antigüedad, así como de estudios sociológicos e investigaciones científicas, que indican que, si no existen las condiciones que nos impulsan a mostrar un comportamiento animal y se nos da la oportunidad, preferimos llevar una vida pacífica y compasiva que honre los aspectos benevolentes de nuestra especie; dicho de otro modo, las condiciones de vida parecen demostrar lo que la ciencia ha descubierto. Y cuando las tres condiciones que valoramos en la vida se cumplen —es decir, cuando nos sentimos seguros, sentimos que nuestras familias están a salvo y que está a salvo nuestra forma de vida—, dejamos que nuestra naturaleza más verdadera se manifieste y brille en todo lo que hacemos. ¿Cómo podemos tener la certeza de que esas condiciones se cumplen? El poeta ganador del Premio Pulitzer Carl Sandburg respondió con brevedad a esta pregunta: «En algún momento declararán una guerra, y no irá nadie».[42]

Creo que Sandburg tiene razón, porque en nuestro estado natural, somos de verdad seres «programados» para la paz.

SEXTA VERDAD PROFUNDA

Un volumen creciente de pruebas científicas indirectas, procedentes de más de cuatrocientos estudios validados por una revisión por pares, empiezan a revelar una verdad innegable: que la competición violenta y la guerra están en contradicción directa con nuestros más profundos instintos de cooperación y cuidado mutuo.

Capítulo 7

El juego final: es hora de reescribir nuestra historia, nuestro sino y nuestro destino

El destino no depende del azar;
depende de la elección.

WILLIAM JENNINGS BRYAN (1860-1925),
abogado y político norteamericano

El estreno en 2007 de la película *The Bucket List* (*Ahora o nunca*) hizo a mucha gente pensar en su vida y en aquello que le gustaría hacer mientras tuviese salud suficiente. Sin revelar los detalles de la película a aquellos que todavía no la hayan visto, la premisa general es que dos hombres (interpretados por Morgan Freeman y Jack Nicholson) se enfrentan a una situación terminal debido a sus dolencias respectivas, y saben que hay cosas que siempre quisieron hacer pero, por diversas razones, no llegaron a llevar a cabo nunca. Cuando se les presenta una última oportunidad de que sus sueños se hagan realidad, escriben cada uno de ellos una lista de las ambiciones de toda su vida: la lista de «cosas para hacer antes de morir». El resto de la película narra cómo cambian sus vidas y sanan sus heridas emocionales mientras trabajan juntos para hacer realidad sus sueños.

Durante una conversación con mi madre poco después de que se estrenara *Ahora o nunca*, le pregunté por su lista de deseos: a qué sitios quería ir y qué cosas quería hacer que le hubiesen quedado pendientes en su vida.

Me contestó que ella era producto de otra época histórica, de otra forma de pensar, y que no estaba acostumbrada a pensar en sí misma de esa manera. Había nacido justo después de la gran depresión, y se la había educado para que cuidara siempre de los demás y atendiera a sus necesidades antes de poder pensar siquiera en sus propios sueños y en qué quería *ella*.

Desde que era niña, había cuidado de los que tenía alrededor, lo que en la edad adulta significó atender a aquellos cuyas vidas se desmoronaban debido a la enfermedad y el divorcio. Había cuidado de su padre y de su madre hasta que murieron (su padre, a los noventa y seis años), de la gente con la que trabajó durante más de un cuarto de siglo de servicio al gobierno de Estados Unidos, y de mi hermano y de mí, sus dos hijos, a los que había criado sola en los años sesenta tras un divorcio muy doloroso. Mientras vivió dando a los demás y anteponiendo siempre las necesidades ajenas a las suyas propias, fue dejando de lado sus grandes sueños; y yo tenía todo esto presente cuando le hice la pregunta.

La animé a que anotara sus mayores ambiciones primero, y a que luego continuara la lista soñando sin límites. Le recordé que la ayudaría a ir a *cualquier* lugar de la Tierra al que siempre hubiese querido ir, a ver a *cualquier* persona (viva) a la que quisiera ver y a hacer absolutamente *cualquier* cosa que siempre hubiera querido hacer. Aunque estaba convencido de que mi madre seguiría entre nosotros muchos años todavía, deseaba a la vez que tuviera la oportunidad de irse de este mundo sin ningún pesar, sin la sensación de «¡si hubiera podido...!».

Empezó a leer su lista en alto. No me sorprendió lo que había en ella porque la conozco bien. No era una enumeración de viajes exóticos a destinos lejanos, ni un glamoroso crucero a bordo de un trasatlántico de lujo. Ni siquiera se acercaba a nada de eso. Su lista de cosas que hacer antes de morir era modesta y sencilla.

A la cabeza, estaba hacer un último viaje para ver a sus amigas de toda la vida, que se habían quedado en Missouri cuando ella se había trasladado al suroeste para estar más cerca de mí. Después, había escrito aquello que creía que beneficiaría a otras personas, como dejar la casa impecable, pintarla entera para que los siguientes propietarios no tuvieran que hacerlo, acondicionar el patio para ahorrarnos a mi hermano y a mí la tarea de tener que hacerlo cuando ella ya no estuviera, y convertirlo en un precioso jardín. Eso era todo.

Cuando le pregunté si quería empezar a hacer las cosas de la lista de inmediato —ese mismo día—, me devolvió la mirada desde el otro lado de la mesa y sacudió la cabeza, un gesto que no dejaba lugar a dudas:

—No —dijo—, ahora no. Todo está demasiado revuelto. Vamos a esperar a que el mundo se tranquilice un poco.

—¿Y cuándo será eso? —quise saber, pensando que se refería al nerviosismo que antes me había contado que le producía el estado de la economía, la quiebra de los bancos y todo el malestar que había en tantos sitios del mundo.

—Ah, no sé —contestó—. Vamos a tomárnoslo con calma. Podemos volver a mirar la lista cuando todo vuelva a la normalidad.

—¿A la normalidad? ¿Qué quieres decir con «normalidad»?

La respuesta que me dio mi madre es la razón por la que cuento aquí esta conversación con ella. La pequeña figura de mi madre, sentada frente a mí, me hablaba de un sentimiento que comparten personas de todas las edades y de todas las naciones del mundo.

—Ya sabes —dijo—, cuando las cosas vuelvan a ser como antes.

La miré a los ojos desde el otro lado de la mesa. Sabía que el mundo que ella quería ver antes de permitirse hacer realidad sus sueños ya no existe. Lo más probable es que la «normalidad» que ella recuerda, añora y espera volver a ver no llegue nunca. Y la razón es muy simple: es un mundo del pasado.

Nuestro mundo y la manera en que vivimos nuestras vidas están llegando a su fin; y, si la historia sirve de indicación, una vez que nuestro mundo empiece a avanzar en una nueva dirección, como ya lo está haciendo, es como si obedeciera a alguna «ley» mística del universo que hace que las cosas sigan avanzando irremediablemente. No puede volver a ser lo que fue. Del mismo modo que rara vez retrocedemos en nuestra vida a relaciones, matrimonios, trabajos y lugares de nuestro pasado, no es nada probable que el mundo de 2008 o de 2006, o anterior a eso, vuelva a ser jamás el presente. Y no es nada probable por una sencilla razón, aunque una razón de mucho peso: *ese mundo ha desaparecido*.

LO QUE SERVÍA ENTONCES YA NO SIRVE

Mi madre y yo siempre hemos hablado del estado del mundo y de hacia dónde va. En los últimos años, su optimismo en relación con la gente, los gobiernos y nuestro futuro ha dado paso a una sombría imagen de lo que, a sus ojos, es un planeta destrozado, de oportunidades perdidas y problemas sin solución. Después de escuchar mis palabras optimistas y, con paciencia, oírme hablar sobre el maravilloso mundo que nos espera justo a la vuelta de la esquina, aunque sin omitir las elecciones tan difíciles que tendremos que hacer para llegar a ese mundo, suele acabar la conversación resumiéndolo todo en una sola frase. De la manera directa, precisa y elocuente que solo puede venir de ella, se limita a decir:

—Me doy por vencida. El mundo es un desastre. ¡Todo se va al infierno!

Y al percibir mi incredulidad cada vez que pronuncia esas palabras, con un brillo especial en la mirada y una sonrisa que me dice que me quiere, piense lo que piense, añade:

—Y puedes tomarme la palabra.

❖❖❖ ❖❖❖

Cuando pensamos en los sistemas de nuestra forma de vida que parecen haber llegado al límite, es fácil entender por qué hay tanta gente que tiene la misma perspectiva que mi madre de un mundo hecho pedazos. Hay tantas cosas en las que hemos confiado durante generaciones (por ejemplo, cómo funcionan el dinero o las guerras, cómo solíamos encontrar trabajo en una buena empresa y sentirnos seguros el resto de nuestra vida) que ya no parecen tener validez... Sencillamente ya no funcionan. Ahora bien, si miramos con honestidad todo aquello que ya no funciona, empezamos a ver un patrón: lo único que se está «haciendo pedazos» son los sistemas que ya no son sostenibles en la situación de tensión de un mundo que está cambiando.

Cuestiones como la economía, las dictaduras que existen desde hace decenas de años, la fuerza militar utilizada para mantener la paz en quince zonas bélicas del mundo o la abyecta pobreza en países que son ricos en recursos naturales son ejemplos, todos ellos, de formas de vida insostenibles que han alcanzado su punto límite. Y todos están sucediendo en el seno de una civilización que se alimenta de esos recursos insostenibles que son los combustibles fósiles.

Por lo tanto, aunque la economía mundial, basada en mercados que habían de crecer sin fin y en un régimen lucrativo en el que quien se beneficia lo hace a expensas de otro, haya funcionado durante un siglo, no será sostenible durante cien años más. Y aunque proveer de electricidad a una red energética mundial que va consumiendo las fuentes limitadas de petróleo, gas y carbón, destruyendo el propio aire que respiramos, haya funcionado durante un siglo, no podrá seguir haciéndolo durante cien años más.

Estos son ejemplos de la curva de aprendizaje de nuestra civilización. Si podemos trascender la tentación de juzgar si son buenos o malos, acertados o improcedentes, simplemente se convierten en parte de nuestro pasado. En su momento, sirvieron al propósito para el que fueron ideados y consiguieron lo que debían conseguir. Nos han traído hasta donde estamos, y nos han permitido crear una civilización global que antes no existía; nos han proporcionado calor, luz y un modo de cocinar los alimentos en lugares que en el pasado nunca habían gozado de tales lujos; nos han dado la posibilidad de viajar de un lado al otro de la Tierra en un solo día.

Sin embargo, también han provocado una enorme grieta en las economías mundiales, y han explotado a los pueblos indígenas y muchos de los recursos globales para beneficio de unos pocos. Nuestras elecciones nos han beneficiado en algunos sentidos y nos han perjudicado en otros. Actualmente, el hecho de que tantos de los sistemas que habíamos elegido se estén desmoronando todos a la vez nos ofrece una rara oportunidad de elegir de nuevo. Debemos *elegir* hacia dónde dirigir el siguiente paso y qué forma darle al nuevo mundo que va emergiendo.

Por esto precisamente es tan importante que sepamos la verdad de nuestros orígenes, nuestra herencia y nuestra existencia. Cuando sepamos quiénes somos, cuánto tiempo llevamos en este planeta y que no somos un accidente de la naturaleza y la biología..., cuando tengamos toda esta información, podremos tomar, con conocimiento de causa, las decisiones que nos permitirán adaptarnos a este mundo cambiante.

❖❖❖ ❖❖❖

A lo largo del libro, habéis tenido la oportunidad de explorar la manera en que tradicionalmente nos hemos visto a nosotros mismos con los ojos de la ciencia..., y también la manera en que podemos vernos a la luz de los nuevos descubrimientos científicos. Si os habéis sentido divididos ante los grandes interrogantes de la existencia –tales como cuándo comienza la vida humana, de dónde proviene nuestra especie, cuánto tiempo llevamos aquí, y si estamos condenados o no a vivir en un mundo de guerra y sufrimiento perpetuos–, habréis descubierto también nuevos hechos que pueden contribuir en gran medida a aligerar parte del conflicto.

Aunque las funciones profesionales que he desempeñado en la industria de la energía, de los sistemas de defensa y de la comunicación eran distintas entre sí en cuanto a orientación y objetivos, había un *tema* de fondo en todas ellas que de algún modo las unía. Y al igual que muchas experiencias de una parte de nuestra vida se repiten en otras, ese tema toca también mi vida cotidiana actual.

El tema en cuestión es que cada una de esas profesiones acompañaba a un trabajo que acepté en época de crisis. Tanto la crisis energética de los setenta, como la crisis nuclear de la guerra fría de los ochenta, o la militar de información provocada por la incompatibilidad entre los distintos sistemas informáticos, que entorpecían sus tentativas de coordinación durante la Guerra del Golfo en los noventa, todos los trabajos iban retrasados con respecto al calendario previsto y excedían el presupuesto cuando me incorporé a la plantilla. Y algo parecido sucede actualmente: vivimos todos en un mundo en crisis, y las soluciones a nuestras crisis van retrasadas y exceden el presupuesto. Tengo la sensación de que los paralelismos que he visto en otras áreas de la vida pueden establecerse en este caso también.

Un principio que era cierto en las corporaciones en las que trabajé es igualmente válido para nosotros y nuestro mundo: cuando conocemos la verdad de la situación, las opciones se vuelven claras y las decisiones, obvias. Y si bien esta fue una de las grandes lecciones que aprendí en el mundo de la industria, ese mismo principio resulta relevante para lo que está sucediendo actualmente a escala global.

UNA COMUNIDAD GLOBAL: NO HAY VUELTA ATRÁS

No es un secreto que nos hemos convertido en una sociedad global. Ya le demos un nombre oficial y lo anunciemos en el informativo, o hablemos de ello como si estuviéramos conspirando en voz baja en las tertulias nocturnas de la radio, el hecho es que ya ha sucedido. Los mercados de valores que dirigen la economía mundial son ya globales y comercian continuamente, veinticuatro horas al día durante los siete días de la semana. Los alimentos que llenan de productos de la temporada estival las baldas de los supermercados en pleno invierno se cultivan en granjas de las antípodas y se nos envían a diario por aire o por mar. La voz que responde al número que marcamos a las tres de la madrugada para reservar un pasaje de avión o solicitar asistencia técnica para resolver un problema de nuestro ordenador probablemente nos habla desde una centralita situada al otro lado del mundo.

Está claro que vivimos en una época en que la línea de separación entre «ellos» y «nosotros» en lo referente al comercio, el dinero, la tecnología e incluso el gobierno se ha hecho muy difusa; y puesto que somos ya una sociedad global, las elecciones que hagamos personalmente en nuestras casas, familias y comunidades tienen implicaciones a nivel mundial. Pero la globalización empezó en realidad mucho antes de que todo lo que acabo de mencionar fuera siquiera posible. En 2002, se publicó en el boletín *European Review of Economic History* un documento del Comité Nacional de Investigación Económica titulado «¿Cuándo empezó la globalización?», y este estudio documenta cómo la capacidad de comerciar, así como de influenciar los mercados, las demandas de trabajo y los precios que han de pagar los consumidores ha existido desde hace casi quinientos años. Describe los tres grados de globalización y el impacto que han tenido, o tienen, en la civilización moderna.[1]

La PRIMERA era de la globalización estuvo definida por una red comercial que cubría grandes distancias antes del siglo XVIII. Durante esta época, entre los productos que Europa importaba de otras partes del mundo estaban las especias, el azúcar, la seda y otros artículos que no se encontraban en los mercados locales. Puesto que se trataba de artículos que no competían con ningún mercado existente, era un comercio que no tenía grandes efectos en la economía. Así pues, la globalización más temprana se tradujo esencialmente en que algunas personas tenían en sus casas artículos muy preciados procedentes de lugares exóticos y, en cambio, sus vecinos no. El impacto de la globalización cambiaría, sin embargo, en la segunda era.

La SEGUNDA era de la globalización comenzó en los primeros años del siglo XIX, cuando Europa empezó a importar productos tales como cereales y textiles. Eran artículos que ya producían los mercados europeos, y las importaciones provocaron la presión de una competición de los mercados por vender aquellas mercancías de las que ya había una producción local. Durante esta época, la formación de nuevas compañías comerciales dio lugar a nuevas sociedades corporativas y hubo una regulación de los precios como consecuencia de la competición.

La TERCERA era de la globalización es la que estamos viviendo en la actualidad. Aunque seguimos comerciando con productos que compiten con aquellos que se producen dentro de un país o región dados, un factor nuevo está cambiando el impacto de la globalización en nuestras vidas: las tecnologías y las aptitudes profesionales que compiten por encima de las fronteras, los océanos y las zonas horarias. Este tipo de globalización impone una clase de presión diferente a los mercados y las economías globales, y, puesto que es tan diferente del comercio de artículos y objetos materiales que se ha llevado a cabo durante los últimos tres siglos, no encaja demasiado bien en los modelos de tendencias ni ciclos existentes. Por esta razón, los expertos se encuentran ante la difícil tarea de decirnos qué tipo de impacto es de esperar que tengan a largo plazo los actuales niveles de globalización.

De todos modos, aunque no sepamos exactamente qué nos reserva la globalización, no faltan opiniones sobre lo que ha significado para el mundo hasta el momento. En un breve artículo publicado en la revista *Newsweek*, el periodista Thomas Friedman cuenta cómo las sangrientas revueltas que tuvieron lugar en Italia en 2001 durante la Conferencia Europea de los G8, y durante la Conferencia de los G20 de 2009 en Pittsburgh, fueron un reflejo del temor de la gente a que la globalización sea ventajosa solo para el mundo industrial y mercantil, pero no tanto para la gente. «Sin embargo, la globalización no ha arruinado el mundo, simplemente lo ha allanado —decía Friedman—; y, en conjunto, eso puede beneficiarnos a todos, especialmente a los pobres».[2]

La canciller alemana Angela Merkel parece estar de acuerdo. Durante la ceremonia de inauguración de la Feria de Hannover, afirmó: «Hay una preocupación constante por que la globalización pueda afectar a nuestro poder adquisitivo. Yo no estoy de acuerdo con esto. Podemos ser ganadores en la globalización, pero tenemos que estar dispuestos a invertir y demostrar un serio compromiso».[3] Los críticos de la globalización ven algo muy distinto.

Aunque las opiniones contrarias a las de Friedman y Merkel varían en los detalles, en general argumentan que no es un cambio del nivel de vida mundial lo que temen los manifestantes, sino que su miedo es más bien fruto de la sensación de que las grandes corporaciones tienen cada día mayor control sobre la gente común y nuestra forma de vida. Es posible incluso que lo más relevante sea el miedo a sentirse impotente para impedir que esas corporaciones actúen de un modo que es beneficioso para sus negocios pero perjudicial para la raza humana y la vida en el planeta.

Está claro que la globalización que vemos hoy día es un arma de doble filo. No es un proceso democrático, y está costeada por aquellos que serán los más beneficiados. Por otra parte, está igual de claro que es un hecho de la vida. Definitivamente, nos hemos hecho una sociedad global, y no hay vuelta atrás. Y si bien es indudable que el comercio, la banca y la industria trabajan ahora como entidades globales, ¿qué hay de los gobiernos? ¿Vamos camino de alguna clase de gobierno global? O, como apuntan algunos, ¿tenemos ya un gobierno global?

HACIA UN GOBIERNO GLOBAL

Casi en todas las entrevistas para los medios de comunicación y cumbres y conferencias en las que participo, sé que hay una pregunta que se me hará, oficial o extraoficialmente: ¿creo yo que el mundo vivirá muy pronto bajo alguna forma de gobierno global? Y si es así, ¿cuándo? De modo que voy a empezar esta sección del libro con las mismas palabras con las que suelo responder a este tipo de preguntas.

En primer lugar, no dispongo de un «sistema de vigilancia interno» ni de una línea telefónica en conexión directa e ininterrumpida con la Casa Blanca ni con los líderes del mundo. No puedo leerles la mente, no sé lo que piensan ni qué razones tienen para tomar las decisiones que toman. Tengo acceso a las mismas fuentes de información que las personas que me hacen esas preguntas. Es la manera en la que hago uso de esas fuentes, unida a la experiencia en sistemas de pensamiento, la que me ayuda a encontrarle sentido a un mundo que a veces no parece tener ni pies ni cabeza.

Cuando trabajé como programador informático en la industria de la energía y en la de sistemas de defensa, por ejemplo, parte de mis tareas consistían en crear programas informáticos para detectar patrones. Como expliqué en *El tiempo fractal*, era la ocasión idónea para hacer formal y profesionalmente algo que por afición había hecho desde niño: intentar detectar patrones en la gente, en la vida y en la naturaleza. La única diferencia era que ahora, como profesional, utilizaba la tecnología de ordenadores de alta velocidad para filtrar cantidades inmensas de datos y encontrar esos patrones con mayor rapidez. Durante el tiempo que trabajé en la industria, busqué patrones geológicos de los yacimientos petrolíferos, o patrones de errores en los sofisticados sistemas informáticos.

Hoy día sigo buscando patrones en el mundo, pero los que ahora me interesan son los de nuestro pasado. Los patrones cíclicos de la historia de la Tierra, de la guerra y la paz, de la quiebra de las economías y del auge y declive de las civilizaciones —así como de nuestro talento para calcular esos patrones— son en gran medida la base desde la que respondo a las preguntas sobre nuestro futuro.

No sé exactamente qué nos deparará el futuro; lo que sí sé es que los ciclos del pasado obedecen a ciertos patrones que pueden anunciarnos lo que es razonable esperar que ocurra en tiempos venideros. Si somos lo bastante perspicaces como para reconocer esos patrones, tendremos la ventaja de poder hacernos una idea más o menos acertada de lo que nos traerán hoy y mañana, y podremos saber también en qué momentos de nuestro futuro —*momentos escogidos*— cualquier elección a favor del cambio tiene las máximas posibilidades de éxito.[4]

En lo que respecta a los cambios cíclicos de la historia, los patrones que indico no son ningún secreto para los líderes que han creado el mundo que vemos hoy día. Lo mismo que las descripciones, de conocimiento público, sobre lo ocurrido durante la transición a la última era del mundo y que nos han llegado de los ancianos indígenas, o la tradición oral de los nómadas tibetanos, que me hablaron sobre los cambios cíclicos del clima sentados alrededor del fuego a finales de los años noventa, que las probabilidades y trayectorias del tiempo que me describieron los chamanes en lo alto de los Andes, al sur de Perú, después del 11 de septiembre de 2001 y los antiguos glifos mayas que calculan esos ciclos en calendarios muy complejos, todo ello demuestra que no es ningún secreto que vivimos en un momento de cambio, que se prevé, se anhela, se espera con alegría y al mismo tiempo se teme desde la última vez que ocurrió hace alrededor de cinco mil años.

Entre las transformaciones actuales, se encuentra el mayor cambio de dirección del poder, la riqueza, la tecnología y la información de toda la historia documentada; luego no me sorprendería que presenciáramos la globalización de los gobiernos así como la del comercio, la industria y las finanzas durante esa misma época de cambio. El gobierno global ya existe. Y si los años del siglo xx que siguieron a la Segunda Guerra Mundial son una indicación de cómo se implementará, este será un proceso de puesta en marcha, más que un acontecimiento marcado por un instante preciso.

Los cimientos para un gobierno global, así como para un nivel más alto de cooperación global, se han estado fraguando desde que el mundo quedó esculpido en nuevas naciones y economías tras la Segunda Guerra Mundial. La consolidación del comercio en bloques mercantiles, como la Unión Europea (UE) —creada en 1993—, la Unión Africana (UA) —fundada en 2001— y la Asociación de Naciones del Sureste Asiático (ANSEA) —establecida en 1967—, es el modo en que naciones separadas con intereses comunes forman organizaciones de alto nivel para beneficiarse tanto individual como colectivamente.

Además, la consolidación monetaria –que hemos visto en Europa con el *euro*, que se espera ver en el oeste de África con el llamado *eco* (cuya entrada en vigor se prevé para 2015), con el *dólar del este del Caribe* y con la moneda común que se ha propuesto para los Emiratos Árabes Unidos, Bahrain, Arabia Saudí, Kuwait, Omán y Qatar– es señal de una cooperación que indica una forma de gobierno superior.

Por tanto, la respuesta que doy a la pregunta de si estamos encaminados hacia alguna forma de gobierno global es *sí*, porque ya está sucediendo a escalas cada vez más significativas. ¿Volveremos alguna vez al mundo del pasado? Probablemente no. ¿Es bueno o malo un gobierno global? No lo sé; la respuesta dependerá de quién lo dirija.

La formación de la Unión Europea puede proporcionar un ejemplo microcósmico de lo que es posible conseguir si se aplican las mismas directrices a escala global. Los objetivos de la UE se establecieron con claridad desde el principio. Se creó con la idea de «poner fin a las frecuentes y sangrientas guerras entre países vecinos, que culminaron en la Segunda Guerra Mundial».[5] Y con la misma claridad se eligió el camino que se seguiría para alcanzar sus metas: las «cuatro libertades de movimiento»:

> ➤ Movimiento de bienes
> ➤ Movimiento de servicios
> ➤ Movimiento de gente
> ➤ Movimiento de dinero

En la actualidad, componen la Unión Europea veintisiete países; y aunque cada uno de ellos ha conservado su idioma, su cultura, su arte, su forma de vida y el resto de los elementos que lo caracterizan, la relajación de las medidas que restringían el comercio y los viajes ha dado lugar a una era que los europeos con los que he hablado personalmente, y que viven dentro del sistema de la UE, consideran positiva.

Si tomamos a la UE como ejemplo de lo que puede ocurrir cuando distintas naciones trabajan juntas por unas metas comunes, es evidente que un gobierno global podría ser beneficioso. Si significa aminorar o eliminar las barreras que impiden que los hombres, mujeres y niños de la Tierra satisfagan sus necesidades más básicas, y hacerlo sin comprometer su unicidad, es indudable que podría ser un cambio positivo. Y si todos los miembros de nuestra familia global tuvieran acceso a los bienes indispensables para la vida –alimentos, agua, medicinas, electricidad y tecnología–, y al mismo tiempo trabajáramos todos juntos para resolver los asuntos críticos que amenazan a nuestro futuro, el mundo probablemente se beneficiaría de tal gobierno.

Uno de los objetivos establecidos cuando se formó la UE fue eliminar la competición violenta por los recursos, que había conducido a derramamientos de sangre, sufrimiento y guerras en el pasado. Si se alcanzara a nivel global tal grado de cooperación, e incluyera la puesta en común de los recursos humanos y naturales, es muy posible que las guerras por los recursos pasaran a ser cosa del pasado. El logro de estos objetivos contribuiría sin duda a anular los tres criterios que antes he identificado como causas de un comportamiento violento y belicoso: percibir que corre peligro nuestra vida, la de nuestra familia o nuestra forma de vida.

Obviamente, sin embargo, la idea de un gobierno global tiene también su lado oscuro. Si los sistemas y medidas adoptados para su funcionamiento se basan en algo que no sean las «cuatro libertades» de la Unión Europea, no podrían materializarse jamás los beneficios que acabo de mencionar. Si, por ejemplo, los principios rectores estuvieran basados en la codicia, el control, el fraude y la corrupción, la gente seguiría sufriendo por la misma disparidad de las riquezas, la misma carencia de lo necesario para vivir y una absoluta falta de esperanza de que sus circunstancias de vida puedan cambiar jamás. Huelga decir que, si este fuera el caso, el gobierno global podría dar lugar a una situación incalificable, semejante al futuro tenebroso y temible que George Orwell describía en su novela *1984*. Todo depende de cómo se haga.

❖❖❖ ❖❖❖

Se han propuesto ya una serie de opciones para tratar la tensión sin precedentes que los cambios de nuestro mundo han empezado a provocar en los sistemas de los que depende nuestra forma de vida. Para que funcione cualquiera de las soluciones propuestas, será necesario que ocurra algo que nunca antes ha sucedido, al menos en la historia documentada que corresponde a los últimos cinco mil años aproximadamente. Problemas tales como una población de diez mil millones de habitantes, la escasez creciente de agua y alimentos, la propagación de las pandemias o la necesidad de adaptación a un cambio climático son tan colosales que una nación aislada, o incluso la unión de varias naciones, no los podrá resolver.

Por primera vez en la historia de nuestro mundo de la que tenemos noticia, las soluciones han de implementarse a escala global, y para ello es necesaria la cooperación de muchas de las naciones más grandes y poderosas. Será la urgencia de salir de las crisis a las que nos enfrentamos la que abra la puerta a una oportunidad sin precedentes y a las elecciones que traiga consigo. ¿Se implementarán las soluciones en espíritu de cooperación y ayuda mutua, o se hará con los mismos miedos que nos han acarreado problemas en el pasado y que han destruido gran parte de aquello que valorábamos? Si los entendidos están en lo cierto, no vamos a tener que esperar mucho para saberlo.

Aunque en este momento nos encontramos en diversas etapas de la configuración e implementación de una serie de planes para resolver las crisis que se han identificado en el capítulo 3 —y a la hora de recabar ayuda para llevarlos a cabo—, un proyecto que está entre los más desarrollados y conocidos, que ha contado además con un beneplácito generalizado y es el que más lejos ha llegado en términos de financiación y puesta en práctica se detalló en realidad hace más de diez años, con el cambio de milenio. En septiembre de 2000, la quincuagésimo quinta sesión de la Asamblea General de Naciones Unidas adoptó la «Declaración del Milenio», una resolución de formar nuevas alianzas globales a fin de conseguir una serie de objetivos relacionados con problemas de ámbito mundial.[6]

Esos objetivos, que actualmente se conocen por el nombre de Objetivos de Desarrollo del Milenio, están fundamentados en una serie de iniciativas esenciales que ciento noventa y dos países y veintitrés organizaciones internacionales ya han acordado y firmado.[7] Los elementos principales de este ambicioso plan se han identificado como los ocho objetivos de alto nivel enumerados bajo estas líneas.

Cada uno de ellos comprende diversas metas de segundo orden que permitirán realizar las gestiones y adoptar las medidas, acciones y control necesarios para lograr cada objetivo particular acordado por los estados miembros. Entre los más ambiciosos se halla el de haber eliminado la pobreza extrema para el año 2015.

Esos ocho objetivos son los siguientes:

> *Objetivo 1:* erradicar la pobreza extrema y el hambre.
> *Objetivo 2:* lograr la enseñanza primaria universal.
> *Objetivo 3:* promover la igualdad entre los sexos y la autonomía de la mujer.
> *Objetivo 4:* reducir la mortalidad infantil.
> *Objetivo 5:* mejorar la salud materna.
> *Objetivo 6:* combatir el VIH/sida, el paludismo y otras enfermedades.
> *Objetivo 7:* garantizar la sostenibilidad del medio ambiente.
> *Objetivo 8:* fomentar una asociación mundial para el desarrollo.

Está claro que son objetivos muy nobles, y está igual de claro que cada uno de ellos requiere que se emprenda una acción considerable antes de que sea posible alcanzarlo. Cuando los colocamos todos juntos, estos ocho objetivos forman la esencia de un cambio radical del modo en que el mundo ha afrontado las crisis en el pasado –un nivel de cooperación nunca visto a escala internacional–. Para que esta clase de cooperación quede establecida, es preciso contar con un marco que acoja las medidas y el control necesarios para lograr los objetivos. Pero antes de que se pueda considerar siquiera la creación de ese marco, la forma en que nos concebimos a nosotros mismos y concebimos el mundo debe experimentar un cambio radical. Aquí es donde entraría en escena un liderazgo –una forma de gobierno global– que hiciera posible alcanzar unos objetivos tan trascendentales; y esto es precisamente lo que se propone hacer la Organización de Naciones Unidas: ocuparse de las necesidades de un mundo en crisis.

Los objetivos que acabo de describir parecen corresponder a dos categorías de acción distintas: los seis primeros identifican las crisis actuales y específicamente humanitarias, existentes todas en este momento; y si bien los objetivos séptimo y octavo se refieren también a crisis humanas, un examen más detenido de estas iniciativas nos muestra que ambas crean un marco que permitirá niveles de cooperación más profundos en proyectos futuros.

Uno de los subapartados del documento, la «Meta 8.A», enuncia la necesidad de «desarrollar aún más un sistema comercial y financiero abierto, basado en normas, previsible y no discriminatorio».[8] El lenguaje utilizado en esta meta suena complejo y parece conectado con la explicación anterior sobre nuevos tipos de dinero y un sistema monetario y comercial consolidado. Lleva los proyectos un paso más allá de las iniciativas de socorro, las atenciones de emergencia y la ayuda humanitaria con las que frecuentemente se ha asociado en el pasado a los proyectos de Naciones Unidas.

Os animo a que os familiaricéis con estos objetivos por vuestra cuenta; los encontraréis en el sitio web oficial de la Organización de Naciones Unidas (UN.org) [también, en castellano, en http://es.wikipedia.org/wiki/Objetivos_de_Desarrollo_del_Milenio]. Si los cambios recientes en el panorama mundial sirven de indicador, es de esperar que la ONU asuma un mayor grado de visibilidad y responsabilidad, y adopte un papel nuevo y más enérgico en la resolución de las crisis de nuestro tiempo. Es conveniente que todos conozcamos el plan.

EL NACIMIENTO DE UN MUNDO NUEVO

En un capítulo anterior examinábamos la idea maya del tiempo y de los ciclos cronológicos de la Tierra que se sincronizan con los del cosmos. Con sus profecías orales, los mayas nos legaron una descripción de lo que podemos esperar que suceda durante los años de transición de una era del mundo a la siguiente. Ellos sabían qué esperar porque ellos mismos (y nuestros antepasados comunes) habían vivido esos ciclos en el pasado y eran conscientes de la naturaleza fractal que presentan. En otras palabras, lo que en el calendario maya se considera que es el «nacimiento» de una era cósmica al terminar la anterior se corresponde con el nacimiento que todos hemos experimentado al llegar a este mundo. Desde la perspectiva maya, es imposible separar uno del otro, y he aquí por qué: el tiempo que pasamos por término medio en el vientre de nuestras madres (el período de gestación) es aproximadamente de doscientos sesenta días, mientras que el tiempo que tarda la Tierra en completar uno de sus bamboleos en nuestra órbita (la precesión de los equinoccios) es de alrededor de veintiséis mil años. Esto, trasladado al ámbito de los patrones, significa que los doscientos sesenta días que transcurren antes de *nuestro* nacimiento son un fractal de los veintiséis mil años que tarda la Tierra en «dar a luz» un nuevo ciclo de precesión.

Los mayas sabían que, por cada nacimiento, las condiciones cambiarían para dar paso a una nueva vida; y en el caso de los ciclos de eras del mundo, el cambio supone el desmoronamiento de todo aquello que *no* sirve para hacer frente a los cambios, a fin de dejar paso a aquello que *sí* sirve. Así es precisamente como nuestros antepasados concibieron nuestro momento de la historia: como un nacimiento cósmico a un ciclo de vida nuevo.

Y sabían que, con la llegada de ese ciclo nuevo, tendríamos que adoptar una forma de ser también nueva. Mucha gente ha interpretado que el año 2012, en el que acaba el calendario maya, significa que el fin del mundo está a la vuelta de la esquina. Sin embargo, un estudio más a fondo de las tradiciones mayas revela que no es al fin del mundo a lo que se refiere, sino al fin de una era del mundo... y, con ella, al fin de una forma de vida.

Pero al igual que el fin de cualquier cosa es el principio de lo que llega a continuación, el fin del ciclo de nuestra era del mundo es el principio de un nuevo ciclo que le sigue; es el nacimiento de un mundo nuevo. El antropólogo, historiador y *ajq'ij* maya (sacerdote ceremonial y guía espiritual) Carlos Barrios lo resumió, desde la perspectiva de los mayas actuales, en una charla ofrecida en Santa Fe, Nuevo México, en 2002: «El mundo no se va a terminar; se va a transformar. Los indígenas tienen los calendarios y saben cómo interpretarlos; los demás, no».[9]

La analogía entre nuestro nacimiento del vientre materno y nuestro nacimiento al pasar de una era del mundo a la siguiente resulta muy gráfica, y adquiere aún mayor sentido cuando la aplicamos al punto en que nos encontramos en el mundo actualmente. Tanto al salir del vientre como al salir de la quinta era del mundo de la que hablan las tradiciones indígenas americanas y entrar en la sexta, una vez que el proceso empieza, es un viaje en una sola dirección, que nos saca de un lugar al que nunca volveremos. En ninguno de los dos casos podremos retornar jamás al lugar del que provenimos.

Si bien la razón por la que no podemos retornar al vientre es obvia, la razón por la que no podemos volver al mundo conocido de nuestro pasado quizá no lo sea tanto; aun así, el nuestro es un viaje solo de ida. No podemos retornar al mundo del pasado porque ya no existe. Se transformó delante de nuestros ojos mientras vivíamos el cambio, a la vista de todos.

Esta es la clave para comprender el mensaje maya acerca del tiempo. El mundo en el que hemos crecido, en el que hemos llegado a sentirnos cómodos y al que nos hemos acostumbrado nunca fue en realidad el destino del viaje. No podía durar como forma de vida permanente porque sencillamente no era sostenible. El mundo de mediados del siglo XX era únicamente una piedra colocada en medio del arroyo para ayudarnos a cruzar al otro lado, el punto de inauguración de una curva de aprendizaje que nos ha conducido a otra forma de vida. Si dudamos de que esto sea verdad, no tenemos más que volver la vista atrás para ver que los tiempos en que una docena de huevos costaba 82 pesetas, un litro de leche 57 y un litro de gasolina 75 se fueron para siempre, lo mismo que se fueron para siempre los valores y lealtades que definían nuestros trabajos, nuestras familias y la forma en que solíamos considerarnos separados e independientes del resto de las naciones del mundo.

Por estas razones, el mundo que mi madre espera que vuelva no llegará nunca y la vida no volverá jamás a la «normalidad». La vida, tal como es hoy, es la nueva normalidad, y nos lleva en una única dirección: hacia delante. No podemos detener la marcha, pero sí dirigir hacia dónde nos lleva. No podemos detener el cambio, pero sí controla para que el aterrizaje sea más suave.

Y aquí es donde entra *La verdad profunda*. Estamos todos más preparados para tomar las decisiones que van a definir nuestro futuro cuando comprendemos los ciclos, los fracasos y los éxitos del pasado.

¿DESTINO O SINO?

¿Y adónde vamos ahora? ¿Adónde podemos ir? Estemos o no de acuerdo en *por qué* ha cambiado el mundo, el hecho es que ha cambiado. Parece que este cambio del que ahora todos formamos parte, más que simplemente seguir su curso, no ha hecho más que empezar y va cada vez más rápido. Probablemente esté ocurriendo mucho más aprisa de lo que nadie hubiera podido imaginar, más veloz incluso de lo que hubieran podido imaginar los visionarios, y sin duda con más celeridad de lo que podemos documentar en los libros de texto y enseñar en las aulas. Al parecer, como dice el proverbio, ha llegado la hora de la verdad. Para nosotros, es el momento en el que todo lo que en sentido espiritual y científico decimos ser, y todo lo que decimos que es auténtico en nuestras vidas, se encuentra con la *verdad* de nuestra existencia y nuestro futuro. Esa verdad es un sendero que puede conducirnos a dos lugares distintos: bien preparará el camino hacia nuestro destino o bien nos apresará en nuestro sino. Muy pronto sabremos cuál de las dos rutas hemos elegido como naciones y como mundo.

La suerte que correremos en última instancia será el resultado de todas las grandes crisis de nuestro tiempo, si no hacemos algo al respecto. Como ya he mencionado en otra parte del libro, hay cinco crisis principales:

> - *Primer punto crítico:* una población mundial insostenible.
> - *Segundo punto crítico:* el cambio climático.
> - *Tercer punto crítico:* la escasez creciente de alimentos y agua potable.
> - *Cuarto punto crítico:* el abismo cada vez mayor que existe entre la pobreza y la riqueza, la salud y la enfermedad, el analfabetismo y la educación.
> - *Quinto punto crítico:* la creciente amenaza de guerra y la renovada amenaza de una guerra nuclear.

Cada una de estas crisis tiene por sí sola el potencial de poner fin a la civilización, e incluso a la vida, tal como hoy las conocemos. Las cinco áreas de crisis están ya presentes, y, debido a que son un hecho, cada una de ellas ha establecido lo que podría considerarse la trayectoria a la que nos arrastrará con el tiempo si no la atajamos de alguna manera. La explosión demográfica, por ejemplo, ha establecido una trayectoria de intervalos cada vez más cortos entre una y otra duplicación del número de habitantes del mundo, lo cual situará a nuestra familia global en un cifra aproximada de diez mil millones de habitantes para el año 2050. Si no lo atajamos de algún modo, es de esperar que este sea el sino de nuestra familia global: las tremendas implicaciones de que haya diez mil millones de personas compitiendo por la comida, el agua, el empleo y la vivienda, en un mundo en el que los recursos vitales habrán disminuido, y dentro de tan solo cuarenta años.

Si aplicamos la misma lógica a cualquiera de las áreas críticas, es fácil de entender que cualquiera de ellas, abandonada a su suerte, tiene el potencial de conducirnos hacia un desenlace muy temible. Desde esta perspectiva, podemos considerar que nuestro sino es lo que nos estará esperando si sabemos que las crisis existen y no hacemos nada. El presidente Ronald Reagan lo explicó inmejorablemente en su discurso inaugural de 1981: «No creo en un sino que vaya a descender sobre nosotros hagamos lo que hagamos. Creo en un sino que descenderá sobre nosotros si no hacemos nada».[10] Con respecto a las cinco crisis que las mentes más brillantes de nuestro tiempo han identificado, la elección de no hacer nada significaría asimilar nuestra suerte a las más terribles consecuencias posibles de la profecía, el miedo, la guerra y la muerte.

Hay una diferencia muy grande, y muy clara, entre sino y destino. Podemos considerar que el sino es resultado de afrontar con pasividad los retos ante los que nos encontramos, es decir, no haciendo nada, mientras que el destino es hijo de la acción; para que se haga realidad, tenemos que ponerlo en marcha. En el caso de las crisis que nos ocupan, esa acción nos llega en forma de elección. El destino es lo que nos espera, individual y conjuntamente, cuando elegimos aquello que nos conducirá a la plena realización de nuestro potencial. William Jennings Bryan resumió magníficamente la naturaleza del destino cuando dijo: «El destino no depende del azar; depende de la elección. No es algo a lo que se haya de esperar, sino algo que conseguir».[11]

❖❖❖ ❖❖❖

Me da la sensación de que las crisis actuales y nuestro destino están íntimamente entrelazados. El hecho de que se estén redefiniendo tantas partes de nuestra vida y de que converjan tantos cambios en un lapso de tiempo tan breve, casi de la noche a la mañana, parece ser más que una simple coincidencia. Podemos considerar que esta convergencia es una especie de examen cósmico de la situación real. En un espacio de tan solo un pocos años, tenemos la oportunidad de ver cuáles de las elecciones que hemos hecho como civilización funcionan y cuáles no; podemos revisar qué sistemas son sostenibles y qué sistemas no lo son. Y a la vista de aquellos que han quebrado y fracasado, debemos elegir: ¿estamos dispuestos a acoger nuevas formas de vida que nos den lo que necesitamos de una manera limpia y sostenible que nos honre y honre nuestro mundo?, ¿o nos peleamos entre nosotros para apuntalar viejas formas de vida insostenibles que tarde o temprano volverán a fallar y, una vez más, nos dejarán colgando del abismo de las mismas elecciones al cabo de un tiempo?

Las formas de vida que no funcionan son las que se están desmoronando ante nuestros ojos en estos momentos: desde sistemas económicos endeudados y un servicio sanitario desbordado hasta el uso desenfrenado de los combustibles fósiles para proveer de energía a una población mundial cada día mayor. Todas ellas son señales de nuestra forma de considerar el mundo y el lugar que ocupamos en él. Todas ellas forman parte del lenguaje del cambio en el código de la civilización. Si somos capaces de ver cómo encajan en el contexto a gran escala las elecciones que hacemos a diario en nuestras vidas, entenderemos con claridad cuál es nuestro papel. Las elecciones que hagamos individualmente son los cimientos colectivos de nuestra nueva era del mundo.

Cuando contemplamos el panorama general de la figura 7.1, vemos claramente que las condiciones que ponen fin a un ciclo se convierten en los cimientos que dan comienzo al ciclo siguiente, y también que entre los ciclos hay un espacio en el que no está presente ninguno de los dos: *un punto de elección que crea una oportunidad*. Y en este instante, nos encontramos casi al final de ese punto de elección de treinta y seis años de duración, entre 1980 y 2016, que marca el final de nuestro ciclo de cinco mil ciento veinticinco años.[12] Por lo tanto, aunque

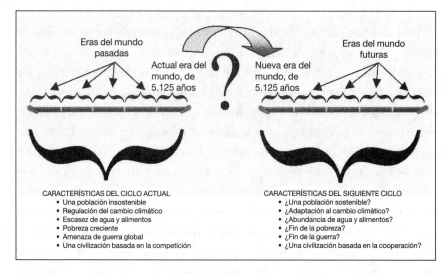

Eras del mundo pasadas

Actual era del mundo, de 5.125 años

Nueva era del mundo, de 5.125 años

Eras del mundo futuras

CARACTERÍSTICAS DEL CICLO ACTUAL
- Una población insostenible
- Regulación del cambio climático
- Escasez de agua y alimentos
- Pobreza creciente
- Amenaza de guerra global
- Una civilización basada en la competición

CARACTERÍSTICAS DEL SIGUIENTE CICLO
- ¿Una población sostenible?
- ¿Adaptación al cambio climático?
- ¿Abundancia de agua y alimentos?
- ¿Fin de la pobreza?
- ¿Fin de la guerra?
- ¿Una civilización basada en la cooperación?

Figura 7.1. Somos la generación que tiende un puente entre dos singulares ciclos cronológicos: el fin de la quinta era del mundo, de una serie de cinco eras de 5.125 años cada una, y el principio de la sexta, que inicia la serie siguiente. Además de hacer de puente entre un ciclo y el próximo, las tradiciones ancestrales e indígenas nos recuerdan que, como *generación puente*, las elecciones que hagamos determinarán qué creencias del pasado ciclo llevaremos con nosotros para que sean los cimientos del futuro.

las crisis listadas en la parte izquierda de la figura 7.1 son las realidades de nuestro tiempo, el hecho de que converjan al final del ciclo abre la puerta a la oportunidad de que cambiemos los patrones mentales y de comportamiento antes de empezar el nuevo ciclo que aparece en la parte derecha.

REESCRIBAMOS NUESTRA HISTORIA: VERSIÓN 2.0

Vivimos nuestra vida basándonos en lo que creemos, y este hecho tan simple nos hace darnos cuenta de que, al margen de lo que *hagamos* realmente en nuestra vida, las creencias que preceden a lo que hacemos son el fundamento de todo lo que valoramos, soñamos, conseguimos y llegamos a ser. Desde los rituales matutinos con los que empezamos el día y la tecnología que utilizamos para mejorar nuestra calidad de vida hasta la tecnología que *destruye* la vida con la guerra..., todas las actividades personales rutinarias, los rituales comunitarios y las ceremonias religiosas —en definitiva, nuestra civilización— se basan en lo que pensamos de nosotros mismos y de nuestra relación con el mundo.

Al darnos cuenta de esto, parece pertinente preguntar de dónde provienen nuestras creencias. Y la respuesta probablemente os sorprenda.

Salvo contadas excepciones, nuestras creencias provienen de lo que otras personas nos han contado sobre el mundo, es decir, la lente a través de la cual vemos el mundo y nos vemos a nosotros mismos, y que nos sirve de base para tomar las decisiones más importantes de nuestra vida, son las enseñanzas de la ciencia, la historia, la religión, la cultura y nuestras familias.

En lo que respecta a los hechos de la historia, la evolución y la vida en sí, durante los últimos trescientos años esas «otras personas» por lo general han sido los científicos y las organizaciones que conservan y enseñan nuestras tradiciones más preciadas. Y es esto precisamente lo que le confiere al verdadero poder de la ciencia un significado nuevo.

Independientemente de la satisfacción que obtengamos de la búsqueda de la «verdad», las respuestas que nos da la ciencia sobre nosotros mismos y nuestro papel en el mundo son los cimientos sobre los que *construimos* nuestra existencia y definimos cuál es nuestra manera de resolver los problemas de la vida.

¿Y qué imagen de nosotros nos da la ciencia más avanzada de nuestro tiempo? Históricamente se nos ha enseñado que somos criaturas insignificantes que aparecieron como «casualidad» de la biología; que llegamos en un momento tardío de la historia de la Tierra y tenemos, por tanto, poca influencia en el desarrollo general de los acontecimientos mientras estamos aquí; y una vez que nos hayamos ido, el universo apenas si advertirá nuestra ausencia.

Aunque esta descripción tal vez suene un poco adusta, me parece que la idea general debe de aproximarse bastante a lo que se nos ha condicionado a creer. La ciencia del último siglo nos ha hecho creer que la vida en sí es producto de una combinación de elementos y condiciones aparentemente imposible que tuvo lugar hace mucho tiempo; que la humanidad no es más que uno de los productos de esos acontecimientos fortuitos y que esencialmente somos como animales, y en consecuencia guerreros por naturaleza; que la civilización actual es el pináculo de cinco mil años de ingenuidad, creatividad y tecnología humanas, y que tenemos la capacidad de dominar la naturaleza y utilizar para nuestro provecho los recursos de la Tierra.

Probablemente no sea una coincidencia que durante el mismo lapso de tiempo en que se nos ha alentado a adoptar estas creencias, la humanidad haya sufrido las mayores pérdidas de su historia debido a las guerras y sus mayores horrores debido al genocidio, además de haber causado los mayores estragos en el medio ambiente del que dependemos para vivir. Son precisamente estas creencias las que a menudo nos hacen sentirnos insignificantes e impotentes cuando tenemos que hacer frente a los grandes retos de la vida.

¿Qué sucedería si descubriéramos que somos más que eso? ¿Es posible que en realidad seamos seres únicos, muy especiales y poderosos, bajo un disfraz? ¿Y si resulta que somos delegados con un potencial milagroso, nacidos en este mundo para hacer realidad un bello destino..., un destino que simplemente hemos olvidado, enredados en las condiciones que nos han conmocionado y sumido en un estado casi onírico en el que nos soñamos impotentes?

¿Cómo cambiaría nuestra vida si descubriéramos, por ejemplo, que nacemos con el poder de revertir la enfermedad, o que podemos *elegir* que haya paz en el mundo, abundancia en nuestra vida y cuánto tiempo vivir? ¿Y si averiguáramos que el universo en sí recibe los efectos de un poder que nos hemos ocultado a nosotros mismos durante tanto tiempo que ya ni siquiera recordamos que sea nuestro? Un cambio de paradigma semejante daría un giro radical a todo. Cambiaría lo que pensamos de nosotros mismos, del universo y de nuestro papel en él. Y es también, precisamente, lo que los descubrimientos más vanguardistas empiezan a revelar.

En el capítulo 2 veíamos que, debido a que la pirámide del saber científico es jerárquica, cuando se hace un descubrimiento en cualquier nivel de la pirámide, para seguir siendo científicas las ciencias que hay por encima de él deben cambiar. De la misma forma, nuestra manera de pensar sobre nosotros mismos es también jerárquica y obedece a la misma regla general.

Es fácil de entender que si tenemos la idea de que somos una casualidad de la biología, de que estamos separados y somos independientes del resto de la gente y del mundo que nos rodea, e incluso de

LA JERARQUÍA DEL PENSAMIENTO

6. Puntos álgidos de las crisis

5. Historia de la civilización

4. Nuestra relación con el mundo

3. Nuestra relación con nuestro cuerpo

2. Origen de la vida humana

1. Origen de la vida

PENSAMIENTO BASADO EN LAS PRESUNCIONES FALSAS DE LA CIENCIA

6. Resolución de los problemas mediante la competición, la fuerza y el conflicto.
5. Lineal; tendencia unidireccional.
4. Separados e independientes.
3. Separados y poderosos.
2. Acontecer fortuito de procesos aleatorios.
1. Acontecer fortuito/casual.

PENSAMIENTO BASADO EN LOS NUEVOS DESCUBRIMIENTOS DE LA CIENCIA

6. Resolución de los problemas mediante la cooperación, el entendimiento y la ayuda mutua.
5. Cíclica; las condiciones y crisis se repiten.
4. Conectados e interdependientes.
3. Conectados y vinculados.
2. Rara combinación de sistemas diseñados.
1. Proceso de diseño dirigido.

Figura 7.2. Una diferencia en cuanto a las ideas fundamentales acerca de la vida y la historia revoluciona la manera de pensar en nosotros mismos y en cómo resolver nuestros problemas. Desde las relaciones personales hasta las civilizaciones globales, la elección de cooperar o competir mostrada en el nivel 6 es resultado de la manera de pensar en la vida de los niveles 1 al 5. Los descubrimientos científicos descritos en los capítulos anteriores nos dan razones para pensar de manera distinta en nosotros mismos a la hora de hacer las elecciones que determinarán nuestro destino, y que serán nuestro sino.

nosotros mismos (las presunciones falsas de la ciencia), resolver los problemas mediante la fuerza y el conflicto es la conclusión natural. Cuando nos consideramos seres separados e impotentes, el conflicto normalmente tiene sentido.

También es fácil de entender que, si la ciencia revela que somos más de lo que se nos ha hecho creer, con respecto a nuestros orígenes, nuestra historia y nuestra relación con la naturaleza y con nosotros mismos (los nuevos descubrimientos), la fuerza y el conflicto dejan de tener sentido. Ante la revelación de tales verdades profundas, las viejas ideas sobre cómo resolver los problemas se quedan obsoletas de inmediato. Como demuestra el relato que presento a continuación, el hecho de estar dispuestos a considerarnos a nosotros mismos desde una perspectiva nueva cambia radicalmente nuestra forma de tratar con la vida. A veces, tal disposición incluso le abre la puerta a la vida misma.

❖❖❖ ❖❖❖

En 2003, Aron Ralston vivió el momento más decisivo de su vida. Era un experto escalador. Conocía bien las montañas de Colorado y acababa de dejar su trabajo de ingeniero en la empresa Intel para expandir sus horizontes de escalada. Era el mes de mayo, y había empezado a descender por una de las estrechas y profundas grietas que surcan las alturas rocosas del cañón Blue John, en Utah, cuando, estando a unos tres metros del suelo, ocurrió lo impensable: al saltar de un lado del precipicio al otro, la roca desde la que se había impulsado cedió de repente. «Pasé de estar disfrutando en aquel sitio maravilloso, sintiéndome tan feliz, tan despreocupado, a, de pronto..., ¡mierda! –contaría luego–, caigo algo más de un metro, a cámara lenta, y al mirar hacia arriba veo que la roca va a caerme encima. Levanto los brazos para tratar de apartarme de su camino, pero la roca se estrella y me aplasta la mano».[13]

Así, en un instante, la vida de Ralston cambió. Tenía el brazo atrapado entre una roca de 350 kilos y la pared del cañón; y estuvo así, «cautivo», durante seis días. No llevaba teléfono móvil (no había cobertura en aquel lugar remoto) y nadie sabía dónde estaba. En la pequeña mochila llevaba dos burritos, una tableta de chocolate, una cámara de vídeo y un poco de agua. Ralston sabía que las posibilidades de que alguien se asomara al precipicio y lo viera eran prácticamente nulas.

Al quinto día, se resignó a creer que moriría en el cañón. Escribió su epitafio en la roca con una navaja, e incluso grabó en la cámara de vídeo su última voluntad. Y luego ocurrió algo que lo cambió todo. En mitad de la noche, tuvo un sueño. Soñó que un niño le miraba a los ojos y le preguntaba: «Papá, ¿jugamos ahora?».

Ralston supo que acababa de tener un vislumbre del futuro y de lo que era posible. Y fue esa posibilidad –saber que un día sería padre– la que cambió su forma de considerar la situación y de considerarse a sí mismo. Lo que ocurrió a continuación ha sido el tema de varios libros, monográficos televisivos y de la película *127 horas,* estrenada en 2010.

A la mañana siguiente, Ralston ideó cómo utilizar su cuerpo para hacer palanca contra la pared del cañón y romperse así, por el lugar exacto, el brazo que tenía atrapado; después, con la pequeña navaja desafilada que tenía cortaría la carne, el músculo y separaría el hueso roto para liberarse de la roca. Al cabo de una hora, lo que tardó en poner en práctica el plan, escaló por la pared del cañón y, ya en la superficie, empezó a caminar, hasta que dos excursionistas lo encontraron y telefonearon pidiendo ayuda.

Ralston sobrevivió a esa terrible experiencia; lleva una prótesis en el brazo y continúa escalando montañas y dando largas caminatas por los cañones. La voluntad de cambiar su manera de pensar, el valor de llevar a cabo la decisión que había tomado y la determinación de vivir que Aron Ralston hizo realidad en el cañón Blue John han influido en las vidas de gente de todo el mundo. Ralston regresa allí a veces, al lugar exacto en el que cayó la roca y le atrapó la mano, por razones personales: «Vuelvo a aquel lugar, y me acuerdo de cuando estando allí pensaba en las cosas importantes de la vida, en las relaciones y en aquellas ganas de salir de allí y volver a ellas, a las relaciones, al amor —dijo—, de elegir ser libre en vez de quedarme atrapado».[14]

❖❖❖ ❖❖❖

Aron Ralston comprendió súbitamente algo tan profundo que cambió su forma de pensar en sí mismo y en la situación; y fue ese cambio lo que le salvó la vida. Aunque no es necesario caer por un cañón de Utah para comprender lo que comprendió él, y esperemos que a nadie le vuelva a ocurrir, podemos aprender de su experiencia. Así como él eligió ser libre en lugar de quedarse atrapado, también nosotros hacemos elecciones en cada momento de nuestras vidas que tienen idénticas consecuencias. Bien elegimos la libertad que nace de una manera de vivir nueva y sostenible, o bien, por aferrarnos a las viejas formas insostenibles del pasado, nos quedamos atrapados en las innumerables crisis que vivimos en la actualidad. Creo que la libertad empieza por un compromiso personal de saber quiénes somos en el universo; y cuando asumimos ese compromiso, todo cambia, desde el modo en que nos consideramos a nosotros mismos hasta nuestra forma de actuar. Ha de ser así, porque en presencia de esa profunda comprensión hemos cambiado.

Y es que, una vez más, todo depende de lo que creamos. Puede que suene demasiado sencillo para ser verdad, pero estoy convencido de que el universo obra precisamente de esta manera.

LA HISTORIA NUEVA DE NUESTRAS VIDAS

Utilizando la jerarquía de pensamiento nuevo ilustrada en la figura 7.2, voy a hacer un resumen de las verdades profundas que se han revelado en los capítulos anteriores y a imaginar la nueva historia de una vida humana que esas verdades pueden contar.

PRIMERA VERDAD PROFUNDA: el que seamos capaces de desactivar las crisis que amenazan a nuestras vidas y nuestro mundo depende de que estemos dispuestos a aceptar las nuevas revelaciones de la ciencia sobre nuestros orígenes y nuestra historia.

> ➤ *Hecho:* vivimos en un momento decisivo de la civilización en el que debemos hacer frente al mayor número y la mayor magnitud de crisis a las que se haya enfrentado la humanidad en los últimos cinco mil años de historia documentada.
> ➤ *Hecho:* el colapso global de los sistemas —desde las economías mundiales y la provisión de atención sanitaria hasta los sistemas de producción y distribución de combustibles fósiles— es síntoma de prácticas insostenibles basadas en las presunciones científicas falsas.
> ➤ *Hecho:* para saber qué elecciones hacer, qué leyes promulgar y qué medidas tomar, debemos saber la verdad acerca de nuestros orígenes y nuestra historia.
> ➤ *Hecho:* las presunciones falsas que han dado lugar a que se hayan mantenido durante siglos determinadas creencias sobre la evolución y los orígenes del ser humano tienen actualmente poco sentido, a la vista de los nuevos descubrimientos hechos en todos los ámbitos de la ciencia.

SEGUNDA VERDAD PROFUNDA: la reticencia de los sistemas educativos convencionales a reflejar los nuevos descubrimientos y a explorar las nuevas teorías nos tiene inmovilizados en creencias obsoletas que no pueden resolver la mayor crisis de la historia humana.

> ➤ *Hecho:* los principios del método científico llevan implícito un mecanismo para la autocorrección de presunciones erróneas.

> *Hecho:* durante los últimos trescientos años, hemos basado nuestras elecciones relativas a la vida, los gobiernos y la civilización en una determinada manera de considerarnos a nosotros mismos y de considerar nuestra relación con el mundo, cuyo fundamento son las presunciones falsas de una ciencia obsoleta.

TERCERA VERDAD PROFUNDA: la clave para responder a las crisis que hacen peligrar nuestra supervivencia reside en establecer asociaciones basadas en la ayuda mutua y la cooperación para, unidos, poder adaptarnos a los cambios, y no en señalar con dedo acusador a los supuestos culpables, lo cual hace que sea muy difícil crear esas alianzas de importancia vital.

> *Hecho:* definitivamente, tenemos que encontrar modos no contaminantes, ecológicos y sostenibles de producir alimentos, electricidad y combustible para los siete mil millones de personas que vivimos en este planeta.
> *Hecho:* aunque la era industrial ha contribuido sin duda a crear gases de efecto invernadero en la atmósfera, no han sido los seres humanos los que han provocado el cambio climático que vivimos actualmente.
> *Hecho:* los datos científicos del clima de la Tierra durante los últimos cuatrocientos veinte mil años revelan una historia de ciclos de calentamiento y enfriamiento que se han alternado a intervalos de aproximadamente cien mil años incluso cuando no existía la industria humana.
> *Hecho:* los ciclos de calentamiento de la Tierra en los últimos cuatrocientos veinte mil años muestran que el aumento de gases de efecto invernadero tiene lugar unos ochocientos años *después* del ascenso de las temperaturas.
> *Hecho:* hará falta un grado nunca visto de alianza, sinergia y trabajo en equipo para crear estilos de vida sostenibles que nos ayuden a adaptarnos a los ciclos de cambio naturales, así como a resolver las crisis inducidas por el ser humano.

CUARTA VERDAD PROFUNDA: los recientes descubrimientos de civilizaciones avanzadas que se remontan a casi el final de la última glaciación nos ofrecen ideas sobre cómo resolver en *nuestro* tiempo las crisis a las que nuestros antepasados se enfrentaron también en el suyo.

> ➤ *Hecho:* las revelaciones científicas sobre civilizaciones que datan de una época próxima a la era glacial han desbaratado el marco cronológico tradicional de la historia.
> ➤ *Hecho:* los nuevos descubrimientos de la ciencia corroboran la perspectiva indígena de un mundo cíclico, en el que se produce un auge y declive de civilizaciones y crisis catastróficas, y en el que se repiten las consecuencias de decisiones poco afortunadas.
> ➤ *Hecho:* desde que los humanos modernos tempranos aparecieron en la Tierra, hemos pasado por formidables ciclos globales de los que podemos aprender:
>   » Dos ciclos de era glacial de cien mil años de duración.
>   » Cinco ciclos de cambios del ángulo de la órbita terrestre (oblicuidad) de cuarenta y un mil años.
>   » Cuarenta ciclos de eras del mundo de cinco mil ciento veinticinco años.
>   » Ocho oscilaciones orbitales (precesiones del equinoccio) de veinticinco mil seiscientos noventa y cinco años.

QUINTA VERDAD PROFUNDA: un número cada vez mayor de datos científicos procedentes de múltiples disciplinas, y recogidos utilizando las nuevas tecnologías, ofrecen pruebas indirectas de que, más allá de toda duda razonable, la humanidad refleja un diseño implantado de una sola vez, y no una forma de vida que fue emergiendo aleatoriamente mediante un proceso evolutivo que se forjó a lo largo de un prolongado período de tiempo.

> ➤ *Hecho:* en el debate sobre los orígenes del ser humano, se deben distinguir las pruebas de los vestigios.
> ➤ *Hecho:* dado que nadie que esté vivo en la actualidad fue testigo de los comienzos de la humanidad, para poder demostrar algo

categóricamente, tenemos que basarnos en pruebas indirectas para explicar nuestra existencia.

> *Hecho:* ninguna de las pruebas indirectas recién descubiertas corrobora que las ideas convencionales de la evolución por medio de la selección natural sea aplicable a los seres humanos.

> *Hecho:* las principales divisiones de la vida animal que sepamos que existen hoy día aparecieron en la Tierra durante la época del Big Bang de la biología: la explosión cámbrica en la que la vida se diversificó, ocurrida hace unos ciento cincuenta y cuatro millones de años.

> *Hecho:* la organización de la información biológica contenida en el ADN, junto con muchos otros ejemplos de complejidad irreducible, se unen a los vestigios cada vez más abundantes de que una serie de procesos fortuitos no pueden explicar la experiencia humana.

> *Hecho:* los seres humanos modernos aparecieron en la Tierra hace unos doscientos mil años, y en la actualidad somos prácticamente idénticos a aquellos primeros miembros de nuestra especie.

> *Hecho:* aunque quizá la ciencia nunca logre identificar con precisión qué, o tal vez quién, es responsable de que exista la humanidad, la evidencia de un diseño inteligente es más que manifiesta.

SEXTA VERDAD PROFUNDA: un volumen creciente de pruebas científicas indirectas, procedentes de más de cuatrocientos estudios validados por una revisión por pares, empiezan a revelar una verdad innegable: que la competición violenta y la guerra están en contradicción directa con nuestros más profundos instintos de cooperación y cuidado mutuo.

> *Hecho:* los estudios científicos revelan que, definitivamente, la naturaleza se basa en un modelo de cooperación y ayuda mutua, y no de violenta competición y guerra.

> *Hecho:* durante ciento cincuenta años hemos construido una civilización basada en modelos de competición violenta y la

presunción falsa del llamado darwinismo social o, lo que es lo mismo, de la «supervivencia del más apto».

➤ *Hecho:* somos seres no violentos por naturaleza, pero podemos volvernos violentos cuando se cumple cualquiera de estas tres condiciones: nos sentimos amenazados, sentimos que están amenazadas nuestras familias o que está amenazada nuestra forma de vida.

➤ *Hecho:* la guerra a gran escala parece haber sido una reacción aprendida en respuesta a situaciones límite de la vida, no una tendencia natural del ser humano.

Estas seis verdades profundas, basadas en hechos científicos, no pueden pasarse ya por alto cuando tratamos de encontrar la manera de resolver los problemas a los que nos enfrentamos. Dado que basamos la forma en que vivimos nuestra vida y resolvemos los problemas y construimos comunidades, naciones y civilizaciones en la idea que tenemos de nosotros mismos, es más importante que nunca tomar en consideración estas verdades. En lugar de considerar que las crisis mundiales son barreras que nos impiden ponernos en marcha, tal vez descubramos que son en realidad las puertas por las que debemos entrar para acelerar el proceso.

En el libro *La matriz divina* conté la historia de un amigo que abandonó todo lo que más quería, el trabajo, los amigos, la familia, para irse a vivir a la belleza salvaje del norte de Nuevo México. Le pregunté por qué había dejado atrás tantas cosas valiosas para retirarse al aislamiento del desierto.

Empezó diciéndome que había ido allí a encontrar su «camino espiritual». A continuación, sin embargo, me dijo también que no había podido empezar la búsqueda debido a un sinfín de contratiempos continuos que eran siempre «un obstáculo»: tenía problemas con la familia a la que había dejado atrás, los negocios que había planeado de cara al futuro estaban irremediablemente estancados, el estrés derivado de haber dado ese paso y de todas las dificultades que siguieron le había generado problemas de salud, y para colmo, el contratista al que había encargado la construcción de su nueva vivienda espiritual parecía tener una idea muy distinta a la suya sobre los plazos y fechas que habían acordado. Su frustración era notoria.

En principio, conté esta historia para ilustrar una situación, una situación que es todavía más relevante para el momento en que nos encontramos actualmente en el mundo.

Desde mi punto de vista, somos incapaces de hacer otra cosa que no sea recorrer un camino espiritual. Dicho de otro modo, como seres espirituales que somos, *solo* somos capaces de tener experiencias espirituales. Independientemente de lo que la vida pueda parecernos, de cuántos obstáculos se interpongan en nuestro camino y de cuánto «conspire» el universo para impedir que nos entreguemos a nuestro viaje espiritual, es imposible separar este de todo lo que sucede a diario. En realidad, yo creo que todo eso es precisamente nuestro camino espiritual.

Del mismo modo que le planteé una posibilidad a mi amigo, me gustaría proponer la idea de que las condiciones actuales de nuestro mundo no son accidentales. No han ocurrido de la noche a la mañana, y no se «irán» por sí mismas. Como ya he dicho antes, el hecho de que tantas crisis converjan en un marco de tiempo tan pequeño no puede ser una casualidad. Es ahora, según cruzamos de una era del mundo a la siguiente, cuando debemos hacer las elecciones que definirán el siguiente ciclo de eras del mundo. ¿Vamos a dar rienda suelta a nuestro destino de grandeza, o vamos a sellar nuestro sino de guerra y sufrimiento?

Y AHORA ¿QUÉ?

No hay duda de que este libro trata de «grandes ideas». Cuando pensamos en las crisis que he señalado en los capítulos anteriores, es comprensible que nos sintamos desbordados e insignificantes, a pesar de que no he hecho más que rozar superficialmente los aspectos más fundamentales de muchos temas. En todo el mundo, en distintos idiomas, hay un pensamiento común en lo que respecta al momento de crisis que vivimos: los problemas parecen tan descomunales que «no podemos hacer nada como individuos». ¡Por dónde empezar!

La respuesta a esta pregunta es breve. Habrá a quienes les suene demasiado sencilla, pero la sencilla elegancia de la naturaleza hace posible que se produzcan grandes cambios con pequeños gestos, ya que aquellas elecciones que hacemos cada día en nuestra vida cotidiana se unen a las de tantas otras personas y constituyen entre todas la respuesta colectiva a las crisis de nuestro tiempo.

> Las elecciones que hacemos individualmente se unen en una respuesta colectiva a nuestro momento de la historia.

La manera en que elegimos vivir nuestras vidas diarias hace que la esencia de nuestras elecciones –la cooperación o la competición, el amor o el miedo– imbuya el campo que conecta todas las cosas. Y son esas elecciones las que en definitiva afloran también en nuestro modo de intentar resolver las crisis mundiales. Para ser claro, esto no significa que no necesitemos hacer nada, sino de hecho todo lo contrario. Lo que se precisa es acción, el tipo de acción que se manifiesta a diario en nuestro modo de vivir la vida.

Cada día tenemos en nuestras manos el poder de favorecer o entorpecer las vidas de los demás. Si un coche circula delante de nosotros por el carril de la izquierda, ¿le ayudamos disminuyendo la velocidad para que el conductor puedan cambiar de carril sin correr riesgos y tomar la salida de la autopista que se le ha pasado por alto, o ignoramos los destellos que nos dirige y arriesgamos nuestra vida y la de la otra persona pisando el acelerador porque el conductor de al lado está intentando «cortarnos el paso»? ¿Adoptamos la misma actitud hostil del dependiente del supermercado que ha tenido un mal día, o somos capaces de reconocer que su brusquedad no es nada personal?

He visto funcionar con éxito los principios de una coherencia profunda, de corazón, en lugares muy diversos, desde una sala de juntas hasta un teatro con cinco mil espectadores. La clave es que, cuando cambiamos, el mundo cambia. En un mundo que existe inmerso en un campo, científicamente validado, que conecta todos los corazones, la cuestión no es tanto cómo acceder a ellos –a los presidentes de las grandes corporaciones y a los líderes mundiales–, sino qué elegimos colocar en el campo cuántico, o matriz energética, que nos conecta a todos.

Cuando los hechos de *La verdad profunda* nos dan razones de peso para que empecemos a pensar en nosotros mismos de manera distinta, esa diferencia se expresa en todo lo que hacemos a lo largo del día. Con estas ideas presentes, he creado unas categorías generales que son ejemplo de cómo muchas elecciones que hacemos a diario albergan el potencial de tener un impacto global. De hecho, estas elecciones precisamente pueden inclinar la balanza del equilibrio, la paz y la vida a nuestro favor en tiempos de crisis.

MEDIOS DE COMUNICACIÓN: cada vez está más demostrado que las imágenes y palabras de las que nos rodeamos afectan a la realidad de nuestro mundo. Esto nos hace tener que formular una pregunta crucial: *cuando vemos una película o escuchamos la radio con nuestros amigos o nuestra familia, ¿estamos simplemente pasando el rato, o, como sugieren las investigaciones, estamos creando los pilares del mundo en el que vivimos?* Los paralelismos que existen entre las situaciones apocalípticas que veíamos en las películas de finales del siglo XX y las singulares crisis de nuestro tiempo son escalofriantes, y quizá puedan ilustrar lo que trato de decir. Está claro que es importante recibir información mediática equilibrada; y por eso, si elegimos apoyar imágenes y argumentos positivos, que estén a favor de la vida, nuestra elección enviará un potente mensaje a los estudios en los que se producen las películas y otros programas.

ALIMENTOS: una de las acciones más simples y sanas que podemos realizar en nuestra vida para inclinar la balanza del comercio consciente a nuestro favor es fomentar y apoyar el negocio de productos locales de cultivo biológico. Cuando consumimos los alimentos de nuestra región, eliminamos la gran huella de carbono derivada de la combustión necesaria para llevar a los supermercados de nuestras comunidades, por tierra, mar o aire, frutas y verduras que están fuera de temporada y que se cultivan en explotaciones industriales al otro lado del mundo. En la actualidad, en cualquier ciudad hay tiendas de productos de cultivo biológicos, que deberían llevar una etiqueta en la que se indicara cómo se han cultivado y cuál es su procedencia. Muchas comunidades tienen además cooperativas y restaurantes que fomentan las iniciativas locales y ecológicas de alimentos que van «del campo a la mesa». Búscalas en el lugar donde vivas.

NEGOCIOS: aunque nadie quiere retroceder a los estilos de vida «primitivos» de nuestro pasado –y por supuesto no hay necesidad de hacerlo–, sí tenemos opciones a la hora de abastecer nuestras casas y oficinas de todo lo necesario, favoreciendo al hacerlo unas fuentes de suministro u otras. Si necesitamos productos de papel, por ejemplo, podemos comprar rollos de cocina, pañuelos y papel higiénico fabricados de material reciclado, lo cual reduce la necesidad de talar árboles. Podemos hacer lo mismo con los productos de plástico –botellas, envases de productos lácteos e incluso cepillos de dientes–, para no tener que hacer uso de una materia prima que ya escasea.

UNA FORMA DE VIDA CONSCIENTE: en lo referente al impacto que tiene en el mundo lo que elegimos en cada momento, es evidente que no faltan medios que nos sirvan de guía a la hora de tomar decisiones. Si bien este libro ha creado un marco que nos permite pensar en nosotros mismos de una manera nueva y fortalecedora, otros autores han dedicado el trabajo de toda su vida a profundizar en lo que significa vivir conscientemente. Y puesto que cada persona aprende de un modo distinto, somos afortunados de contar con un gran número de enfoques que podemos emplear para crear el nuevo mundo de colaboración y cooperación que empieza a aflorar. He listado a continuación una serie de libros bien escritos que examinan, de maneras diversas y sustanciales, aspectos concretos de lo que significa vivir conscientemente:

> ➤ Bruce Lipton y Steve Bhaerman, *Spontaneous Evolution: Our Positive Future (and a Way to Get There from Here)*. California: Hay House, 2010.
> ➤ Duane Elgin, *Voluntary Simplicity: Toward a Way of Life That Is Outwardly Simple, Inwardly Rich*. Nueva York: HarperCollins, 2010.
> ➤ Duane Elgin, *Promise Ahead: A Vision of Hope and Action for Humanity's Future*. Nueva York: HarperCollins, 2001.
> ➤ Edmund J. Bourne, *Global Shift: How a New Worldview Is Transforming Humanity*. Oakland, California: New Harbinger/ Noetic Books, 2009.
> ➤ Lester R. Brown, *Plan B 4.0: Mobilizing to Save Civilization*. Nueva York: W. W. Norton & Company, 2009 [versión en castellano:

Movilizarse para salvar la civilización: plan B 4.0. Bogotá, Colombia: ECOE, 2010].

> Doc Lew Childre y Howard Martin, *The HeartMath Solution: The Institute of HeartMath's Revolutionary Program for Engaging the Power of the Heart's Intelligence.* Nueva York: HarperOne, 2000.

LA ELECCIÓN ES NUESTRA

Empecé el libro con una pregunta sencilla..., la pregunta sin respuesta que yace en el fondo de cada una de las elecciones que hacemos, que palpita en cada uno de los retos con los que la vida nos pone a prueba y que constituye el fundamento de cada una de las decisiones que jamás tengamos que tomar: ¿quiénes somos?

A la vista de lo que hemos descubierto a lo largo de este libro, ahora entendemos por qué es más que meramente importante dar respuesta a este interrogante. Es *necesario*. Es *vital*. La respuesta que damos determina la idea que tenemos de nosotros mismos y cómo vivimos en el mundo. Se trasluce en todo, desde la forma en que nos cuidamos y cuidamos a nuestros descendientes hasta la manera en que tratamos a nuestro progenitores que ya han empezado a envejecer. Constituye la base de los principios que rigen cómo repartimos nuestros recursos: la comida, el agua, las medicinas y otros artículos de primera necesidad; cuándo y por qué entramos en guerra; en qué se fundamenta nuestra economía; lo que creemos sobre nuestro destino y nuestro sino; cuándo salvar una vida humana, y cuándo elegir poner fin a la vida. En definitiva, la respuesta que le damos a esta pregunta constituye la esencia de la civilización en sí.

Por lo tanto, ¿quiénes somos? Aunque probablemente hayamos intuido la respuesta durante toda nuestra vida, ahora la ciencia de la que dependemos y en la que confiamos ha corroborado nuestro saber más profundo.

¿QUIÉNES SOMOS?

Somos seres misteriosos de misteriosos orígenes.

Aparecimos en la Tierra, con un aspecto semejante al de hoy, hace doscientos mil años –treinta ciclos de eras del mundo y dos eras glaciales–. Nuestros cuerpos dan señales inequívocas de ser la manifestación de un diseño inteligente. Llegamos a este mundo «hablando» el silencioso lenguaje del corazón que se comunica con los campos que dan a luz y conectan todas las cosas. Somos los artífices de avanzadas civilizaciones que se remontan al menos a la última era glacial, y probablemente a fechas anteriores. Somos seres pacíficos que se vuelven violentos cuando temen por su vida, por la de su familia o por su forma de vida.

Ha sido en los últimos cinco mil ciento veinticinco años de la actual era del mundo cuando hemos desarrollado el hábito de la guerra a gran escala. Las condiciones insostenibles de nuestro mundo nos han conducido a las situaciones críticas que nos hacen tener que admitir la verdad sobre nuestros orígenes y nuestra historia, y elegir nuestro más elevado destino, o rechazar esas verdades y sucumbir al abismo de nuestro sino más aciago.

Ahora que he respondido a la pregunta de quiénes somos, la siguiente gran pregunta se refiere a nuestro futuro. ¿Qué legado les dejaremos tú y yo a aquellos que nos llamarán «*sus* antepasados»? Al hablar de nosotros los libros de texto de nuestros hijos, ¿dirán que fuimos seres que eligieron la cooperación en lugar de la competición, y que aprendieron a vivir con amor y no con miedo?

¿O al referirse a nosotros dirán que perdimos la mayor oportunidad en cinco mil años de historia humana, la oportunidad de reemplazar las creencias falsas de nuestro pasado con la verdad que nos fortalece para que hagamos realidad nuestro destino? Ya hemos respondido a estas preguntas con palabras; ahora nos toca *vivir* lo que hemos dicho. ¿Basaremos este nuevo mundo que empieza a nacer en las verdades profundas de nuestra existencia?

No vamos a tener que esperar mucho para averiguarlo.

Notas

Introducción

1. El Instituto de Investigación de Políticas Públicas de Gran Bretaña, el Centro para el Progreso Americano de Estados Unidos y el Instituto Australia formaron un equipo de trabajo independiente constituido por políticos, científicos y empresarios, dirigidos por Stephen Byers y la Senadora estadounidense Olympia Snowe, para estudiar el problema del calentamiento global: «Report: Global Warming Near Critical Point». Associated Press, 24 de enero de 2005. Extraído de: http://www.msnbc.com/id/6863557/ns/us_news-environment.

2. Palabras de Albert Einstein citadas en el artículo «Atomic Education Urged by Einstein», *The New York Times*, 25 de mayo de 1946, y que más tarde citó Michael Amrine en «The Real Problem Is in the Hearts of Man», *The New York Times Magazine*, 23 de junio de 1946.

Capítulo 1

1. Crichton, Michael, *Sphere*. Nueva York: Alfred A. Knopf, 1987, pp. 348-349 [versión en castellano: *Esfera*. Traducido por Yagolkowski, Daniel R. Barcelona: Plaza y Janés, 1989, p. 422].

2. Sarfati, Jonathan, «Archbishop's Achievement: James Ussher's Great Work *Annals of the World* Is Now Available in English», Creation Ministries International. Sitio web: http://creation.com/archbishops-achievement.

3. Ídem.

4. Hunt Morgan, Thomas, *Evolution and Adaptation*. Nueva York: Macmillan Company, 1903, p. 43

5. Darwin, Charles, *On the Origin of Species*. Seattle: Pacific Publishing Studio, 2010. p. 236 [versión en castellano: *El origen de las especies por medio de la selección natural*. Traducido por Antonio de Zulueta. Madrid: Catarata, 2009, p. 300. Esta y las demás citas de *El origen de las especies* pertenecen a esta versión *(N. de la T.)*].

6. *Evolution and Adaptation*, p. 43.

7. Universidad de Glasgow, «Rare Tests on Neanderthal Infant Sheds Light on Early Human Development», *ScienceDaily*, 4 de abril de 2000. Sitio web: http://www.sciencedaily.com/releases/2000/3/000331091126.htm.

8. Ídem.

9. Mayell, Hillary, «Neandertals Not Our Ancestors, DNA Study Suggests», *National Geographic*, 14 de mayo de 2003. Sitio web: http://news.nationalgeographic.com

10. Fan, Yuxin; Newman, Tera; Linardopoulou, Elena, et al. «Gene Content and Function of the Ancestral Chromosome Fusion Site in Human Chromosome 2q13-2q14.1 and Paralogous Regions», *Genome Research*. Cold Spring Harbor Laboratory Press, 2002, vol. 12, pp. 1663-1672. Sitio web: http:geneome.cshlp.org/content/12/11/1663.full.

11. IJdo, J. W.; Baldini, A.; Ward, D. C., et al., «Origin of Human Chromosome 2: An Ancestral Telomere-telomere Fusion», *Proceedings of the National Academy of Sciences of the United States of America*, 15 de octubre de 1991, vol. 88, n. 20, pp. 9051-9055.

12. «Gene Content and Function».

13. «Origin of Human Chromosome 2».

Capítulo 2

1. *The Human Experience* [versión en castellano: *La experiencia humana*], dirigida por Kinnane, Charles. Grassroots Films, 2011. Sitio web: www.grassrootsfilms.com/films.html.

2. Einstein, Albert, *The Theory of Relativity & Other Essays*. Nueva York: MJF Books, 1950, p. 53.

3. Newton, Isaac, *Newton's Principia: The Mathematical Principles of Natural Philosophy*, primera edición norteamericana. Traducción de Andrew Motte. Nueva York: Daniel Adee, 1846. Obtenido de: http://rack1.ul.cs.cmu.edu/is/newton.

4. Gomes, Lee, «String Theory Skeptic», *Forbes Magazine*. 21 de septiembre de 2009. Sitio web: http://www.forbes.com/forbes/2009/0921/opinions-peter-woit-physics-ideas-opinions.html.

5. Le Fanu, James, «Science's Dead End», *Prospect*, 21 de julio de 2010. n°. 173. Sitio web: http://www.prospectmagazine.co.uk/2010/07/sciences-dead-end.

6. Ídem.

7. Abate, Tom, «Genome Discovery Shocks Scientists», *San Francisco Chronicle*, 11 de febrero de 2001. Sitio web: http://articles.sfgate.com/2001-02-11/news/17583040_1_chemical-letters-president-of-celeragenomics-human-genome-project.

8. Ídem.

9. Wolfs, Frank L.H., «Appendix E: Introduction to the Scientific Method», Departmento de Física y Astronomía de la Universidad de Rochester, Nueva York. Sitio web: http://teacher.pas.rochester.edu/phy_labs/appendixe/appendixe.html.

10. Curry, Andrew, «Gobekli Tepe: The World's First Temple?», *Smithsonian*. Noviembre de 2008. Sitio web: http://www.smithsonianmag.com/history-archaeology/gobekli-tepe.html.

11. Logan, Ronald, «Opening Address of the Symposium on the Humanistic Aspects of Regional Development» [Discurso inaugural del Simposio de Aspectos Humanísticos del Desarrollo Regional], *Prout Journal*. Septiembre de 1993. vol. 6, n. 3.

12. Behe, Michael J., «Evidence for Intelligent Design from Biochemistry». De su discurso durante la conferencia «Dios y cultura» celebrada en el

Discovery Institute el 10 de agosto de 1996. Sitio web: http://www.arn. org/docs/behe/mb_idfrombiochemistry.htm.

13. Rein, Glen y McCraty, Rollin, «Structural Changes in Water and DNA Associated with New Physiologically Measurable States», *Journal of Scienti»c Exploration*. 1994. vol. 8, n. 3, pp. 438-439.

14. Silvertooth, E. W., «Special Relativity», *Nature*. 14 de agosto de 1986. vol. 322. p. 590.

15. Bohr, Niels, «Discussion with Einstein on Epistemological Problems in Atomic Physics», en *Albert Einstein: Philosopher-Scientist*. Ed. Schilpp, P.A. 1949. p. 240.

16. Michelson, A. A. y Morley, Edward W., «On the Relative Motion of the Earth and the Luminiferous Ether», *American Journal of Science*. 1887. vol. 34, p. 333-345.

17. «Special Relativity».

18. Delbruck, Max, *Mind from Matter? An Essay on Evolutionary Epistemology*. Hoboken, Nueva Jersey: Blackwell Publishers, 1985, p. 167.

19. Machamer, Peter, *The Cambridge Companion to Galileo*. Cambridge, Reino Unido: Cambridge University Press, 1998, p. 64.

20. Wilson, E. O., *Consilience: The Unity of Knowledge*. Nueva York: Vintage Books, 1999, p. v.

21. Lebedev, Anastasia, «The Man Who Saved the World Finally Recognized», MosNews.com. 21 de mayo de 2004. Obtenido de: http://www. worldcitizens.org/petrov2.html.

22. Ídem.

23. *The American Heritage College Dictionary,* 3ª ed. Boston: Houghton Mifflin Company, 1993. p. 489.

24. Ídem. p. 1406.

25. Ídem. p. 1096.

26. Opinión que pronunció Sir Martin Rees, profesor de la asociación Royal Society Research, de la Universidad de Cambridge, y que Andrew Walker citó en «Sir Martin Rees: Prophet of Doom?», *BBC News*, 25 de abril de 2003. Sitio web: http://news.bbc.co.uk/1/hi/in_depth/uk/2000/newsmakers/2976279.stm.

27. Musser, George, «The Climax of Humanity», edición especial de *Scientific American*, «Crossroads for Planet Earth», septiembre 2005, p. 44.

28. Ídem. p. 47.

29. Ídem. p. 47.

30. Williams, Tad, *To Green Angel Tower, Part 1*. Nueva York: DAW Books, 1993, p. 771.

Capítulo 3

1. *Millennium Ecosystem Assessment (MA) Synthesis Report,* United Nations Educational, Scientific and Cultural Organization. Compilado por mil trescientos científicos de noventa y cinco países. El informe advierte de que las consecuencias perniciosas de la degradación medioambiental podrían empeorar notablemente en los próximos cincuenta años. Sitio web: http://portal.unesco.org/en/ev.php-URL_ID=26641&URL_DO=DO_TOPIC&URL_SECTION=201.html.

2. «The Climax of Humanity», p. 44-47.

3. Ídem, p. 44.

4. Patterson, Lindsay, «Jeffrey Sachs on Trying to Feed 9 Billion People by 2050», *EarthSky: A Clear Voice for Science*. 26 de octubre de 2009. Sitio web: http://earthsky.org/food/jeffrey-sachs-on-trying-to-feed-9-billionpeople-by-2050.

5. Sachs, Jeffrey, «Can Extreme Poverty Be Eliminated?», *Scientific American,* edición especial «Crossroads for Planet Earth», septiembre 2005, p. 56.

6. Petit, J. R., et al., «Climate and Atmospheric History of the Past 420,000 years from the Vostok Ice Core, Antarctica», *Nature*, 3 de junio de 1999. vol. 399, p. 429-436. Sitio web: http://www.nature.com/nature/journal/v399/n6735/abs/399429a0.html.

7. Idso, Craig, Idso, Keith, e Idso, Sherwood B., «Ice Core Studies Prove CO_2 Is Not the Powerful Climate Driver Climate Alarmists Make It Out to Be», *CO_2 Science*, junio de 2003. vol. 6, n. 26. Sitio web: http://www.co2science.org/articles/V6/N26/EDIT.php.

8. Fischer, H., Wahlen, M., Smith, J., et al., «Ice Core Records of Atmospheric CO_2 Around the Last Three Glacial Terminations», *Science*, 1999. vol. 283, n. 5408, p. 1712-1714.

9. Ídem.

10. Conclusión final de Al Gore, *An Inconvenient Truth*. Transcripción en inglés en: http://en.wikipedia.org/wiki/An_Inconvenient_Truth.

11. Lista parcial de científicos que se oponen a la evaluación general sobre el calentamiento global. Sitio web: http://en.wikipedia.org/wiki/List_of_

scientists_opposing_the_mainstream_scientific_assessment_of_global_warming.

12. Ídem.

13. Ídem.

14. Ídem.

15. Ídem.

16. Ídem.

17. Ídem.

18. Ídem.

19. Ídem.

20. Müller, Benito, «No Trust Without Respect: Adaptation Quick Start Funding at the Cross Roads», Instituto de Estudios de la Energía de la Universidad de Oxford. Marzo 2010. Sitio web: http://www.oxfordenergy.org/pdfs/comment_01_03_10.pdf.

21. «Lower Missouri River Ecosystem Initiative Final Report 1994-1998», version 3, USGS Columbia Environmental Research Center, diciembre de 1998. Sitio web: http://infolink.cr.usgs.gov/AboutInfoLINK/lmreifinal.pdf.

22. Ídem.

23. Woollacott, Emma, «Loss of Biodiversity Could Damage World Economy, Says UN», *TG Daily*. 11 de mayo de 2010. Sitio web: http://www.tgdaily.com/sustainability-features/49704-loss-of-biodiversity-coulddamage-world-economy-says-un.

24. Eldredge, Niles, «The Sixth Extinction», ActionBioscience.org, American Institute of Biological Sciences, junio de 2001. Sitio web: http://www.actionbioscience.org/newfrontiers/eldredge2.html.

25. Ídem.

26. «News Release: Experts Warn Ecosystem Changes Will Continue to Worsen, Putting Global Development Goals at Risk», World Resources Institute, 2005. Sitio web: http://archive.wri.org/news.cfm?id=324.

27. Stansberry, Porter, «Time Is Running Out», *Stansberry's Investment Advisory*, enero de 2011.

28. «Kitty Williams Finally Tells Her Survivor Tale», Institute for Holocaust Education. Sitio web: http://ihene.org/nebraska-survivor-stories/kittywilliams-finally-tells-her-survivor-tale.html.

29. Ídem.

30. Cook, Richard C., «It's Official: The Crash of the U.S. Economy Has Begun», Center for Research on Globalization, 14 de junio de 2007. Sitio web: http://www.globalresearch.ca/index.php?context=va&aid=5964.

31. Ídem.

32. Brown, Lester R., «Is Our Civilization at a Tipping Point?», *Hunger Notes,* World Hunger Education Service. Sitio web: http://www.world hunger. org/articles/09/editorials/brown_tipping.htm.

33. Brown, Lester, *Plan B 3.0: Mobilizing to Save Civilization,* Nueva York: W. W. Norton & Company, 2008 [Versión en castellano: *Plan B 3.0: movilizarse para salvar la civilización.* Tr. Rincón González, Gilberto. Bogotá, Colombia: Universidad El Bosque, 2009].

34. United Nations Department of Economic and Social Affairs, Population Tables. Sitio web: http://www.un.org/esa/population/publications/sixbillion/sixbilpart1.pdf.

35. «Population Growth Rate», *The World Factbook,* Central Intelligence Agency. Sitio web: https://www.cia.gov/library/publications/theworldfactbook/rankorder/2002rank.html?country Name=Fiji&countryCod e=fj&regionCode=au&rank=136.

36. Cohen, Joel E., «Human Population Grows Up», *Scientific American*, edición especial «Crossroads for Planet Earth», septiembre de 2005. p. 48.

37. *Millennium Ecosystem Assessment (MA) Synthesis Report.*

38. Ídem.

Capítulo 4

1. Schoch, Robert M., «The Great Sphinx», *The Official Website of Robert M. Schoch.* Sitio web: http://www.robertschoch.com/sphinxcontent.html.

2. Ídem.

3. Ídem.

4. Ídem.

5. Ídem.

6. Descripción de las excavaciones, con imágenes del yacimiento y una entrevista al destacado arqueólogo Klaus Schmidt. Sean Thomas, «Gobekli Tepe: Paradise Regained?» *Fortean Times UK.* Sitio web: http://www.forteantimes.com/features/articles/449/gobekli_tepe_paradise_regained. html.

7. Ídem.

8. Symmes, Patrick, «History in the Remaking», *Newsweek*, 19 de febrero de 2010. Sitio web: http://www.newsweek.com/2010/02/18/history-inthe-remaking.html.

9. Ídem.

10. Ídem.

11. Pustovoytov, K., Schmidt, K. y Parzinger, H., «Radiocarbon Dating of Thin Pedogenic Carbonate Laminae from Holocene Archaeological Sites», *The Holocene*, 1 de diciembre de 2009. vol. 19, p. 1153–1160.

12. Base de datos de radio carbono: Sitio web: http://context-database.uni-koeln.de/c14.php?vonsite=389.

13. M. Schoch, Robert, «Turkey», *The Oficial Website of Robert M. Schoch*. Sitio web: http://www.robertschoch.com/turkey.html.

14. Ídem.

15. Housden, Tom, «Lost City 'Could Rewrite History'», *BBC News*, 19 de enero de 2002. Sitio web: http://news.bbc.co.uk/2/hi/south_asia/1768109.stm.

16. Ídem.

17. Ídem.

18. Ídem.

19. Descripción y estudio fotográfico de Caral, Perú. Sitio web: http://www.go2peru.com/caral.htm.

20. Coe, Michael D., *Breaking the Maya Code*. Nueva York: Thames & Hudson, 1999, p. 61.

21. Thompson, Richard L., *Mysteries of the Sacred Universe: The Cosmology of the Bhagavata Purana*. Alachua, Florida: Govardhan Hill Publishing, 2000, p. 225.

22. Einstein, Albert, cita del artículo, «Atomic Education Urged by Einstein», *The New York Times*. 25 de mayo de 1946, citado posteriormente por Michael Amrine, «The Real Problem Is in the Hearts of Man», *The New York Times Magazine*, 23 de junio de 1946.

23. Wells, H. G., *The Outline of History: The Whole Story of Man*. Nueva York: Garden City Books, 1949, cap. 40.4. Sitio web: http://www.ibiblio.org/pub/docs/books/sherwood/Wells-Outline/Text/Part-II.htm.

Capítulo 5

1. Paley, William, *Natural Theology*. Nueva York: Oxford University Press, 2006. Debate en línea sobre la analogía Dios-relojero en: http://en.wikipedia.org/wiki/Watchmaker_analogy.

2. Ídem.

3. Ídem.

4. Dawkins, Richard, *The Blind Watchmaker: Why the Evidence Reveals a Universe Without Design*. Nueva York: W. W. Norton & Company, 1986. p. 5. Sitio web:http://hyperphysics.phy-astr.gsu.edu/nave-html/faithpathh/dawkins.html [versión en castellano: *El relojero ciego*. Tr. Arroyo Fernández, Manuel. Barcelona: RBA, 1993, p. 13].

5. Thayer, Lee, *Pieces: Toward a Revisioning of Communication/Life*. Greenwich, Connecticut: Ablex Publishing Corporation, 1997, p. 62.

6. Ídem.

7. Atribuido a Søren Kierkegaard. Sitio web: http://www.goodreads.com/quotes/show/204183.

8. «Viking Mission Objectives Summary», National Aeronautics and Space Administration, Planetary Data System. Sitio web: http://starbrite .jpl.nasa.gov/pds/viewMissionProfile.jsp?MISSION_NAME=VIKING.

9. «Did Viking Mars Landers Find Life's Building Blocks? Missing Piece Inspires New Look at Puzzle», *Science Daily*, 25 de septiembre de 2010. Sitio web:http://www.sciencedaily.com/releases/2010/09/100904081050.htm.

10. Dickerson, Richard E. y Geis, Irving, *Chemistry, Matter, and the Universe*. Menlo Park, California: Benjamin Cummings Publishing, 1976, p. 529.

11. Schrödinger, Erwin, *What Is Life?: with «Mind and Matter» and «Autobiographical Sketches»*. Cambridge, Reino Unido: Cambridge University Press, 1992. Sitio web: http://dieoff.org/page150.htm.

12. Koshland Jr., Daniel E., «The Seven Pillars of Life», *Science*, 22 de marzo de 2002. vol. 295, n. 5563, pp. 2215-2216. Sitio web: http://www.sciencemag.org/content/295/5563/2215.full.

13. Ibid.

14. *Roe contra Wade*, Tribunal Supremo de Estados Unidos, caso 410 U.S. 113. 1973. Sitio web: http://www.law.cornell.edu/supct/search/display.html?terms=abortion&url=/supct/html/historics/USSC_CR_0410_0113_ZO.html.

15. Walsh, Kenneth T., «Abortion, Gay Rights Are Back Ahead of 2012 Election», *U.S. News & World Report*. 10 de marzo de 2011. Sitio web: http://www.usnews.com/news/articles/2011/03/10/abortion-gay-rightsare-back-ahead-of-2012 election.

16. Criterios biológicos de la vida. *Enciclopedia británica online*. Sitio web: http://www.britannica.com/EBchecked/topic/340003/life.

17. Lipton, Bruce, *The Biology of Belief: Unleashing the Power of Consciousness, Matter & Miracles*. Santa Rosa, California: Mountain of Love/Elite Books, 2005. p. 67-69 [versión en castellano: *La biología de la creencia: la liberación del poder de la conciencia, la materia y los milagros*. Madrid: Gaia, 2011].

18. Vastenhouw, Nadine L., Zhang, Yong, Woods, Ian G., et al., «Chromatin Signature of Embryonic Pluripotency Is Established During Genome Activation», *Nature*, 8 de abril de 2010, vol. 464, pp. 922-926.

19. Ídem.

20. *The Biology of Belief*, p. 67-69.

21. Kleeman, Elise, «When Does a Fetus Feel Pain?» *Discover*, diciembre de 2005. Sitio web: http://discovermagazine.com/2005/dec/fetus-feel-pain.

22. Koch, Christof, «When Does Consciousness Arise in Human Babies?» *Scientific American*, 2 de septiembre de 2009. Sitio web: http://scientificamerican.com/article.cfm?id=whendoesconsciousness-arise.

23. Narración al comienzo de «The Origin of Species» [«El origen de las especies»], último episodio de la cuarta temporada de *The Outer Limits* [versión en castellano: en España, *Más allá del límite*; en Latinoamérica, *Rumbo a lo desconocido*]. Sitio web: http://homepage.eircom.net/~odyssey/Quotes/Popular/SciFi/Outer_Limits.html. La serie tuvo dos temporadas entre 1963 y 1965, y a mediados de los años noventa se hizo una recreación que duró siete temporadas, desde 1995 hasta 2002 *(N. de la T.)*

24. Obras completas de Darwin en línea [en inglés]: http://darwin-online.org.uk/ contents.html.

25. *El origen de las especies*, p. xii.

26. Ídem, p. 246.

27. Notas descriptivas del experimento Miller-Urey. Sitio web: http://www.chem.duke.edu/~jds/cruise_chem/Exobiology/miller.html.

28. Compilación de las características de los homínidos, incluida la capacidad craneal. Sitio web: http://en.wikipedia.org/wiki/Template:Homo.

29. *El origen de las especies*, p. 89.
30. Gould, Stephen Jay, *Wonderful Life: The Burgess Shale and the Nature of History*. Nueva York: W. W. Norton & Company, 1989, p. 24.
31. Stanley, Steven M., *Macroevolution: Pattern and Process*. San Francisco: W.M. Freeman and Co., 1979, p. 39.
32. «Explosion of Life», *The Shape of Life,* PBS. Sitio web: http://www.pbs.org/kcet/shapeoflife/episodes/explosion.html.
33. *El origen de las especies*, p. 151.
34. Definición del diseño inteligente que hace el Discovery Institute, Centro para la Ciencia y la Cultura. Sitio web: http://www.discovery.org/csc/topQuestions.php.
35. *El origen de las especies*, p. 85.
36. Crick, Francis, *Life Itself: Its Origin and Nature*. Nueva York: Simon & Schuster, 1981. p. 88 [versión en castellano: *La vida misma: su origen y naturaleza*. Tr. Torres Aguilar, Pedro. México: Fondo de cultura económica, 1985].
37. Cohen, I. L., *Darwin Was Wrong: A Study in Probabilities*. Greenvale, Nueva York: New Research Publications, 1984, pp. 4-5 y 8.
38. Watson, James D., Baker, Tania, Bell, Stephen P., et al., *Molecular Biology of the Gene*. Menlo Park, California: W. A. Benjamin, 1977, p. 69 [versión en castellano: *Biología molecular del gen*. Tr. Fiedler, F. Madrid: Aguilar, 1978].
39. Caprice, Alice ed., *The Expanded Quotable Einstein*. Princeton, Nueva Jersey: Princeton University Press, 2000, p. 220.

Capítulo 6

1. Atribuido a David Samuel, *Sam*, Peckinpah, director de cine y guionista norteamericano. Sitio web: http://www.quotegarden.com/violence.html.
2. Ferguson, R. Brian, «The Birth of War», *Natural History*, julio/agosto de 2003. vol. 112, n. 6, pp. 28-35.
3. Ídem.
4. Pinker, Steven, «Why Is There Peace?», The Greater Good Science Center de la Universidad de California en Berkeley, 1 de abril de 2009. Sitio web: http://greatergood.berkeley.edu/article/item/why_is_there_peace.
5. Philip, Catherine, «Barack Obama's Peace Prize Starts a Fight», *The Sunday Times*. 10 de octubre de 2009. Sitio web: http://www.timesonline.co.uk/ tol/news/world/us_and_americas/article6868905.ece.

6. Ídem.

7. «Full Text of Obama's Nobel Peace Prize Speech», la Casa Blanca en MSNBC.com. Sitio web: http://msnbc.msn.com/id/34360743/ns/politics-white_house [texto íntegro del discurso de Obama tras ser galardonado con el Premio Nobel de la Paz. Versión en castellano en: http://www.scribd.com/doc/23965865/Discurso-Barck-Obama-Premio-Nobel-de-la-Paz-Ingles-Castellano].

8. Ídem.

9. Ídem.

10. «The Birth of War».

11. Ídem.

12. Pierre, Andrew J., «The Cold and the Dark: The World after Nuclear War», sección de reseñas literarias de *Foreign Affairs*, otoño de 1984. Sitio web: http://www.foreignaffairs.com/articles/38893/andrew-j-pierre/the-cold-and-thedark-the-world-after-nuclear-war.

13. Buckminster Fuller, *The New Yorker*, 8 de enero de 1966. Extraído de: http://www.quotationspage.com/quote/24952.html.

14. Caprice, Alice, ed., *The New Quotable Einstein*. Princeton, Nueva Jersey: Princeton University Press, 2005, p. 173.

15. Lawrence, Richard, tr., *The Book of Enoch the Prophet*. San Diego: Wizards Bookshelf Secret Doctrine Reference Series, 1983, p. iv [versión en castellano: *El libro de Enoc, el profeta*. Tr. Navascués Zulaica, Fermín. Madrid: Edaf, 2005].

16. Ídem, pp. iv-v.

17. Ídem, p. 1.

18. Ídem, p. 77.

19. Ídem, p. 9.

20. Ídem, p. 85.

21. Ídem, pp. 47-48.

22. Ídem, p. 47.

23. Santo Tomás de Aquino, *Summa Contra Gentiles*, vol. 11, citado por Arthur O. Lovejoy en *The Great Chain of Being: A Study of the History of an Idea*. Cambridge, Massachusetts: Harvard University Press, 1936, p. 76.

24. Cita del texto clásico de Francis Bacon sobre la naturaleza humana, *Of Goodness and Goodness of Nature*. Este capítulo, XIII, «Essays, Civil and Moral» está disponible en línea dentro de la serie Harvard Classics, pp.

1909-1914. Sitio web: http://www.bartleby.com/3/1/13.html [versión en castellano: *Ensayos*. Tr. Escolar Pareño, Luis. Barcelona: Orbis, 1985].

25. Adaptado de la introducción del editor, Richard Lowry, a la 3ª edición de Maslow, Abraham H., *Toward a Psychology of Being*. Nueva York: Wiley, 1999.

26. Ídem.

27. «The Story of SPC Ross A. McGinnis», Fuerzas Armadas de Estados Unidos. Sitio web: http://www.army.mil/medalofhonor/mcginnis/profile/index.html.

28. «Man Risked Life Again and Again to Save His Dogs in House Fire», *For the Love of the Dog Blog*. 8 de noviembre de 2007. Sitio web: http://fortheloveofthedogblog.com/newsupdates/man-risked-life-again-andagain-to-save-his-dogs-in-house-fire.

29. Eims, Penny, «Man Dies in Fire while Trying to Save His Favorite Dog», *Examiner*, 26 de diciembre de 2010. Sitio web: http://www.examiner.com/dogs-in-national/man-dies-fire-while-trying-to-save-hisfavorite-dog.

30. Hobsbawm, Eric, «War and Peace in the 20th Century», *London Review of Books*, febrero de 2002. Las estadísticas de Hobsbawm muestran que, para finales del siglo XX, más de ciento ochenta y siete millones de personas habían perdido la vida a causa de la guerra.

31. White, Matthew, «Worldwide Statistics of Casualties, Massacres, Disasters and Atrocities», *The Twentieth Century Atlas*. Estas estadísticas provienen de un comunicado de prensa emitido por la Munich Reinsurance Company el 10 de diciembre de 1999. Sitio web: http://users.erols.com/mwhite28/warstat8.htm.

32. Steele, Jonathan, «The Century that Murdered Peace», *The Guardian*, 12 de diciembre de 1999. Sitio web: www.guardian.co.uk/world/1999/dec/12/theobserver4.

33. *El origen de las especies*, p. 133.

34. Hitler, Adolf, *Mein Kampf*, vol. 1, *Eine Abrechnung*. Múnich: (s.e), 1925. [Versión en castellano: *Mi lucha*. Tr. Mas Franch, Manuel. vol. 1, *Retrospección*, cap. 11, «La nacionalidad y la raza». Barcelona: Editors, 1984]. Sitio web: http://der-stuermer.org/spanish/Adolf%20Hitler-Mi%20Lucha.pdf.

35. Courtois Stéphane, Werth Nicolas; Panné Jean-Louis, et al., *The Black Book of Communism*. Tr. Murphy, Jonathan, y Kramer, Mark. Cambridge, Massachusetts: Harvard University Press, 1999, p. 491.

36. Darwin, Charles, *The Descent of Man*. Amherst, Nueva York: Prometheus Books, 1998. p. 110 [versión en castellano: *El origen del hombre*. Tr. Ros, Joandoménec. Barcelona: Crítica, 2009, p.138].

37. Kropotkin, Piotr Alekseevich, *El apoyo mutuo: un factor de la evolución*. 1ª edición en ruso: 1992 [versión en castellano: Tr. Cappelletti, Ángel J. Madrid: Nossa y Jara, 1989, p. 49].

38. Swomley, John, «Violence: Competition or Cooperation», *Christian Ethics Today 26*, febrero de 2000. vol. 6, n. 1, p. 20.

39. Ídem.

40. Logan, Ronald, «Opening Address of the Symposium on the Humanistic Aspects of Regional Development», *Prout Journal*, septiembre de 1993. vol. 6, n. 3

41. Ídem.

42. Atribuido a Carl Sandburg, pero parafraseado de un poema en alemán de Bertolt Brecht. Sitio web: http://ask.metafilter.com/56968/What-if.

Capítulo 7

1. O'Rourke, Kevin H. y Williamson, Jeffrey G., National Bureau of Economic Research Working Paper 7632, «When Did Globalization Begin?». *European Review of Economic History*, abril de 2000. vol. 6, n. 1, pp. 23-50. Sitio web: http://www.nber.org/papers/w7632.

2. Friedman, Thomas L., «Globalization», *Newsweek*, 2010. Sitio web: http://2010.newsweek.com/top-10/most-overblown-fears/globalization.html.

3. Hale, Gregory, «No Need to Fear, Globalization Is Here», *InTech*, junio de 2008. Sitio web: http://www.isa.org/InTechTemplate.cfm?Section=Talk_To_Me&template=/ContentManagement/ContentDisplay.cfm&ContentID=69717.

4. Braden, Gregg, *Fractal Time*. Carlsbad, California: Hay House, 2009. p. 15 [versión en castellano: *El tiempo fractal*. Málaga: Sirio, 2012].

5. «1945-1959: A Peaceful Europe – The Beginnings of Cooperation», *Europa: The History of the European Union*. Sitio web: http://europa.eu/abc/history/1945-1959/index_en.htm.

6. «United Nations Millennium Declaration», adoptada por la Asamblea General el 8 de septiembre de 2000. Sitio web: http://un.org/millennium/declaration/ares552e.htm [versión en castellano en: http://www.un.org/spanish/milenio/ares552.pdf].

7. «2015 Millennium Development Goals», de la Organización de Naciones Unidas. Sitio web: http://www.un.org/millenniumgoals/bkgd.shtml [versión en castellano en: http://es.wikipedia.org/wiki/Objetivos_de_Desarrollo_del_Milenio].

8. «Millennium Development Goal 8, Target 8.A: Develop further an open, rule-based, predictable, non-discriminatory trading and financial system», Naciones Unidas. Sitio web: http://www.un.org/millenniumgoals/global.shtml.

9. Alocución de Carlos Barrios. Transcripción de Steve McFadden, «Steep Uphill Climb to 2012: Messages from the Mayan Milieu». 2002. Sitio web: www.redrat.net/thoughts/prophets/index.htm.

10. Reagan, Ronald, Presidente de Estados Unidos. Discurso inaugural de su toma de posesión del cargo. Martes, 20 de enero de 1981. Vídeo y transcripciones en el Miller Center of Public Affairs, Universidad de Virginia. Sitio web: http://millercenter.org/scripps/ archive/speeches/detail/3407.

11. Atribuido a William Jennings Bryan. Sitio web: http://schipul.com/quotes/1051.

12. *Fractal Time*, p. 9.

13. Entrada publicada en el foro de la revista *Singletrack* que incluye la experiencia que vivió Aron Ralston contada por él mismo [en inglés]. Sitio web: http://www.singletrackworld.com/forum/topic/great-article-about-the-utah-guy-who-severed-hisown-arm-today.

14. Ídem.

15. *Fractal Time*, pp. 193-198.

Agradecimientos

La *verdad profunda* es una síntesis de investigaciones, de descubrimientos y de mi viaje personal que trata de responder a algunas de las preguntas más fundamentales de nuestra existencia. En el curso de mi vida de adulto, e incluso antes, se han cruzado en mi camino muchas personas con las que he vivido experiencias que han dado lugar al poderoso mensaje de este libro. Si bien haría falta un volumen entero para nombrar a cada una de ellas, estas páginas son la oportunidad que tengo de expresar mi agradecimiento a quienes con su vida han contribuido a hacer posible este libro. Estoy especialmente agradecido a:

Cada una de las magníficas personas que trabajan en Hay House, Inc. Gracias de todo corazón a Louise Hay y Reid Tracy, por vuestra visión y dedicación a una manera verdaderamente extraordinaria de llevar un negocio, que es sin duda la clave del éxito de Hay House. A ti, Reid Tracy, su presidente y director general, te envío mi más profunda gratitud por tu apoyo e inquebrantable fe en mí y en mi trabajo. A Jill Kramer, directora editorial, muchas, muchas gracias por la sinceridad de tus opiniones y tus consejos, por estar siempre a mi disposición cuando llamo y por los años de experiencia que aportas a cada una de nuestras conversaciones.

Carina Sammartino, mi publicista; Alex Freemon, editor de proyectos; Jacqui Clark, jefa de publicidad; John Thompson, jefe de ventas; Margarete Nielsen, directora de operaciones; Nancy Levin, directora de eventos, y Rocky George, el perfecto ingeniero de sonido... No podría pedir un grupo de gente más agradable con el que trabajar, ni un equipo más entregado a promocionar mi obra. Vuestro entusiasmo y profesionalidad son inigualables, y estoy orgulloso de formar parte de todas las cosas buenas que la familia Hay House trae a nuestro mundo.

Ned Leavitt, mi agente literario. Muchas gracias por la sabiduría e integridad que aportas a cada meta que cruzamos juntos. Gracias a tu pericia para hacer que nuestros libros se abrieran camino en el impredecible mundo de la publicidad, hemos llegado a más gente y en más países que nunca con nuestro mensaje de esperanza y posibilidad. Aunque aprecio profundamente tu consejo impecable, te estoy especialmente agradecido por nuestra amistad y tu confianza en mí.

Stephanie Gunning, mi incansable y excepcional correctora, y ahora también amiga. Muchas gracias por tu dedicación y tu destreza, y por la energía que infundes a todo lo que haces. Sobre todo, gracias por ayudarme a encontrar las palabras necesarias para expresar las complejidades de la ciencia y las verdades de la vida de una forma amena y profunda. Me asombra que hagas siempre la pregunta adecuada, y de la forma adecuada, que me revela con claridad el camino que debo elegir en cada momento.

Me enorgullece formar parte del equipo virtual, y la familia, que ha crecido con los años alrededor de mi trabajo, incluyendo a Lauri Willmot, mi gerente administrativa favorita, y la única desde 1996. Siento una profunda admiración y respeto hacia ti, y quiero darte las gracias por haber podido contar siempre contigo, incluso en los momentos más difíciles. Gracias por representarme con una impecabilidad que honra lo que como seres humanos se nos ha dado. A Robin y

Jerry Miner, de Source Books, gracias por vuestra amistad y apoyo a mi trabajo, y por la lealtad que me habéis demostrado durante años, en los momentos buenos y en los que no lo han sido tanto. A Rita Curtis, mi excepcional gerente comercial. Cuánto valoro tu visión de futuro y tu capacidad de hacernos llegar a él una y otra vez, y, sobre todo, cuánto valoro nuestra amistad.

A mi madre, Sylvia, y a mi hermano, Eric. Gracias por vuestro amor incondicional y por creer en mí. Aunque nuestra familia de sangre es pequeña, juntos hemos descubierto que el afecto nos ha hecho parte de una familia mucho más extensa de lo que nunca hubiéramos podido soñar. La gratitud que siento por todo lo que me dais todos los días de mi vida va mucho más allá de lo que se puede expresar con palabras y de lo que podría escribir en esta página. A ti, Eric, técnico de imagen y sonido excepcional y genio de la tecnología, gracias infinitas por tu paciencia con las vicisitudes que nos salen al paso en nuestro trabajo. Aunque estoy muy orgulloso de lo que hacemos juntos, me siento especialmente orgulloso de ser tu hermano.

A la persona que me ve en mis mejores y mis peores momentos, mi novia y eterna compañera, Martha: saber que tu amor, tu amistad, y tu exquisita y delicada sabiduría están conmigo en todo momento me da la fuerza que necesito. Tú y esos seres peludos con los que compartimos nuestras vidas, Woody y Nemo, sois la familia que da sentido a esos viajes de vuelta a casa. Gracias por tu generosidad, por tu franqueza y por todo lo que me das y das a mi vida.

Y un agradecimiento especial a todos los que han respaldado nuestro trabajo, los libros, grabaciones y charlas en directo a lo largo de los años. Vuestra confianza me honra, y me deja admirado vuestra visión de un mundo mejor y vuestra pasión por hacerlo realidad. Gracias a vuestra presencia he aprendido a escuchar, a oír las palabras que me permiten comunicar nuestro fortalecedor mensaje de esperanza y posibilidades inimaginables. A todos y a todas, mi eterno agradecimiento.

Sobre el autor

A Gregg Braden, aclamado por el *New York Times* como uno de los autores con mayor éxito de ventas de los últimos años, se le conoce internacionalmente por haber sido pionero en la integración de ciencia y espiritualidad. Tras una brillante carrera profesional en la aplicación de la informática a la geología para Phillips Petroleum durante la crisis energética de los años setenta, trabajó como diseñador informático para la empresa de sistemas de defensa Martin Marietta coincidiendo con los últimos años de la guerra fría. En 1991, se convirtió en el primer director técnico de operaciones de Cisco Systems, donde creó el sistema global de apoyo que garantiza la fiabilidad actual de Internet.

Durante más de veinticinco años, Gregg ha viajado por aldeas de alta montaña y monasterios remotos, y ha estudiado antiguos textos olvidados para descubrir sus secretos intemporales. Su trabajo ha sido noticia en los canales de televisión History Channel, Discovery Channel, SyFy Channel, ABC y NBC.

Hasta la fecha, los descubrimientos de Gregg le han inspirado libros tales como *El efecto Isaías*, *El código de Dios*, *Secrets of the Lost Mode of Prayer*, *La matriz divina* y *El tiempo fractal*. En la actualidad, su obra se ha traducido a diecisiete idiomas y publicado en treinta y tres países, y muestra, fuera de toda duda razonable, que la clave de nuestro futuro está en la sabiduría de nuestro pasado.

Para más información, por favor ponte en contacto con la oficina de Gregg en:

Wisdom Traditions
P.O. Box 3529
Taos, New Mexico 87571
(561) 799-9337
www.greggbraden.com
info@greggbraden.com

Índice